沈阳市哲学社会科学专项资金资助项目（SWT19005）

沈阳老建筑博览丛书

Shenyang Laojianzhu Bolan Congshu

闫志宏　主编

外圆内方沈阳城

佟　悦　于明霞◎编著

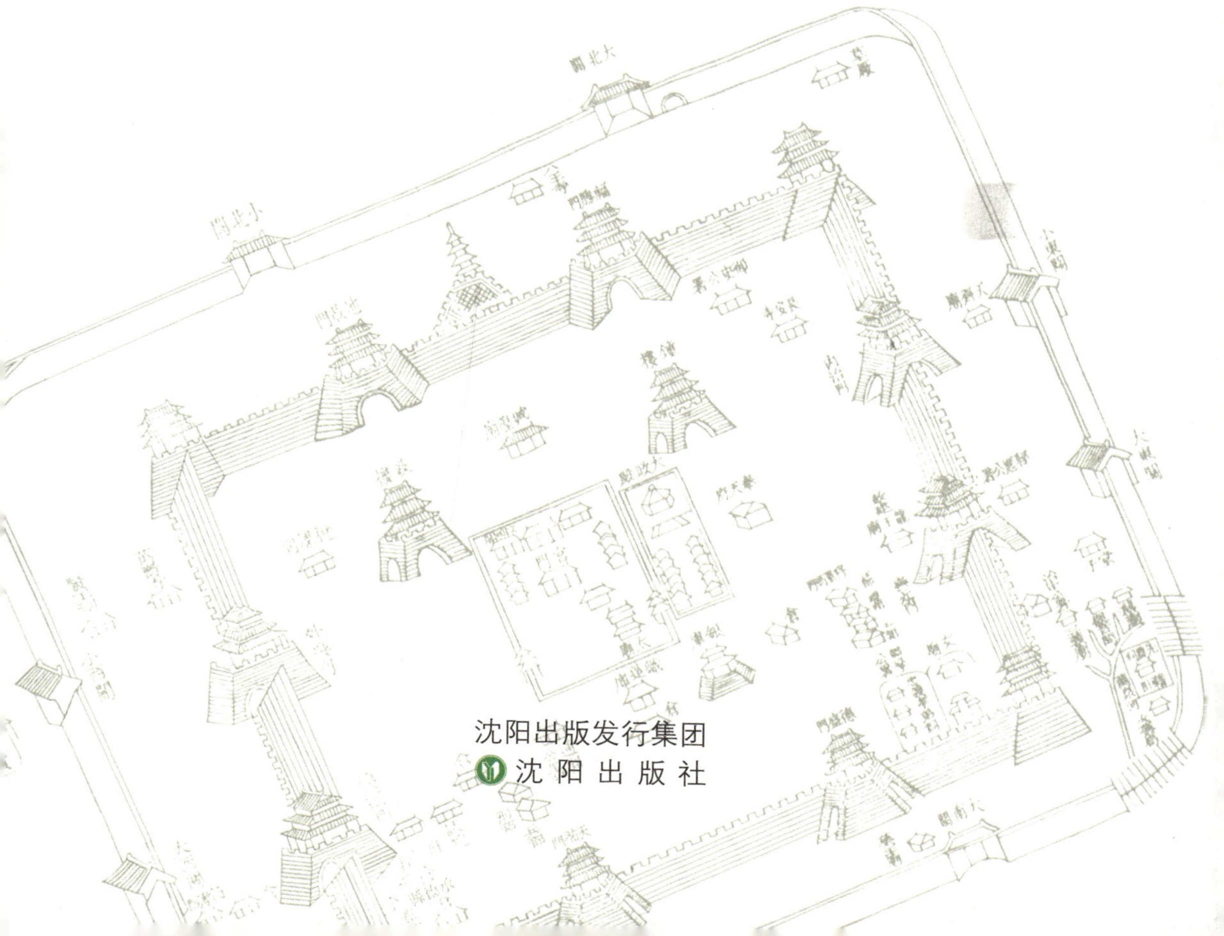

沈阳出版发行集团

沈 阳 出 版 社

图书在版编目（CIP）数据

外圆内方沈阳城 / 佟悦，于明霞编著. -- 沈阳：沈阳出版社，2024.5
（沈阳老建筑博览丛书 / 闫志宏主编）
ISBN 978-7-5716-3782-8

Ⅰ. ①外… Ⅱ. ①佟… ②于… Ⅲ. ①古建筑－介绍－沈阳 Ⅳ. ①K928.71

中国国家版本馆CIP数据核字（2024）第064438号

出版发行： 沈阳出版发行集团 | 沈阳出版社
（地址：沈阳市沈河区南翰林路 10 号 邮编：110011）
网　　址： http://www.sycbs.com
印　　刷： 辽宁星海彩色印刷有限公司
幅面尺寸： 170mm×240mm
印　　张： 20
字　　数： 245千字
出版时间： 2024年5月第1版
印刷时间： 2024年5月第1次印刷
责任编辑： 姚德军　耿作军　王玉珠
封面设计： 刘冰宇
版式设计： 冰宇文化传播中心
责任校对： 吕　晶
责任监印： 杨　旭

书　　号： ISBN 978-7-5716-3782-8
定　　价： 38.80元

联系电话： 024-24112447　024-62564949
E-mail： sy24112447@163.com

编者的话

文脉传承，于斯为胜。新时代以来，习近平总书记围绕加强文物保护利用和文化遗产保护传承作出一系列重要论述，强调："要像爱惜自己的生命一样保护好城市历史文化遗产""要爱惜城市历史文化遗产，在保护中发展，在发展中保护"。今天的沈阳是从历史走来的，作为国家历史文化名城和中国首批优秀旅游城市，沈阳历史文化遗产遗迹资源众多。漫步沈阳街巷，在摩天大厦的辉映下，在人气爆棚的步行街，在纵横交错的经街纬路上，不经意间，总有些样式独特的老建筑与人擦肩而过。中国传统的、中西合璧的、纯西式的建筑遗存形态各异，如凝固的城市映像，构成了可辨识的历史文脉，造就了丰富多彩的城市形象，以多样特殊的标志性建筑元素，成为解读沈阳历史文化的立体文本。

为深挖沈阳老建筑古迹遗存的历史价值、文化价值、审美价值、科学价值、时代价值，推进历史文化资源活化利用，讲好沈阳故事，在中共沈阳市委宣传部的支持指导下，沈阳出版社组织文博资深专家和研究人员组成《沈阳老建筑博览丛书》课题组，对沈阳重要老建筑进行全面考察和研究，从建筑钩沉品鉴角度，阐明建筑与时代、建筑与城市、建筑与人的关系，使读者不仅见建筑外貌肌理，更知其内在社会历史根脉。作为沈阳市哲学社会科学规划课题成果，《沈阳老建筑博览丛书》收入的建筑以列入现阶段市文物普查名录中具有重要历史文化价值的老建筑为主，以具有特殊意义的历史建筑为辅。在追溯建筑沿革、功能用途、建筑特点的同时，对与该建筑密切相关的历史人物及围绕该建筑发生的著名历史事件和故事等也加以阐释，从而使读者在阅读后，既能收获经得起史家考证的严谨知识和信息，又能够产生实地探访沈阳老建筑的兴趣。

在编写中，兼顾学术性和通俗性，力求不仅成为专业人士深入研究沈阳历史文化的重要资料，更成为普通读者了解沈阳、认知沈阳的一扇窗。课题组吸纳了近年来史学界的一些新发现和新成果。注重对沈阳革命遗址的介绍，讲好红色故事，传承红色基因。还选收了部分少数民族建筑，展现沈阳多民族融合发展的历史文化。

《沈阳老建筑博览丛书》按照建筑时间顺序分三卷：《外圆内方沈阳城》《关东胜迹清宫陵》《中西碰撞留影踪》，系统梳理了清前至民国年间建筑特色。史迹翔实，语言通俗，图文并茂，从中可以透视沈阳历史脉络，见证城市变迁发展，领略营造风华，体味建筑与人的沧桑往事。

期待《沈阳老建筑博览丛书》的出版发行，能够助力文体旅融合发展，传承城市文脉，留住城市记忆，激发探寻城市老建筑的兴趣，加深对沈阳的认识。期待无论是沈阳人，还是八方宾客，都能从这套丛书中获得新的发现，爱上沈阳，常来沈阳！

前 言

沈阳有2300多年的建城史，现存历代古迹遗址颇多。至2022年，已经有200多处分别列为国家、省、市各级文物保护单位，成为城市深厚文化底蕴的实物见证。其中50处左右，为清或以前王朝兴建的地面建筑及遗址，由于建筑年代和使用功能清楚，保存形态基本完好，成为承载沈阳城古代文化最重要的不可移动文物资源。《外圆内方沈阳城》这本书的主旨，就是介绍这部分历史价值较高的文物建筑及相关遗存环境，以彰显其在沈阳历史文化中的独特价值。

公元1625年，后金汗王努尔哈赤定都沈阳，开启这座千年古城的新纪元。此后20年间，沈阳城面貌发生了跨越式变化。从辽、金、元、明历代一般州城、路城、中卫城，一跃而为城池规制整齐，宫殿、坛庙、衙署、府邸俱备的地区中心城市，影响辐射今东北三省、内蒙古地区东部乃至周边东北亚国家，并于1634年命名为“天眷盛京”。1636年后金改称“大清”后，在满、汉、蒙古各民族文化交融过程中，沈阳发展为中国古代晚期城市中颇具特色的范例。有清二百多年间，沈阳享有发祥故里、国家陪都、“根本重地”特殊地位，城市建筑得以进一步充实完善。康熙中期增建外城后，即形成前朝后市、城方郭圆、八门八关、四塔拱卫的规整布局，一直保持至19世纪末，在中国历代古城规划建设中独树一帜。

清中期起，因北京满族皇帝多次谒祭祖陵驾临故都，原有城池、宫殿、陵寝、坛庙等得以延续利用保护并增华溢美，又因城市人口增长和经济文化发展，关厢增建诸多寺庙观宇、商肆店铺、官邸民宅等，显现出前所未有的繁荣气象，巩固并发展了沈阳关东第一城的地位，为近代以后持续发展奠定了基础。20世纪，随着时代进化和社会变迁，沈阳城区顺应潮流屡经变化，但因长期积累而沿袭的古城区格局及标志建筑，或历经三四百年仍完好保存，或遗迹尚存旧观仍在，昔年“八门正戴，方隅截然”的盛京古城，仍可在现存古街旧巷中寻觅到清晰的踪影，不仅为现存文物建筑保留了相对真实历史环境，也为人们访古探幽，追寻已消逝的古城风貌提供了可靠依据。

本书收录的文物建筑，大多数形成于清代，除少数保留旧观的村屯民居和城内街路外，兴建时间都在1911年以前。全书按内城、关厢、城郊诸区域渐次展开，在重点介绍世界遗产“一宫两陵”基础上，除涵盖旧城区全部古建文物保护单位外，也包括分散郊野的前代梵刹古塔、御路名桥等重要遗存，兼及明清城垣故址、古老街巷、传统民居等基础环境。编著者凭借多年专业从事文博工作的经历，以翔实的文献记载和古今图照为基本依据，通过对各处文物建筑和历史景观沿革、特色及使用、影响的具体解析，帮助读者领略可实际体验的古城氛围，在增长文化知识、欣赏建筑艺术的同时，对“沈水之阳，我心向往”的关东历史文化名城，有更加全面丰富的了解。

目 录

第一章 满韵旗风汗王宫

第二章
天圆地方沈阳城

第三章
前朝后市循古制

第五章 喇嘛寺与“曼荼罗”

第六章 古寺家庙民族风

第七章 郊野古塔和名桥

第八章 长松蓊翳两帝陵

第九章 府宅民居巷陌通

第十章 清末渐染域外风

第一章

满韵旗风汗王宫

从1625年清太祖营建新都至今，沈阳最引人注目的建筑，就是坐落在古城中心的皇家宫殿。随着岁月流逝，时代变迁，它虽在各历史时期发生着相应改变，并几度受到冷遇甚至面临毁灭风险，却都凭借自身魅力度过劫难，获得新时代人们青睐。如今，终于实至名归，以举世无双的独特价值，进入人类建筑文化优秀遗产行列，享誉世界。

>> 沈阳故宫全景

一、特色鲜明关东风

按照相关评价标准，成为人类优秀建筑遗产的基本前提，是能够展现高于同类型建筑的历史、艺术、科学价值，并具备在历史进程中形成的真实性和完整性。因此，了解沈阳故宫沿革发展及其主要特色所在，也是人们认识这座宫殿及其与北京故宫主要区别的重点。

1. 塞外金阙四百年

现存沈阳故宫皇家建筑群是几个时期的积累式面貌，从营造时间、使用功能上可分为两部分，一是清王朝奠基时期的沈阳皇宫，二是清定都北京后的沈阳行宫。从肇建到陆续完成共经历约150年。其建筑历史大致可分为以下几个阶段：

清太祖时期：天命十年（1625）三月，清朝开国汗王努尔哈赤决定将后金政权都城由辽阳迁至沈阳。为适应汗王居住及处理政务之需，当年即着手于城内筹建汗王宫殿。虽然努尔哈赤于次年八月病逝，在城中居住只不到一年半时间，但根据相关史料记载，在其去世前沈阳城内新建的“宫”和“殿”已初具规模。

当时汗王居住和理政之所，分别位于城内不同区域。努尔哈赤及后妃饮食起居的汗王宫，位于城北门（明时称安定门、镇边门）内，现考古发掘遗址仍存（详见本书第三章），而处理政务的“大殿”，则建在城中心，即现存沈阳故宫大政殿。因早期满语“殿”系由汉语“衙门”音译而来，故当时也称这座大殿为“大衙门”，其主要功能是议政、审案、集会、筵宴。在迁都沈阳前赫图阿拉、界藩、辽阳东京城等几座都城中，都建有此类“大殿”。至努尔哈赤去世时，沈阳大殿虽已启建，但尚未完全竣工。按文献记载，最早使用记录应是在皇太极继承汗位后，于天聪元年（1627）正月初一在此举行庆典。殿前两侧“八旗亭”也应同时形成规模。因此，大政殿十王亭成为清太祖时期始建的沈阳故宫最早建筑。

清太宗时期：天命十一年（1626）九月，清太祖第八子四贝勒皇太极继承汗位，继续修建沈阳宫殿。对此前所建大殿继续沿用（后命名为“大政殿”），同时完善殿前两侧“十王亭”和奏乐亭，形成完整建筑单元，即今沈阳故宫东路建筑。不过，汗王

《盛京城阙图》中清太宗时沈阳宫殿示意图

寝居之所却并未承袭其父“汗王宫”，而是利用大殿西侧仅一路之隔的原“四贝勒府”增修改建，至天聪六年（1632）主体建筑基本完成，分别按所在位置称为大门、中宫、正殿等，形成新的汗王宫建筑群。崇德元年（1636）改国号“大金”为“大清”，皇太极登基称帝，正式为各主要宫殿命名。次年，又在大清门前两侧分别建文德坊、武功坊，至此，清入关前沈阳皇宫全部完成。当时主要建筑均坐落今沈阳故宫中路纵向轴线上，排列顺序是：南为大清门五间，门前东西两侧分别为文德坊、武功坊，再南侧为奏乐亭、朝房等宫前建筑。入大清门正面崇政殿五间，为皇太极临朝理政之处，俗称“金銮殿”，两侧连接翊门各三间。殿北高台上即寝宫区域，前面正中为凤凰楼，楼北院内正面中宫

清宁宫五间，为帝后寝宫，宫南两侧分别为关雎宫、麟趾宫、衍庆宫、永福宫各五间，为皇妃所居，北侧尚有东西配宫各三间。以上主要建筑格局，至清政权迁都北京后未再变化，只是两侧附属建筑有改建或拆除，主要宫殿均存留至今，即沈阳故宫建筑群主体部分，习惯上称为“早期建筑”。今中国第一历史档案馆所藏清代早期《盛京城阙图》所绘故宫部分，即为清太宗时基本面貌。应当说明的是，上述建筑并非只使用于清太宗时期，后来康熙、乾隆、嘉庆、道光四朝皇帝共十次回沈阳祭祖，每次必以祖先宫殿作为在沈阳举行宫廷大典场所，使其使用历史向后延伸了一百多年。

清高宗时期：清定鼎北京后，沈阳成为陪都，旧有宫殿虽不再使用，但仍作为“开国胜迹”受到保护。康熙年间，皇帝几次东巡谒祭祖陵，都曾入沈阳故宫，但对主要建筑并无更改。至乾隆年间，清高宗弘历则根据东巡谒陵驻跸及贮藏宫廷文物需要，在原有主要宫殿两侧区域进行增建和改建。乾隆十一年至十三年（1746—1748），在崇政殿至清宁宫旧宫殿两侧增建了东、西所两组行宫建筑，包括供皇太后使用的颐和殿、介祉宫和皇帝后妃使用的迪光殿、保极宫、继思斋等。此间还新建和改建敬典阁、崇谟阁、飞龙阁、翔凤阁、日华楼、霞绮楼、师善斋、协中斋等收藏宫廷物品库房，即“沈阳行宫”主体部分，现习称“中期建筑”。三十多年后，即乾隆四十三年至四十八年（1778—1783），又迁移大清门东侧道观景佑宫（旧称三官庙），将原址改建为盛京太庙，并在旧有宫殿西侧增建收藏《四库全书》的文溯阁及仰熙斋、戏台、嘉荫堂等行宫建筑，习惯上称为“后期建筑”。最终形成清代沈阳故宫群东、中、西路并列，早、中、晚三期共存的格局。共有古建筑110多座，除少数附属建筑在清末民国时期毁损拆除外，绝大多数保存至今。

经历了近二百年间六代皇帝，至道光九年（1829）皇帝最后

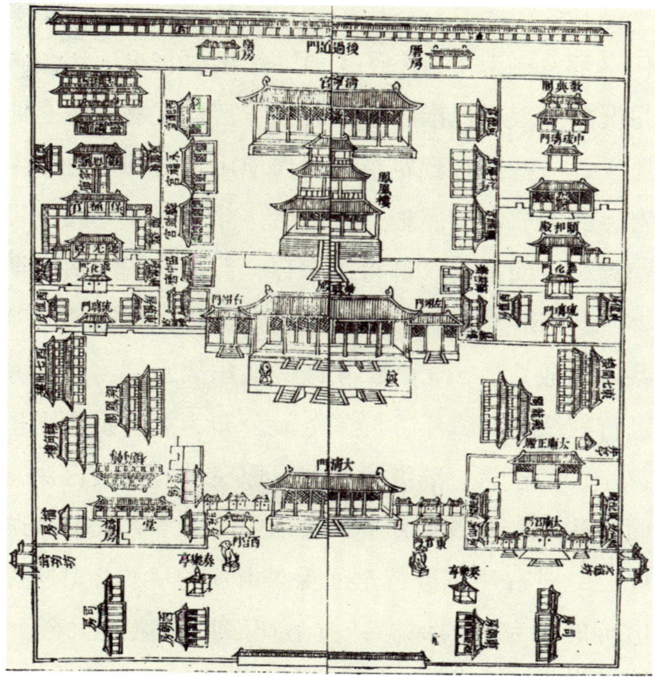

乾隆时期增建后沈阳故宫中路图

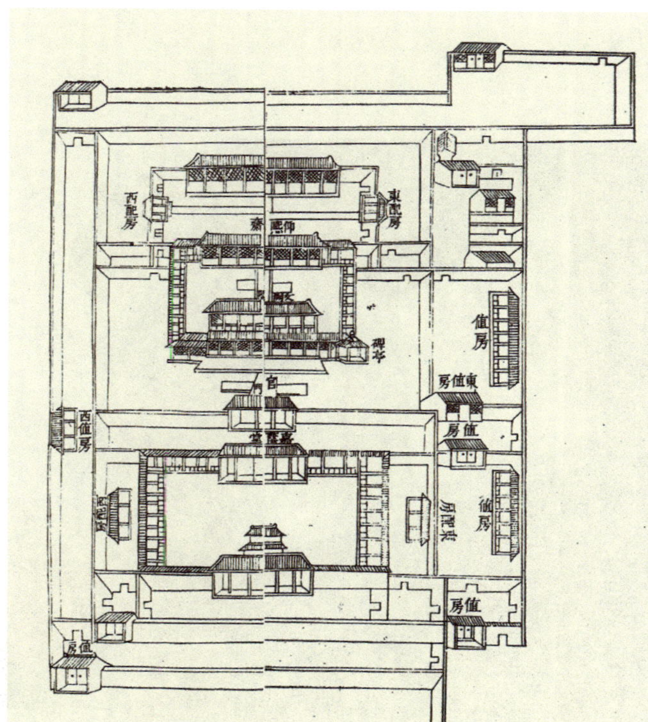

乾隆时期沈阳故宫西路图

一次驾临沈阳故宫后，由于国势日衰，晚清咸丰、同治、光绪几代皇帝，再未举行东巡大典。沈阳故宫也因年久失修和连年战乱每况愈下。至民国初年又有大量宫廷文物被运至北京“古物陈列所”，一些宫殿建筑也被占作他用。直到清逊帝溥仪迁出北京故宫，沈阳故宫归属地方政府后，才于1926年在此设立“东三省博物馆”，使古建筑群得以幸存，但在日伪统治时期博物馆又遭停办。抗战胜利后，才在这里新设“国立沈阳博物院”。中华人民共和国成立后，于1955年改为沈阳故宫博物馆，并对所属古建筑进行修缮。1961年，经国务院公布为第一批全国重点文物保护单位。1985年后，陆续收回并复原民国时期被占用宫殿区域后，总面积共达六万多平方米，并依照《中华人民共和国文物保护法》规定，对古建筑进行全面保护和维修，至2004年7月，终以其突出价值和完善的保护，在第28届世界遗产大会上经表决通过，列入世界遗产名录，作为全人类的建筑杰作之一，开启其新的历史。

>> 世界遗产标志牌

2. 八旗帐殿列东庭

提到沈阳故宫，人们首先感兴趣的是其与北京故宫的区别。简单地说，北京故宫是明清两代全国统一政权帝王宫殿，而沈阳故宫只是明末后金（清）地方政权宫殿，其皇帝取得全国政权后，这里则变为清朝开国旧迹和沈阳行宫。当然，除此之外两者还有使用年代、占地面积、宫殿数量等多方面差异，但就建筑文化而言，北京故宫是中国宫殿建筑的代表，而沈阳故宫则是在同一体系下，体现东北地方特色和满族民族特色的范例，这也是它得以列入世界遗产的主要原因。

沈阳故宫早期建筑，建成使用于清政权迁都北京前近二十年间。这时正逢满族进入辽沈地区后，在保留民族传统基础上，多方吸收借鉴汉族和其他少数民族文化促进发展时期。这种时代和民族特点也凝固于当时宫殿建筑中。位于东路的“一殿十亭”，就是满族政权特殊组织形式和政治制度的生动体现。本区域建筑布局，以北侧正中汗王和贵族官员议政审案的大政殿为主体，东西各有五座方亭向南依次排列，东侧北起依次为左翼王亭、镶黄旗亭、正白旗亭、镶白旗亭、正蓝旗亭；西侧对应为右翼王亭、正黄旗亭、正红旗亭、镶红旗亭、镶蓝旗亭，合称“十王亭”或“八旗亭”。这种罕见的宫廷建筑排列形式，即直接来源于满族独特的社会组织制度。

满族是东北地区的古老民族，以擅长骑射狩猎著称。其社会中原有一种称为“牛录”（汉语意“大箭”）的集体狩猎组织，通常由10个猎人组成，推举其中一人为首领，狩猎时同牛录人听其号令统一行动。努尔哈赤创业初期，为便于统领不断增加的部众，便将旧有“牛录”形式扩充改造，以300男丁连同家属编一牛录（佐领）、五牛录编一甲喇（参领），五甲喇编一固山

（旗），至1615年共编八旗，各以旗色区分。于是“以旗统兵，即以旗统人”，将麾下满族人都编入其中，汗王则是八旗最高统帅。

迁都北京前的后金（清）政权，实际就是由八旗合组而成。所有土地、财产、人口分属“八旗”管辖，由于这种组织形式兵民合一，适龄男子“出则为兵、入则为民”，集行政、军事、生产三位一体，重大事项必须经各旗首领（汗王及兄弟子侄担任）共同商定才能付诸实施。大政殿及十王亭，就是这种政治体制在建筑上的形象体现。八旗亭是各旗处理本旗事务办公场所，左右翼王亭是每翼四旗首领集聚处，而大政殿既是八旗首领共同商讨国家大事议政之所，又是汗王颁布八旗议定的军政大计之处。每逢举行重大集会时。汗王升坐大殿，各旗官员在本旗旗亭前集结，即为后金政权独有特色的生动写照。后来乾隆帝题大政殿诗中“一殿正中据、十亭左右分。同心筹上下，合志立功勋”之句，可谓深谙其意。

“一殿十亭”另一突出特点，是其建筑造型模仿满族、蒙古族等骑射民族所用毡帐，在中外皇宫中也十分罕见。在《满文老档》等文献中，曾记有满族君臣出行驻扎时，在野外分设一黄帐

>> 大政殿和十王亭

和八青帐，分别供汗王和八旗贝勒使用的记载，与黄琉璃瓦顶大政殿和青布瓦顶的八旗亭如出一辙，换言之，沈阳故宫东路大殿旗亭，仿佛用砖瓦木料按等级顺序固定在殿庭中的十一座营帐，建筑造型、组合布局都带有强烈的狩猎民族文化气息，在中外皇家宫殿建筑中独树一帜，也成为其建筑的突出价值之一。

3. 满风浓郁汗王家

中国古代宫廷，一般称帝后日常居住者为“宫”。满族建立政权之初，民族语言中尚无此专称，只用与汉语“家”同义的词来表示。如此，沈阳故宫中路北侧高台上后宫单元，就是清太宗皇太极的“家”。其院落中两侧是六座配宫，正面坐北向南居中而建者，是帝后所居中宫清宁宫，也是整个宫殿建筑群日常生活的核心。

清宁宫面阔五间、进深三间，基本造型与同时代本地满族民间住宅并无明显区别，除体量、建筑材料以及内外装饰明显高于民间外，作为最高统治者所居内廷正寝，风格仍然淳朴，体现出

清宁宫外景

满族传统民居建筑主要特色和使用功能。

清宁宫屋门，不像汉族建筑那样开在五间房正中，而是开在东侧第二间，室内西侧四间不设间壁墙，成为开敞空间，俗称“口袋房”或“筒子房”。这种格局来源于满族早期只设一出入口的地穴式住宅，既增大室内空间，也便于举行祭祀、宴会等活动。宫内西侧三间搭设南、西、北三面相连火炕，民间俗称“弯子炕”或“转圈炕”，其中南、北两炕较宽，长与西三间面阔相等，供起居坐卧；中间的西炕较窄，一般只供摆放祭器供品使用，因其上方西墙上即是安设祭祀神位处，西炕不可随意坐卧，也不能乱置杂物。这种在室内设置大面积火炕的做法，源自满族适应东北地区严寒气候形成的居住习俗。另外，连接火炕烟道的烟囱，自屋后西侧从地面起建，而非汉族住宅那样建在屋顶。这种形状类似小塔的烟囱满语称作“呼兰”。在山区是用中空树干做成，日久开裂再用藤条捆缚，外涂黏泥，既简便实用，又利于防风防火。进入汉族居住区后，满族住房仍沿用这种烟囱，只不过改用土坯或砖砌筑，也可采用方形。

除上述“口袋房、弯子炕，烟囱建在地面上”主要特征，清宁宫建筑还保留一些具有满族传统住宅特色之处。如室内地面下留有烟道，做成冬季可烧热取暖的“火地”；前后窗棂都用横直相交朴素结实的“码三箭”样式；室内间壁墙上部用木板草泥构筑“拉合墙”等，在旧时东北农村满族传统住宅中都十分常见。

清宁宫内景

清宁宫东稍间内南北设炕，是皇太极和中宫皇后寝居处。西侧开敞空间，除平日饮食起居及召见臣下、接待蒙古贵族外，主要为满足举行萨满家祭之需。信奉萨满教是满族自氏族社会时期就有的信仰习俗。其家祭仪式常在住宅内举行。进入定居生活后，辽沈满族人家正室，多在西墙安设部落神、祖先神等神位，定期举行家族祭祀，清太宗时汗王家祭即在清宁宫内进行。其东次间南北所设锅灶，也供祭祀时杀猪献牲煮肉之用。宫前正对室门院庭中，树有高近三米的“索罗竿”，为萨满祭典中告天还愿时拜祭的“神竿”，旧时也成为满族院落中的标志物。其上部所置锡碗用于祭祀时盛装饲喂鸦鹊的碎肉，由此还衍生出满族民间脍炙人口的“乌鸦救主”传说。可见，建成于距今近四百年前的清宁宫，真实自然地体现了当时满族民居特征，对于已经消逝的满族传统建筑文化而言，既是曾经影响广泛的典型代表，也是完整留存的真实载体。作为皇宫正寝，更为反映人类建筑文化多样性提供了著名的范例，这也成为沈阳故宫独特价值的一个重要方面。

4. 兼采众长聚龙庭

在沈阳故宫早期建筑中，还可以看到融合17世纪早中期满族、汉族、蒙古族等各民族建筑文化的显著特征。

在布局形式方面，沈阳故宫东路是典型满族八旗特色，而中路虽大致分布依“前朝后寝”之制，符合中国古代宫殿建筑基本布局原则，但仔细分析仍有独到之处。比如，按建筑南北中轴线均衡布局是汉族建筑群基本规则，但沈阳故宫中路却是乾隆时改建后才有的情形。早期崇政殿前庭左右两侧，东为前三间平房后七间厢楼，西为前七间厢楼后九间厢楼，以致“金銮殿”前“左辅右弼”高低长短、外观装饰各异，给人杂乱无章之感。不过，

>> 民国时期凤凰楼旧照

高台北侧看清宁宫

按早期满族人审美观，这似乎并非缺陷。因其旧居山城时，并无可供建房的大面积平地，故无建筑组群对称均衡审美原则，从而使其进入平原地区初期宫殿仍存旧习。更典型的例子是沈阳故宫的“宫高殿低”现象，即崇政殿、大政殿等礼制建筑均于平地盖造，但帝后寝宫区却建在人工砌筑的近四米高台之上，与北京故宫太和殿等三大殿与寝宫区的对比恰好相反。这也是源于满族早期习俗而形成的一种建筑空间对比特色。按在山区居住习俗，部落酋长住宅都建在山寨中高处，既便予守卫，又利于观察瞭望。迁居平原之初，仍难完全摆脱此俗影响，于是将帝后寝宫区域建于人工砌筑高台上，又围以近两米高院墙，周围另设夜间巡逻更道，整个寝宫区域犹如一座居高临下城堡，只能通过正面凤凰楼下通道进出。因此，研究者也将“宫高殿低”视作沈阳故宫特征之一。

在建筑造型方面，皇太极时期建造的各宫殿及其附属建筑，除略晚的凤凰楼外，无论是中宫清宁宫、正殿崇政殿还是存放一般生活用品库房，也不分平房、楼房，均为硬山式结构。这应当

是由明末女真族（满族）在辽东山区传统住宅形式和建筑技术决定的。从当时满族人欣赏观念而言，这种稳定、简单、坚实的样式，就是他们住房的基本造型。按照中原汉族建筑等级制度传统观念，硬山式建筑列于庑殿、歇山之后，属于较低级别的平民化普通样式，根本不是皇家宫殿主体建筑应采用样式。在宫殿开间方面也是如此。沈阳故宫建筑并未采取七间、九间面宽的宫殿常见体量，主要建筑如大清门、崇政殿、清宁宫都是五开间，这种与民间住宅基本一致的房屋体量，又与汉族宫殿中以高敞宽大为威严雄伟的理念形成明显对照，反映出当时满族人在宫殿造型方面平和质朴的审美意识。至于一向被人们认为布局和造型都十分独到的大政殿和十王亭区域，则更是取法满族早期生活中常见的帐幄形态，颇富天真自然之意。

装饰艺术方面。沈阳故宫的建筑虽造型朴实，但当时统治者并非不想显示宫殿的高贵、神圣和威严。所能采取的措施，就是在装饰上与民间建筑形成显著区别，具体有以下几个方面：

>> 大清门琉璃墀头

>> 崇政殿琉璃墀头

琉璃构件。清太宗时期主要宫殿，即大政殿、崇政殿、大清门、清宁宫等建筑，屋面均用黄琉璃瓦镶绿色剪边的形式，并装饰其他五彩琉璃烧制的建筑构件，比起中原皇家建筑只用黄色琉璃瓦件，显得更加艳丽多彩。其中，大政殿于宝顶，大清门、崇政殿及左右翊门于正脊、垂脊、博风、墀头，清宁宫等寝宫则在正脊、垂脊、博风部位，装饰为黄、红、白、蓝、绿等颜色，其浮雕图案为龙凤、麒麟、鹿、仙鹤、莲花等，使主要宫殿外观给人以吉祥艳丽之感，以中路外朝区域崇政殿、大清门左右翊门为最，因为这里是皇帝和文武百官时常聚集之处。

这种五彩琉璃瓦件烧制技术并非满族人所擅长，甚至以往辽东汉族人也不谙此业，却与一位精通此艺的山西汉族工匠直接相关。此人名侯振举，山西介休人，祖传烧造琉璃技艺。明末因躲避战乱迁居辽东，居住于海州卫析木城（今辽宁海城黄瓦窑村）。清太祖、太宗于辽阳、沈阳修建宫殿，给了身怀绝技的侯振举大显身手良机，而侯家烧造的五彩琉璃构件，又正符合当时满族统治者审美观念，从而构成沈阳故宫建筑装饰艺术方面的一个突出特色。在沈阳宫殿建成后，侯家被封为管理盛京工部御窑厂世袭五品官，直至民国初年，包括沈阳故宫在内的盛京“一宫三陵”所用琉璃瓦都由侯氏后人烧制，以致在数百年后其杰作仍可完美再现。

木装修和石雕。木装修包括檐下、柱头部位装修和门窗样式。其中，前者是满族传统民居建筑中基本没有的，所以广泛地吸收其他民族的艺术形式为新皇宫所用。比较突出地体现在大政殿、崇政殿、凤凰楼等建筑上。如大政殿檐下，既有来自汉族中原建筑的木制斗拱，也有来自藏传佛教寺院建筑的柱顶兽面、蜂窝枋、如意枋、莲瓣枋，以类似“须弥座”的形式排列，宗教色彩十分突出。各柱头部位也相当精彩，如崇政殿前后方形外檐柱顶端，各有一圆雕龙首，两两相对，探爪攫珠，其龙身龙尾越过

>> 大政殿正门前双龙盘柱及檐下装饰

廊间延至殿内，仿佛金龙自檐下飞出，生动而威武，大政殿前正中两柱上各饰一金漆木雕升龙，也在同类建筑中十分罕见，有学者认为很有可能借鉴自山西晋祠。

沈阳故宫早期的石狮、栏板、望柱、柱顶石等石雕构件，很多都采用出产辽东的含铁质成分砂岩，当地称为“红小豆石”，其雕刻工艺及风格也都是明代辽东地区汉族民间特点，生动朴实，古拙可爱，与清入关后宫廷石雕刻板而程式化风格形成鲜明对照。

形成这种艺术风格的缘故，是因为满族人初时并无宫殿类的建筑，当然也无相应造型装饰规制，而新建宫殿却要在外观上与普通民居有明显区别，借以体现皇帝尊贵身份和宫殿的肃穆威严。在当时条件下，只能借鉴东北地区汉族寺庙等较高等级建筑，又由于满族与蒙古族的密切关系，并缘此与藏传佛教上层人物有所往来，遂引入体现宗教神圣气氛的藏式装饰手法。于是便出现在使用汉族建筑材料和技术基础上，吸收多民族艺术手法的新样貌，使这座于辽沈地区新出现的满族地方政权宫殿，成为特殊时空背景下东北地区多民族文化的融合体，彰显出举世无双的风格。

二、兼容满汉制初成

沈阳故宫早期建筑的重要历史价值，表现在它承载后金政权定都沈阳后，“参汉酌金”促进发展，为迁都北京、建立统一的多民族国家奠定了基础。真实存在的宫殿，犹如可以触摸到的历史，见证着那有深远影响的二十年不平凡岁月。

1. 外朝内廷制有别

坐落于清入关前盛京都城中心的皇宫，是当时后金（清）地方政权军令政务的最高决策机构所在地。由于满族所处社会历史发展阶段和传统风俗的影响，使其宫殿使用制度也具有自身的特色。

大政殿　东路区域的大政殿，主要供举行大型集会典礼使

大政殿外景

用，平时则是议政王大臣共议国政审断要案之处。这种使用功能，是延续1616年后金建国后赫图阿拉、辽阳都城中“大衙门”功用而来，所以造型明显区别于住宅，采用八角重檐攒尖顶样式，当时也称为“八角殿”。总高近20米，形似中原建筑中的亭子，实则是满族人选取与平日所用帐幄最接近的样式。其下部为加装石雕勾栏陛路踏垛须弥座式台基。殿体以内外32柱支撑，八面均设隔扇门而无墙，殿内外木结构及装修采用汉藏两种风格，尽显吉祥威严气象。大政殿虽然名义上是专供皇帝（汗王）使用，但同时也是后金（清）政权最高决策机构，即议政王大臣会议的举行之处。根据文献记载，其较重要的使用场合主要有以下几种：

登基大典　清定都沈阳后共有三次汗王（皇帝）的登基仪式，即天命十一年九月初一皇太极即汗位、崇德元年四月受“宽温仁圣皇帝”尊号改国号“大清”登基典礼、崇德八年八月顺治皇帝即位典礼，都是集满族、蒙古族王公及八旗官员于殿前举行盛大颁诏庆贺仪式。

审断要案　大政殿早期称“大衙门”，也用于审断案件。按照后金（清）司法体制，一些重要案件要由八旗诸贝勒（王）大臣共同在此审议，有时汗王也亲自参加。在此所审案件，或案情重大，或所涉人物地位重要，具有超越一般司法程序的最高阶层“会审定案”性质。

颁诏公告　因大政殿位于城中心区域，很多需众人周知的重要诏令都于此集合众官员公告。按当时规定，沈阳城内有紧急事件来不及分头通知时，由皇帝传命八座城门一齐击鼓鸣锣，即为紧急集合信号。众官员闻声即赶到大政殿前，听候消息。文献有记载的此类情况，多发生在有重大新闻性事件需发布之时。如崇德二年关雎宫宸妃诞生皇子，六年清军攻克明锦州城外城及塔山、中前所、中后所诸城，都曾以此种形式集众官于大政殿。

此外，大政殿还是当时举行大型庆典及筵宴场所，详见下文所述。

崇政殿 早年称“内殿”，为真正的“皇宫正殿”，民间以“金銮殿”称之。按中国古代帝王宫殿“外朝内廷”规制，这里就是外朝区域核心，即皇帝平日“临朝”之处，因而成为宫廷举行政事活动最频繁使用场所。按后金（清）政权制度，每月逢五日（阴历初五、十五、二十五），满族贵族和牛录额真以上八旗官员，于日出前齐集崇政殿前，依班次排列毕，汗王出御宝

崇政殿外景

座，臣工奏报所办之事及所断之案等。此为“常朝”之仪，即俗称“上朝”。此外，在崇政殿举行的其他礼仪活动尚有多种，其中有典制中明文规定的，也有按习惯作法于此举行的。诸如万寿节（皇太极诞辰）庆典，蒙古族王公、明朝大臣的朝见或归附仪式、修纂国史告成庆典、皇族重要成员与蒙古王公间通婚典礼等。崇德八年八月皇太极病逝后，诸王议立新君的会议也于此举行。乾隆年间起，皇帝东巡谒陵期间，这里也是举行庆贺典礼场所，见下述。

清宁宫 清宁宫除供帝后居住和家祭两项经常性功能外，因在观念上属于皇帝的“家”，也时常用作举行与政务有关活动的

场所。其中，最主要的是接见和赐宴。按入宫者身份划分大致有两类：

一是接待蒙古各部贵族。清太宗时期把联合蒙古诸部作为最重要国策之一。前来归附、朝见、议婚的蒙古贵族，十几年间络绎不绝地往来于沈阳城与蒙古草原间。满族皇帝对其接待都很隆重，一般在崇政殿接受其所献贡品、赐宴款待并予以赏赐，较为重要者会被请到内宫再次设宴，而其女宾均于清宁宫室内或庭院中由皇后主持接待。

二是赐宴归降的明朝官员及外来使臣等。为表示格外恩宠和重视，有时也请其入清宁宫赐宴。如崇德元年八月，为孔有德、耿仲明、尚可喜诸汉官送行，召其入清宁宫赐宴并给予赏赐，崇德二年还曾召朝鲜国王世子入清宁宫赐宴，也属此类。

三是皇帝家宴。一般新年之际，皇帝代表所在正黄旗（或两黄旗），宴请其他各旗皇室亲贵，应邀入宫者以皇帝兄弟子侄中具有较高爵位者为主。按当时习俗，这些亲贵也要代表各自所在旗分，自备宴席入宫回请皇帝后妃。

大清门　崇德元年正式命名前称“大门”，作为皇宫正门，是区分宫廷内外的标志建筑。由于其特殊位置，有时也成为皇帝及皇宫象征，一些皇帝不必参加但却有重要意义的仪式，则在这里举行。如清太宗崇德年间，学习中原汉族王朝制度，每年十月初一在这里举行很隆重的颁布次年新历书（即“时宪书”，俗称“皇历”）仪式。相关部院官员和各旗首领都要参加，主要仪式即于大清门前进行。又如，一些地位不高的贵族官员以及外国使臣，受皇帝封赏后，按例应有谢恩仪式，因不具备入宫面见皇帝行礼的资格，经允许后，可集体在大清门前向宫殿方向行谢恩礼。

崇德二年文德坊、武功坊建成后，实际上就是大清门两侧的左右阙门，均有侍卫把守。按制两座牌坊以内即为宫阙禁地区

大清门外武功坊坊心纪年文字

大清门外文德坊坊心纪年文字

域，即使贵族及各级官员奉旨入宫，也必须在坊外出轿下马，步行进入。后来还专门树立了“诸王以下官员人等至此下马”的满文、蒙古文、汉文三体文字木牌（乾隆时改为五体石刻“下马碑”），而平日两牌坊间则禁止任何无关人员进入。大清门南侧，建有东、西朝房和奏乐亭，分别为官员等候入宫及皇帝出入宫时奏乐使用（乾隆时又在正面增建五龙影壁一座），构成完整的宫门前庭区域，也是皇宫最南侧的独立单元。

2. 大殿盛典淳朴风

皇太极时期，集会筵宴是比较常见的宫廷典礼活动。诸如皇帝登基、重要节令、皇室嫁娶、庆功祝捷等场合，都要在宫殿举行隆重庆贺仪式，而筵宴则是其不可缺少的组成部分。上文列举于崇政殿、清宁宫中举行者，多属参加人员较少的中小规模贵族宴会，而君臣同聚的大型庆典和筵宴，参加者包括其政权下各级贵族官员，则须在宽敞开阔的东路区域举行。

努尔哈赤曾称大政殿这类“大衙门”的主要用途为“断案摆

清太祖大殿筵宴图

宴”，而沈阳宫殿建成后，能够相沿成制的宫廷典礼，以每年元旦（阴历正月初一）大政殿新年庆典最具典型性。

早在努尔哈赤创业初年，就有此类新年大典，后相沿成为定制。皇太极继位三个多月后的天聪元年正月初一，便在刚刚启用的大政殿前举行了第一次元旦庆典，不过，本年因太祖新丧，并未按常例“备陈乐舞设大宴”。直到天聪六年后，皇太极真正实现“南面独尊”，元旦典礼制度也随之健全。

按制，是日五更，众官员便按旗序在大政殿前排班，皇太极先率诸贝勒往大东门外堂子（满族祭天神庙）祭天，再回清宁宫祭家神，然后至大政殿升座，接受群臣朝贺。满族蒙古族王公及八旗牛录额真以上各级官员，由赞礼官引导依次至殿前叩拜行礼。礼毕，君臣稍息片刻，汗王重新升殿，诸臣再至大政殿和各旗亭前排好班次，宴会正式开始，其情形如当时朝鲜使臣所记：

“众乐毕奏，杂戏俱张，日暮始罢”。同时，诸贵族官员夫人们还要到清宁宫，在那里朝贺皇后并举行宴会。

当时宫廷筵宴所用食品，按满族人自狩猎时代形成的饮食习俗，仍以野猪、狍、鹿等兽肉及禽类肉为主。宴桌设置，皇帝及满蒙王公在大政殿内，八旗官员则在本旗亭或王亭前排桌。如天聪六年元旦筵宴为：“每旗各设席十、鹅五，总兵官设席二十、鹅二十，共一百席。备烧酒一百大瓶，煮兽肉宴之”。崇德四年元旦大宴所用为“母野猪八、鹿二十二、狍子七十、酸奶烧酒二十瓶、平常酒八十瓶，茶二十四桶”，以上百桌大宴，均不含皇帝王公宴席在内。试想，在滴水成冰季节里，大政殿前庭中露天摆设百余张宴桌，数百名八旗贵族官员大碗喝酒、大块吃肉，其场景，应颇具东北狩猎民族豪放风情。

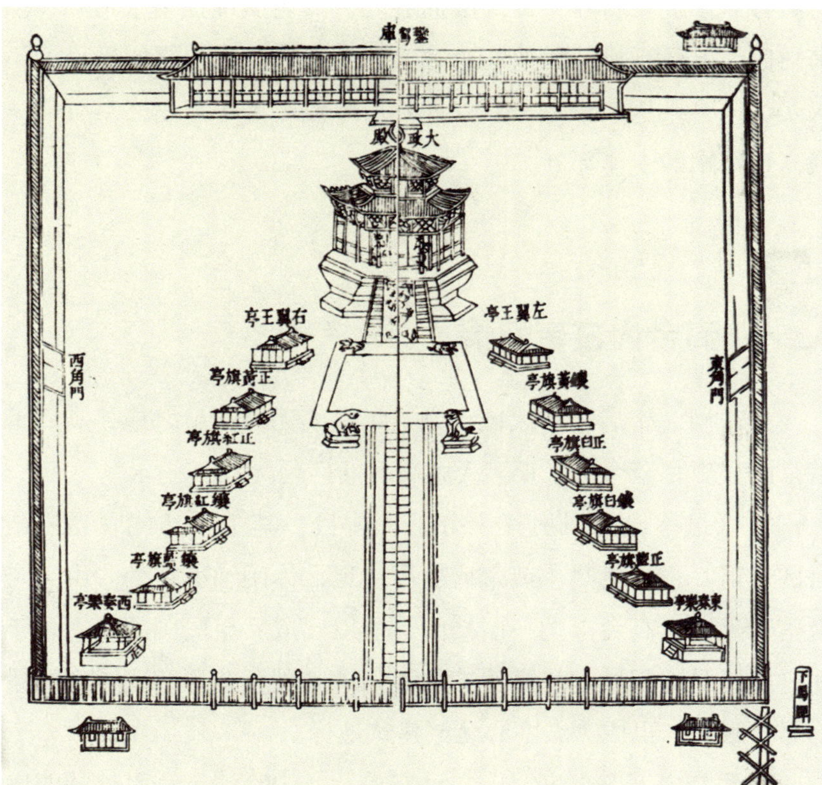

乾隆时大政殿十王亭图

大筵间助兴的“备陈百戏”十分精彩，因当时宫廷中尚无专设演出机构，均挑选民间艺人或八旗中擅长表演者入宫献艺。“百戏”种类包括歌舞、戏曲、摔跤、杂技、游艺等各类节目。按崇德年间档案记载，既有歌唱、弹唱、瓦尔喀舞、高丽舞、唱戏，又有打各式斤斗、含刀、踏独绳、跳高、踢缸、踩轮、登梯作舞、执盘作舞等，伴奏乐器有满汉三弦、琵琶、箫、胡琴，出演者应以卖艺为生的汉族人、朝鲜族人为主。筵宴演出中最引人注目的节目是“马虎戏”或称“鬼脸戏”，这是满族人兼有舞蹈和游艺性质的传统民间表演。所谓“马虎”，即旧时东北民间妇女所称的“马猴子”，满语意为“皮制面具”。参加这种表演者一般二三十人，分别戴面具扮成各类人物、野兽或鬼怪，跳跃舞蹈，再有骑“木马”（一种道具）、带弓箭的扮猎人演员上场，与野兽妖魔周旋打斗，最终战而胜之。其表演过程紧张精彩，诙谐热闹，既体现满族民族特色，又为本民族各阶层喜闻乐见，不仅是沈阳宫廷庆典中重头戏，而且后来经过加工，始终是有清一代宫廷舞蹈的主体部分。

3. 高台内寝帝妃情

崇政殿北帝后寝宫区域，是当年常人无缘涉足之地，其所承载宫闱秘史，至今仍是很多人感兴趣的话题。

宫区最南侧的凤凰楼十分引人注目，其主要功能既是进出宫区通道，也是炎热季节帝后登高望远，休闲纳凉佳处。由于是坐落于近四米高台上的三层楼阁，所以建成后至民国的三百多年间，始终是沈阳城内最高建筑物和第一名胜，登顶四望，内城景物尽收眼底，也成为城中心区域建筑地标。

楼北院内五座寝宫，上文已有提及。中宫清宁宫以外的四座

凤凰楼外景

寝宫，样式基本相同，年代及风格也与中宫一致，只是体量及装饰略逊。各宫均为五间硬山式黄绿琉璃瓦顶前后廊式建筑，室内为外三内二分割，里外间都设三面相连“弯子炕”，内室北间向院内一侧炕加设暖阁，为本宫主人平日寝居处，也是皇帝宿此宫时住处。其余空间除摆置物品外，应为宫主人幼年子女及宫女、乳母等居住之处。

清太宗皇太极共有后妃15人，继承汗位后因奉行满蒙联姻政策，后宫地位较高者都出自身蒙古王公之家，崇德改元称帝后册封五宫后妃也是这些女子。中宫皇后哲哲，来自与满族来往密切的科尔沁部贵族家庭，在清太祖时已归嫁皇太极，德高望重，所以丈夫继位后即成为“国主大福晋”（“福晋”为满语“贵族夫人”之意），地位相当于皇后，按制为后宫之主。其他四配宫虽然都为东西向厢房，但地位却有高下之分。总的原则是靠近中宫者为大，同等距离两宫则以东为大，具体排位依次为关雎宫、麟趾宫、衍庆宫、永福宫，前两宫主人封号分别为东宫、西宫大福晋，后两宫主人则封次东宫、次西宫侧福晋。此四宫主人虽都出身蒙古贵族家庭，但却各有不同经历。

按常人理念，皇帝妃子入宫时应是出身高贵、端庄美丽的年轻姑娘，清太宗这几位皇妃却不尽然。西宫大福晋娜木钟、次东宫侧福晋巴特玛璪，都出自阿鲁阿巴海部落，早年嫁蒙古林丹汗为妻，其夫兵败身死后，众妻妾被带至沈阳，由满族贵族分娶。其中，娜木钟因是林丹汗大福晋，地位最高，被皇太极收入宫中，封为贵妃。巴特玛璪则较其略早改嫁入宫，后封为淑妃。这种娶丧夫之妇现象在当时满族蒙古族中并不罕见，而皇太极将二人纳为妃子，还有借其往日地位控制蒙古部众的政治意图。此二人入宫后无大波澜，分别在迁都北京后的顺治和康熙年间病逝宫中。

另两位妃子，则都是清初宫廷中声名显赫的女性。她们是一对亲姐妹，也是中宫皇后哲哲的亲侄女，出自科尔沁贵族之家。

姐姐名海兰珠，既漂亮又温柔，二十六岁时才归嫁皇太极。按当时婚俗推断，很可能也是丧夫或离异改嫁，不过，入宫之后很快成为皇太极最钟情之人，册封为地位仅次于皇后的东宫大福晋宸妃，所居宫殿特以《诗经》爱情名篇“关雎”命名，可谓宠冠群芳。崇德二年七月，宸妃诞子（皇八子），皇太极喜不自胜，传命在大政殿召集众官宣布喜讯，并颁诏大赦，将这刚

关雎宫外景

出生的小皇子立为皇位继承人。可惜他和海兰珠喜得贵子的欢娱并未持续很久。次年正月二十八，出生未满七个月、尚未正式取名的皇八子不幸夭折，其恩爱有加的父母悲恸之情可想而知。此后，本就时有微恙又遭丧子之痛的宸妃，久病不愈，皇太极虽百般体贴，多方寻医，仍难使她恢复健康。1641年8月，明清松锦决战已至关键时刻，皇太极亲临前线指挥，争战正酣之际，闻知宫中宸妃病重，匆匆召集王公大臣布置战守事宜，次日即启驾返沈，途中得报宸妃病势危急，遂不顾劳累星夜兼程，并派人先行疾驰回城探问消息。尽管如此，他尚未抵达沈阳城，噩耗已至，终未能在爱妃生前再见最后一面，入宫后只能伏尸恸哭，痛悔不已。

海兰珠去世时年仅三十三岁，当时史书中几乎找不到对其言行的具体记述，只是通过死后“惠敏恭和”谥号，略知其品行。然而，透过皇太极相关言行，可见二人间的意笃情深。宸妃去世后，皇太极时常暗自悲伤流泪，每次路过宸妃墓前必下马哭祭，日久思念成疾，一年多后五十二岁的皇太极逝世，随爱妃而去。直到现在，人们来到关雎宫前，仍难免被这难得的帝妃深情故事打动。

海兰珠之妹布木布泰（或译为本布泰），为永福宫妃，即通常所称之“庄妃”或“孝庄”，不仅比姐姐幸运，而且名气也大得多。她十三岁嫁给时为“四贝勒”的皇太极，天聪年间曾为西宫福晋并生有三个女儿，但后入宫的前述三妃后来居上，位次在她之前，崇德元年虽封庄妃，却居五宫末位。幸运的是，在海兰珠所生皇八子夭折后第三天，庄妃生下皇九子福临。与姐姐宸妃相似，清太宗时文献中对庄妃言行也罕有记述。坊间流传之“大玉儿”“叔嫂私情”“劝洪承畴”之类，多属捕风捉影、无中生有之小说家言。庄妃命运变化始于皇太极去世后议立新君。当时两黄旗一方主张按“父死子继”之制，立皇长子豪格，而两白旗

>> 永福宫外景

>> 庄妃画像

一方则主张按“兄终弟及”之制，立皇弟多尔衮，各守己见，争执不下，眼见内讧一触即发。最后不得不各作妥协，两白旗同意由时年六岁的福临（具有法定继承资格的嫡长子）继承皇位，两黄旗一方则同意多尔衮摄政掌握实权，最后八旗共同盟誓，拥立福临继位，改元顺治。本年三十二岁的庄妃自然母以子贵，尊封皇太后。

迁居北京后，虽有顺治初年“太后下嫁”传闻，但至今学者们仍因无法确切证实，意见不一。顺治八年多尔衮病故后福临亲政，布木布泰已成为全国地位最尊贵的女人，虽不干政，却通过联姻等途径，尽力帮助儿子巩固皇权。在她年近五十岁时，遭丧子之痛，年仅八岁的康熙帝继位后，她又以太皇太后身份辅佐第二位小皇帝，凭借自己丰富阅历助孙儿掌政平叛、治理国家。至康熙二十七年七十五岁时病逝，谥号“孝庄文皇后”。沈阳故宫的永福宫，也因这位身历四朝，辅佐三帝且传闻甚多的清初著名女性，成为观众最感兴趣的地方。

三、驾幸故里赋新章

沈阳故宫在清迁都北京后新增建筑，均出现于乾隆时期。主要功能可分两类：一是东巡谒陵皇帝后妃在沈阳驻跸之处，二是收藏宫廷文物专用殿阁，清代统称为“奉天行宫”建筑。这些增建改建宫殿楼阁，使原本只作“开国胜迹”保存的沈阳皇宫，增加了与当朝皇帝相关的新功能，也使这座建筑群存在的价值得以延续，并增加了其历史价值。

1. 祭祖还乡增行宫

顺治元年清政权定都北京时，原皇宫主人——顺治皇帝以及当时尚在的几位皇太后、皇太妃，都迁居北京紫禁城皇宫。没有主人的沈阳宫殿一度处于闲置状态，仅东路大政殿区域，因不在皇宫范围内，偶尔以其象征意义，在举行全国性大典时作沈阳官员集结朝拜之所，而人去室空的原“大内宫阙”，只作为先朝旧

清帝东巡图

迹，由留守官兵看管守护，几乎失去使用价值，命运难料。

然而，这种状况只持续了短短二十余年。康熙十年（1671）清圣祖玄烨为庆祝“寰宇一统”，首次回故乡祭告祖先陵寝（即福陵、昭陵），并入沈阳故宫瞻仰先皇旧迹，在大政殿设宴款待随行官员和家乡八旗父老。由此开始，闲置多年的旧宫殿成为当朝皇帝顶礼膜拜之处，保护维修自然受到重视，也免遭辽阳宫殿、沈阳清太祖汗王宫那种日久湮没厄运。此后，康熙帝又于二十一年、三十七年两度谒陵驾幸故宫，进一步巩固了这种态势。

乾隆八年（1743），是清朝定都北京第一百个年头。本年乾隆皇帝首次效仿皇祖至沈阳祭祖谒陵，驻跸沈阳故宫。据档案记载，他和同来的皇太后钮祜禄氏，都只是在凤凰楼下空地搭设帐幄居住。乾隆帝生性好大喜功，又逢国家财力充盈的太平时代，经过仔细相度，首先命将崇政殿前后体量样式各异旧建筑，改建为左右对称楼阁，即后来飞龙、翔凤阁和东、西七间楼等，又提出要在沈阳宫殿内恭贮《玉牒》《实录》等，以示对创业祖先的尊崇，实际用意之一，则是要在此增建东巡行宫。承办官员心领神会，以新建收藏《玉牒》的“敬典阁等处工程”名义，做出整体设计方案，奉旨允准后，结合改建崇政殿前后旧建筑，于乾隆

>> 迪光殿外景

十一年一并开工，历时两年全部告竣，即前文提到的沈阳故宫中期建筑。

此次工程共涉及宫殿楼阁等各式单体建筑数十座，全部位于中路，占现存沈阳故宫三期建筑总数半数以上。规划设计原则之一，是完全保留大清门到清宁宫中轴线上清太宗时期主要建筑，只将崇政殿至清宁宫两侧旧有附属建筑拆除，于其地改建行宫。同时，将崇政殿前后、大清门南两侧东西向厢房、厢楼参照原有用途按左右同式对称原则重新翻建或改建。从日后结果看，这次增建改建，对续写沈阳故宫历史而言，是完全成功的。

崇政殿至清宁宫早期建筑东侧所建者，称为“东所”，是专为随同皇帝东巡谒陵皇太后所建。前为琉璃宫门，第一进院中原有东西值房（现已不存），入院北垂花门为二进院，中为颐和殿，歇山琉璃瓦顶三间前后廊式，殿中设宝座屏风，供太后接受群臣及命妇朝贺使用。其后一进院落中介祉宫，硬山琉璃瓦顶五间前后廓式，即皇太后居住寝宫。驻跸期间，皇帝后妃每日要到此向太后问安。不过，此宫从建成到清末，仅乾隆生母钮祜禄氏、道光皇太后钮祜禄氏二人曾居住于此，总共不超过半月，其余时间均闲置。宫后庭院有通往北侧敬典阁之门，平日并不开启。最北一进院中歇山琉璃瓦顶周围廊式三间二层楼阁，即敬典阁，详见后述。

崇政殿西侧与东所对应位置为“西所”，是东巡期间皇帝后妃在沈阳居住的行宫。从乾隆十九年（1754）至道光九年（1829），先后有乾隆、嘉庆、道光三位皇帝六次居住于此。其宫门及一进院、垂花门与东所相同，二进院中迪光殿也与颐和殿同式，这里是皇帝驻跸期间处理政务、召见官员处，殿前各增一配殿，供内阁、军机处及各部院等随行官员奏事办差使用。殿后庭院中保极宫为皇帝寝宫，外观与介祉宫同，但宫前两侧设抄手游廊与前部相连，设施更加完备。此宫北门有短廊与继思斋南

>> 西所保极宫及游廊

门相通。此斋正方形平面，进深面阔均为三间，卷棚三波浪式屋顶，室内分隔为九个等大空间，内设四五间布置居室，为随驾东巡后妃居所。最北院落中则是与东所敬典阁同式的二层楼，名崇谟阁，为专贮国史档案之处，详见后述。

上述行宫宫殿设计施工，都沿用乾隆时期官式做法，虽然乾隆帝强调风格力求朴素，但仅屋面黄琉璃瓦加绿剪边一项与旧宫同制，若与仅一墙之隔高台上早期宫殿对比，从造型到装修陈设，都已从朴素粗犷变为精巧典雅，以之对比北京宫苑同期同类建筑如出一辙，明显呈现着与原有宫殿不同的时代风格。

上述行宫宫殿，基本解决了皇帝东巡谒陵期间在沈阳居住之需。然而，乾隆皇帝似乎并不甘心只在沈阳故宫拥有西所中狭小空间，却又不能占据祖先宫殿或皇太后行宫之地。三十多年后，终于有了机会，他以“溯涧求本”理由，传旨在沈阳建造收藏《四库全书》的文溯阁，借机将宫外西侧近万平方米区域纳入宫殿范围，建造文溯阁同时，又增建仰熙斋、嘉荫堂、戏台等十几座配套建筑。乾隆四十八年竣工后，实际上已将西所行宫，向西扩展出近五倍面积。由保极宫西侧游廊中新开随墙门西行数步，即可至新修的西路东侧宫门，入内向左（南）是嘉荫堂五间，前有北向中型戏台一座，南连扮戏房五间，两侧有宽廊，可供数十人设座，并起到封闭空间、优化音响效果作用，可供皇帝赏戏和举办小型宫宴之用。由东宫门向右（北）即入宽敞的文溯阁区域，阁后有仰熙斋七间可供皇帝读书写字作画，室内西侧又设小型戏台，如此则使皇帝在行宫内生活舒适度大为提升，也标志着沈阳故宫行宫建筑群的完善。建筑特色方面，西路新增建者虽属宫廷建筑，但即使供皇帝使用者，也一律用硬山卷棚顶，且很少使用黄色琉璃瓦，除按演出要求设计的戏台单元外，仰熙斋院南侧也有与文溯阁相连的抄手廊。或许意在与文溯阁格调和谐，整体为休闲雅致的园林风格，反映了当时清宫文化时尚，也使沈阳故宫建筑群最终形成几种时代特征并存的积累式面貌。

嘉荫堂前戏台

文溯阁、仰熙斋间游廊

2. 故都盛典溯国初

清代康熙、乾隆、嘉庆、道光几朝皇帝每次东巡驾临沈阳，在完成福陵、昭陵祭典后，都要进入城内旧宫殿驻跸数日才返驾回銮，既是作短暂休整，更为在此期间举行相应典礼以扩大东巡政治影响，其中乾隆以后正式列入国家典制的有以下几项：

首先举行的是崇政殿庆贺典礼。一般在皇帝祭陵结束入故宫后次日或第三日。庆典主要内容及用意，就是众王公官员等进表祝贺皇帝本次谒陵大礼告成，再将此事昭告天下。因属于按国家制度而行正规典礼，地点选在旧日皇宫正殿崇政殿，其仪式繁缛而隆重。当天清晨相关部门便将卤簿仪仗、乐器、贺表、诏书等陈列在殿内外相应位置，随驾扈从及沈阳本地王公官员及朝鲜使臣等，按制于殿前至大清门外排班就位。至时，如有皇太后同来，先由皇帝率众人至东所颐和殿行礼，随后皇帝升坐崇政殿内宝座，诸王大臣、官员、使臣依次进贺表、宣表、叩拜，殿前宫廷乐部按仪节分别奏庆平之章、治平之章、和平之章、升平之章乐曲，所用歌词都是结合皇帝东巡谒陵歌功颂德内容，最后还要将诏书以彩亭抬至大政殿前，宣读后刊刻发布全国。

>> 崇政殿内乾隆帝题诗匾

其次是在清宁宫内重行萨满祭祀，是乾隆初次东巡按照皇太极时期家祭旧制恢复的祭典。因北京坤宁宫常年保持此项从关外带去的仪式，皇帝并不陌生。一般是在进驻行宫第三、四天开始举行，分两日完成，首日祭内神，次日在索罗竿前祭天还愿。参加者除皇帝皇后还有随行的宗室近支王公。自乾隆八年起历次东巡都照行不辍。

再次是回銮前夕的大政殿筵宴。自康熙首次东巡即有此项典礼，此后照例延续。从档案记载看，每次都在百张宴桌以上，与前述皇太极时新年筵宴规模相似，参加者与崇政殿庆典时略同，但会增加盛京八旗耆老代表，相关仪节则比早年正规得多。宴间除君臣间赐酒、谢恩礼仪外，还由清宫乐部上演早年筵宴“马虎戏”演变成的世德舞（庆隆舞）助兴，其伴唱歌词十段（章）由乾隆帝亲撰，可见此项筵宴重要程度。

上述三项典礼均在清太宗时主要宫殿举行，并带有再现当年盛典寓意，以表现后世子孙对创业祖先的尊崇之情，这一点在乾隆、嘉庆、道光所作相关御制诗中都可体会到，也成为大政殿、崇政殿、清宁宫几座建筑历史在新朝代的延续。

3. 藏珍蓄宝崇旧宫

清代沈阳故宫中，有十余座单体建筑用以存放各类宫廷物品，约占主要建筑总数三分之一。其内藏品或与皇帝驻跸使用直接相关，或为奉特旨专谕存放于此，很多在当时也具有相当高的历史价值和艺术价值。其所用建筑都是乾隆年间遵旨新修或改建，虽为贮藏专用，但也按内存物品划分不同建筑等级，并力求与同区域其他建筑有机组合，体现相应设计意图。存放在这些建筑中的近二十万件宫廷文物，几乎全是奉皇帝旨意由北京宫中运送至此，从而使清代沈阳故宫成为与北京、承德宫苑并存的宫廷文物集聚地，以收藏丰富闻名。

飞龙阁、翔凤阁　分别位于大清门内崇政殿前殿庭两侧。早期为样式体量差异较大的“银库”和“三间厢房”。乾隆帝初次驾临沈阳故宫，即命将其原地改建，以优化皇宫正门至正殿区域建筑布局。竣工后成为东西同式二层厢楼，均为五间硬山布瓦顶前后廊式，属当时宫廷中中级楼阁制式，以与同区早期建筑相协调。又将原建于崇政殿北的飞龙、翔凤两座楼阁名称移至改建二阁，由皇帝御笔题写满汉文合璧门额，使得崇政殿前庭面貌大为改善。两阁建成后均用以收藏宫廷文物。

飞龙阁上层收存清历代皇帝御用腰刀、弓、箭、撒袋、鞍辔等，合称“御用武备”，既为显示清朝“以骑射定天下”尚武传统，也是延续满族保留先辈“遗念物”旧俗。至清末共有太祖至同治朝御用武备四千余件（套）。阁内下层主要藏品，是乾隆后期由北京宫中转藏于此的一批青铜器。包括商周至唐宋历朝所制鼎、彝、盘、爵、钟等，共800件，后集中著录于《西清续鉴》乙编，为清宫著名专项藏品。翔凤阁内所存，主要是供东巡驻跸行宫时陈设及调阅、赏赐臣下所用物品，包括玉、瓷、漆、珐琅、竹木牙角各类器物及宫廷珍玩，以及文房四宝、古籍、舆图、书画、服饰、织绣、金银器等，总数近万件。

>> 飞龙阁外景

东七间楼、西七间楼 分别位于上述二阁后，系乾隆年间将原旧楼挪改翻建后，建成相同造型及对称位置二层楼房，均为硬山青瓦顶七间前后廊式，檐下不施彩绘，且为板式门，用作宫中备用品库房。东七间楼自乾隆后期起也称“瓷器库”，内储清康熙、雍正、乾隆时期制品为主的明、清官窑瓷器共十万四千余件。西七间楼清代时称“书籍墨刻楼”和“档子房”，下层为盛京内务府存放档案之处，民国时统计尚存有满、汉文档案六万件（册）；上层为存放清宫武英殿所刻书籍墨刻之处。因乾隆帝曾颁特旨，宫中武英殿修书处新刻印图书及书法墨拓，必须送一部至数部于盛京宫内收存，故集中收藏于此。至清末楼内共有书籍墨刻近五百种、一万五千多册（轴），均属纸墨精良、刊印俱佳的宫廷“殿版”善本。

西七间楼外景

日华楼、霞绮楼、师善斋、协中斋 位于崇政殿与凤凰楼间殿庭两侧，每侧南楼北斋，东西对称而建。其坐落区域早期有楼房、平房数座，是为内廷服务机构所用。至乾隆时已闲置百余年，分布散乱且多有损坏。于是乾隆皇帝命拆除翻建为此四座斋、楼，竣工后所在区域呈现出简洁整齐的效果。两斋均为五间硬山卷棚顶前后廊式，师善在东，协中在西。两楼则为面宽三间硬山前后廊二层楼阁，屋面用青瓦，日华在东、霞绮在西。四斋、楼各由乾隆帝命名书匾，但因其所在位置不适合供人居住，均作库房使用。据档案所记曾收藏宫中所用地毡、炕毡、门神、对联等必备而非常用物品。

敬典阁、崇谟阁 系为在沈阳故宫尊藏《玉牒》《实录》新建，分别位于东、西所行宫最北一进院落中，已见前述。其修建缘起是，乾隆帝初次东巡回銮后不久即传谕，谓沈阳故宫为祖先奠基之地，应将记载皇室和国史的《玉牒》《实录》各送一部在那里尊藏，以示不忘记根本之意，并谕日后递修这两种档案仍要续送，永为定制。不久即传旨此建二阁并行宫，已见前述。两阁因所藏与皇室及清朝诸帝直接相关，建筑采用歇山琉璃瓦顶饰以金龙和玺彩绘，与东、西所行宫建筑等级协调。竣工之际，阁内还同时配置特制金龙大柜备用。敬典阁内至清末共存顺治至光绪时期所修《玉牒》共387包，均为满、汉文合璧写本巨册；崇谟阁内则收藏清太祖至同治十朝《实录》《圣训》共约1900包，近一万册，也是满、汉两种文字内府写本。此外，该阁内尚有乾隆年间重抄转写的《满文老档》新、老满文本各一部共360册，以及满文、蒙古文、汉文三体合璧插图《满洲实录》《汉文旧档》

>> 敬典阁外景

等，都是清太祖、太宗时期极具价值的珍贵史料。

文溯阁 系专为存放《四库全书》而建南北七座藏书楼之一，也是沈阳故宫西路主体建筑。前文提到的嘉荫堂、仰熙斋等，虽是供皇帝亲临之处，但就建筑布局及视觉效应而言，都属

文溯阁及碑亭

文溯阁内景

于这座藏书楼的配套建筑。阁之外观及内部设计均仿宁波范氏天一阁。黑、绿琉璃瓦屋顶、白色外墙、蓝绿色调檐下彩绘、绿漆檐柱门窗，都与周围黄瓦红墙、贴金彩绘的宫殿建筑形成明显差异。既表现出江南园林清雅淡泊格调，又反映了藏书楼建筑“以水克火”色彩设计寓意。阁内分三层楼摆放特制书架，共有《四库全书》113架、6144函、36000余册，另有同藏《古今图书集成》12架共576函。不仅内容宏富，而且所用纸墨及抄写装帧无不精益求精，也使这部数万册的大型丛书成为难得艺术品，自入藏之日起，便被视为东北第一文化瑰宝。

銮驾库 位于大政殿后，本为早期建筑，曾几度改建，乾隆中期始专用存放东巡故宫典礼时所用乐器和卤簿仪物。为康熙时起陆续由北京运至或使用后留置。至清末有编钟、编磬、云锣、排箫及各式鼓、角、琴等数十种，又宫扇、伞盖、旗、枪等卤簿仪物数十种，总数共四五百件，均为清宫专用制品。

盛京太庙 位于大清门东侧，原为明时三官庙，康熙时改名

>> 太庙门和文德坊

景佑宫，乾隆四十三年奉旨改建为盛京太庙（大东门外原太庙时已不存）。竣工后整体坐落于近两米的高台上，南有临街而建硬山屋宇式太庙门三间，前有礓碴踏垛通往地面，东西各门旁门一间。院内歇山周围廊式正殿三间，硬山前后廊式东西配殿各三间，南接耳房各两间。因是奉祀皇帝先祖所用，各建筑屋面均满覆黄色琉璃瓦。乾隆四十六年竣工后，奉旨将北京太庙所供谥册、谥宝（又称玉册、玉宝）用和阗良玉重新复制，将旧有者全部送至盛京太庙供奉，且此后再逢新制均一式两套，分存北京、盛京太庙。嘉庆初年，鉴于盛京太庙建筑空间过于狭窄，皇帝谕此处不必供奉历代帝后神主（牌位），仅将所存帝后册、宝按制摆放于正殿供奉。如此，盛京太庙则成为此项文物专门供奉（收藏）场所。至清末共有太祖至穆宗（同治）朝谥册、谥宝共32套。

除上述各处专用建筑外，一些早期宫殿也兼具收藏某种特殊物品功能。如凤凰楼内藏清初御玺十方，清朝历代皇帝圣容（朝服坐像）和骑马射猎“行乐图”十余幅；清宁宫藏皇帝萨满家祭器具、乐器数十件等，虽数量不多，但其重要性远高于其他专门库房所藏。

以上收藏宫廷文物建筑连同其中藏品，大多至清末仍保持完好。民国以后，因所有权改变，除少部分仍存于沈阳故宫内博物馆外，多数外运划归其他收藏单位，现分别保存于北京、辽宁、甘肃、台北等地博物馆、档案馆、图书馆中，仍以清宫重要遗物为人们所珍视。

第二章

天圆地方沈阳城

自1625年清太祖定都沈阳起，这座此前五百年间以辽东军事重镇著称的古城，开始转变为中国东北地区中心城市。经历清迁都北京前后几十年剧烈社会动荡，至康熙中期才基本完成这一转变过程，并一直延续至当代。从那时起，为当地人津津乐道之“外圆内方”“八门八关”的沈阳城郭，就在山海关外各城中，以城区面积最大、城垣设施完备，规制格局整齐、文化内涵丰富的“关东第一城”著称。这种赞誉，一直延续至20世纪初旧城垣相对完整保存的年代。

进入20世纪初年的民国时期后，伴随复杂的社会动荡和时代变迁，有着近三百年荣耀历史的沈阳古城池告别往日辉煌，在一百多年里从残颓、拆毁到逐渐清除，在人们记忆里印象越来越模糊。直到又一个世纪即将来临时，已步入当代社会的沈阳人似乎突然发现，曾经被先辈引以为傲的古城池，即将从人们的视野中消失。于是，从政府到社会各界乃至普通百姓，都努力将保护古城池视为己任，终于抢在古城地面遗迹彻底消失前，保留、恢复了一些重要的历史坐标，同时倍加珍视、积极保护城内外相关遗存，以期为后世留下更真实的古城记忆。

一、一隅知十里城垣

角楼是建在城墙上转角处的望楼（或称箭楼、敌楼）。古时虽非每城必建，但凡是角楼齐备者，则多属因地位重要而城防设施完善之城。清代沈阳城为国家陪都、东北中心，方城四座角楼有清一代始终齐全。人们或许不会想到，随着岁月流逝，当旧日十里城垣即将消失殆尽之际，最后一处城垣残存遗址，竟留在以往不为人注意的某处角楼之下，而且，此处遗址又成寻觅古城墙独一无二的地面坐标。

1. 角楼保护及复建

这两张照片画面主体相同，即沈阳内城古城墙西北角楼。一是老照片，摄于城墙城楼完整保存的清朝末年；另一张则摄于2022年，不仅已无伸向远方的城墙，那孑然兀立的角楼也是20世纪末复建，并因如今的一些成年人曾亲见其建造过程，往往视之

清末沈阳西北角楼

复建的西北角楼

为仿旧的“假古董”，似乎与古城并无直接关联。其实，这里却是一处具有特殊意义的文物保护设施。

这座复建于21世纪初年的新角楼，在城墙已不存在的时代，已丧失其原本应具有的功用，但却被赋予了新功能，即标志和保护当年尚存古城角楼遗址。在其建造前，这里已是地面唯一可见沈阳古城墙遗存，从几幅当年所摄照片中可见，角楼下城墙砖石已所剩无几，四五米高的大土堆是城墙内夯土部分，上面已长得很高的小树证明，这种状态已持续了很长时间。当时显然准备彻底清除这处遗址，周边已经清理完毕，许多市民闻讯来此凭吊最后的城墙。一位长者指点着向后辈讲述与之相关的陈年旧事，不远处那铁嘴钢牙的挖掘机，只需有人一声令下，几小时内就可以将这最后的城墙吞噬干净。而那残存的城墙，在这里守卫了三百多年，在即将永远消失之际，却显得那样无助，没有一点抵御和反抗能力，只能默默地等待着命运判决。

幸运的是，当时沈阳市民没有听任这处仅存的城墙消失，而是多方呼吁采取措施加以保护。最终，经市政府有关部门和文物

>> 重建前的角楼遗址

专家反复研究，决定先由文物考古人员对角楼及周边遗址发掘清理，然后在原址重建西北角楼，下层改为空心形式，将角楼遗址及城墙基础保护于其中，既可供世人参观，也可为日后研究参考。

角楼复建工程由专业古建维修队伍承担。经参照考古调查结果、遗址现状和相关老照片所提供信息，精心设计施工，尽可能多地保留历史文化元素。可以看到，现存城墙转角处下部，还特别留存了部分旧时墙基残迹。因此，角楼虽属仿建，但既重现昔日城垣建筑景观，也成为文物遗址特殊保护设施，修建前已于1985年确定为当时市级文物保护单位“盛京城址”组成部分之一，并拟将其发展成结合遗址展示古城历史的博物馆或城墙遗址公园。这或许也是当时条件下比较理想的结果。

2. 古城城墙留坐标

复建西北角楼另一重要意义，是利用这处知名度较高的遗址，为了解研究当年近十里长的古城墙留存准确坐标点。根据《沈阳城西北楼发掘报告》记载，复建角楼前，2000年5月考古人员先对原角楼遗址做了近一周的发掘和测量，以获取其占地面积及与城墙间位置关系，在取得城墙两侧城砖及内部夯土部分厚度数据后，发现清城角楼因包砖较厚比明城外凸幅度大，即角楼下城台相对宽大坚实，随后又对现场角楼转折处至西、北两侧城墙外皮距离分别做了精确测量，为复建时确定角楼与所连接城墙位置关系提供准确数据。因为角楼是连接两侧城墙的建筑，由此向东直线延伸即原北城墙，向南直线延伸则是原西城墙。按照发掘所得数据复建角楼后，即可准确定位两侧城墙外墙面位置，使之成为了解清代城墙走向的定位坐标。

虽然其所定的只是西、北两侧城墙，但幸运的是，沈阳旧

复建后的西北角楼

城改造过程中规划道路时，将原城墙外（即护城河位置）都开辟成与城墙走向平行的直街，即现在东、西、南、北四条顺城街（或称路），其靠近城内一侧即是原城墙基本位置，虽然大部分区段已改建新楼，但排列走向基本与原城墙方向一致，凭借零散可辨的城墙残迹和城内现存旧建筑及街巷，很容易找寻到原有城墙位置。这样，顺着西北角楼这个点的延长线，可分别找到西南、东北两座角楼所在处，再向东或向南延伸，交会于东南角楼处，便可确定方城四角位置，其连线上，就是当年近十里（九里三百三十二步）长的城墙。不过西北角楼这种“坐标”功能，却是在特殊境况下才显现出来的，若城墙城门尚存，似乎不会有人想到它的这种用途。

以下几张旧照片，是当年沈阳西北角楼的几个兄弟——东北、东南、西南角楼，都是从城外拍摄，从照片上不难看出其当年雄伟壮观气势。对应现在具体位置，简而言之即相邻两条顺城街（路）交会路口内侧，各角楼均为三层歇山式楼阁，正南正北朝向，底层向内开门，通向城墙顶面。相邻两角楼直线空间内，就是当年盛京城某一方向的城墙和城门。角楼之设，既便于瞭望和护卫，也可增加城池外观整体美感。其下外部各有加筑马面坚固城台，外沿宽出城墙数尺，是便于守城军兵用弓箭、火器从侧

东北角楼旧照

东南角楼旧照

西南角楼旧照

面打击攻城之敌，与不远处的城门瓮城互相配合，可显著增强城墙防御效果，这才是它作为城防建筑之一的真正用途。通过这复建的角楼，人们也会更加形象地理解这种功能。

3. 昔日城角不冷清

按通常情形，这些建在城墙之上的角楼，只是在美化城池的

同时，作为供军兵守城所用军事设施。承平时日，这种处于城垣冷清角落的建筑，似乎与城内百姓无更多关系。可沈阳城角楼却不然，至少从清代中后期起，几乎每座角楼都在方城内外百姓中有着很高知名度。对当代人而言，其原因既在意料之外，又在情理之中。

原来，每座角楼下城墙内外，因地处偏僻，都有年深日久形成的狐狸或黄鼬巢穴，而这两种并不罕见的小动物却是旧时代当地许多百姓崇拜的神灵，分别被称为“胡仙”“黄仙”，甚至还有“三太爷”等令人奇怪的尊称。以至角楼下“仙家洞府”，也成了信奉者们烧香祭祀所在，并有很多内外城妇孺皆知的民间传说。西北角楼外护城河上“仙人桥”传闻，即是其中流传较广者，清末民国时期书籍中曾有记载，读之颇类似《聊斋志异》中故事，大意为：

西北角楼外原有“仙人洞”一处，香火颇盛。其不远处护城河对岸有某甲所设酒铺，因自酿之酒芳冽异常，就饮者履踵相接。某日，有二老者入店沽饮，酒兴甚豪，一举十

清末东南角楼下的“仙家”庙宇

> 觥不醉，饮毕付钱即去，且从不与其他客人交谈。如此一连数月，其间店中酒客较平日暴增，且酒瓮不添自满，店主获利颇丰。某晚，店主因好奇暗中尾随二老者出，见其至护城河边即不见，疑为角楼下“胡仙”所化。为感其恩，特出资于护城河上架石桥一座，名曰仙人桥，以方便其往来通过。桥成之日，二老者即不再光临其店，酒瓮亦空，店家生意随之冷清，不久即歇业。盖因其“泄露天机”之故。但仙人桥之名日后仍被沿用。

类似传说还有东北角楼旁石碾子及“碾盘姑姑”故事等，旧时在沈阳都脍炙人口，广为流传，以至于角楼外墙下真的建起了供奉庙宇，其中东南角楼仙人洞最为著名，前门脸雕梁画栋，供祭之品长年不断，还有文人题写匾额对联悬挂其间。同治、光绪时期刘世英《陪都纪略》、缪润绂《陪京杂述》等书中都有相关记载和引述。清末民初，沈阳角楼下“仙人洞”甚至成了许多人前往祭祀观光的“景点”。早年沈阳有关城内外遛弯闲逛旧谚语中，有“早茶馆、晚胡同，不早不晚仙人洞”之说，可为其证。缘此，角楼处“仙家洞府”，也成为承载旧时沈阳民间信仰和民间口头文学之特殊处所。

二、八门及遗址遗物

从康熙时期直到近百年前，“八门八关”几乎是沈阳古城特色代名词。只是20世纪初以来，随着新设“工业区”“商埠地”等陆续开发，城区范围逐渐扩大，虽然更多沈阳人不再居于老城区范围内，但“老沈阳”们对“八门八关”仍不陌生，因为无论从街名路名还是遗物遗迹，都不难找到当年那些“门”和“关”的踪影。

1. 内城八门的由来

沈阳从战国、西汉时期候城算起，虽已有两千多年建城史，但在中古前近千年间，城池沿革并非始终延续不断。历史文献和考古发掘都证明，清代沈阳城是公元10世纪初辽代建沈州城后，经辽、金、元、明几代延续发展而成，而且其间也曾有金、元之际和元、明之际的重建。明以前城池虽位于后来方城区域内，但规模较小，且为夯土城墙。至明洪武年间新建沈阳中卫城，并逐渐改土城为砖城，才形成后来所称“明清沈阳古城”城池范围。清太祖天命六年（1621）后金攻明占领沈阳，并于1625年从辽阳迁都于此，但在努尔哈赤于天命十一年（1626）八月去世前至皇太极即位初年，即后金占领后的十年间，只对损坏严重的城墙、城门、道路等作必要修补加固。直到后金天聪五年（1631），已

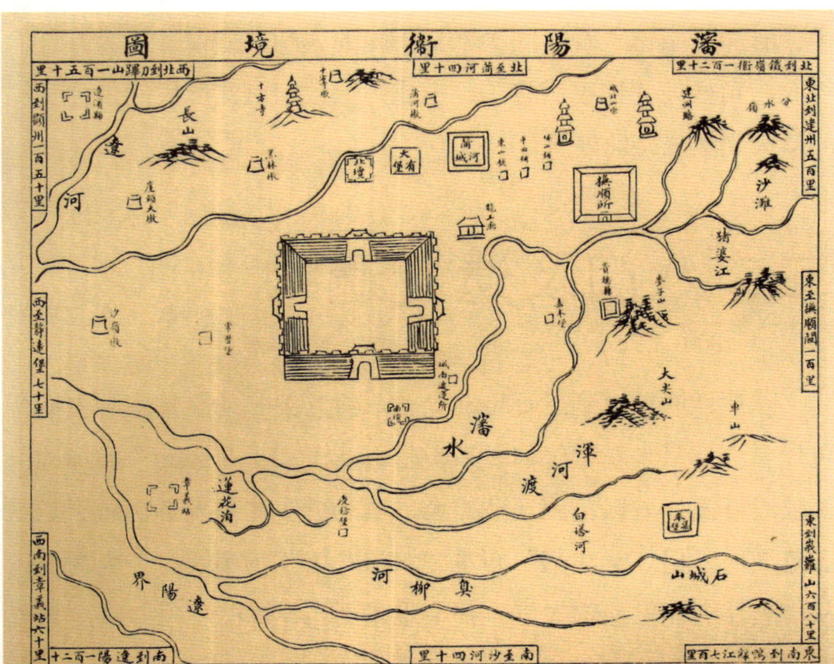

>> 明《辽东志》沈阳城图

坐稳汗王宝座的清太宗皇太极下令，参照中原王朝都城规制，对沈阳城池进行大规模改造，才使原有明代沈阳中卫城池发生明显变化。其中，最主要作为，一是改四门为八门并增修城楼角楼，二是加高城墙。乾隆后期《钦定盛京通志》对此事记载如下：

> 天聪五年因旧城增拓其制，内外砖石，高三丈五尺，厚一丈八尺，女墙七尺五寸，周围九里三百三十二步。四面垛口六百五十一，明楼八座，角楼四座。改旧门为八，东向者左曰抚近，右曰内治，南向者左曰德盛、右曰天佑，西向者左曰怀远、右曰外攘，北向者右曰福胜、左曰地载。

其结果就是后来“八门正戴，方隅截然”，整齐壮观的清代沈阳城池。在天聪八年（1634）正式以满语“穆克敦”命名，汉文译为“天眷盛京”，后简称“盛京”。此后，无论城市政治地位和城垣建筑，都以鹤立鸡群之势傲视关东诸城。清迁都北京后，又因皇帝多次东巡谒陵驾幸沈阳而得到妥善保护和维修，故能在三百年间基本完好地保持城市基本风貌。

其实，如果仔细对比考察明清时期沈阳城区别即可发现，经过皇太极时期“重建”后，只是比原来明城加高了城墙（从二丈五尺增至三丈五尺），城内面积与明城相比并无区别。文献记载，明城长为九里三十步，对照可知，改建后清城长度增加了三百零二步（每步五尺，约合1.7米），但这只是改八门后增建瓮城和角楼城台长度造成的。与明城相比，城墙长度和走向也基本无变化。

四门改八门，以及由此而生城内区域格局改变，才是清城在外观和规制方面与明城的显著区别。按明修《辽东志》记载，明代沈阳城四门各有其名，东称永宁、南称保安、西称永昌、北称安定（后改“镇边门”），详见下述。因沈阳城内平面基本呈正方形，各城门均设于所在方向城墙正中位置。1631年“改旧门为八”，即每面改设两座城门，其做法是将原有城门封堵，再于各

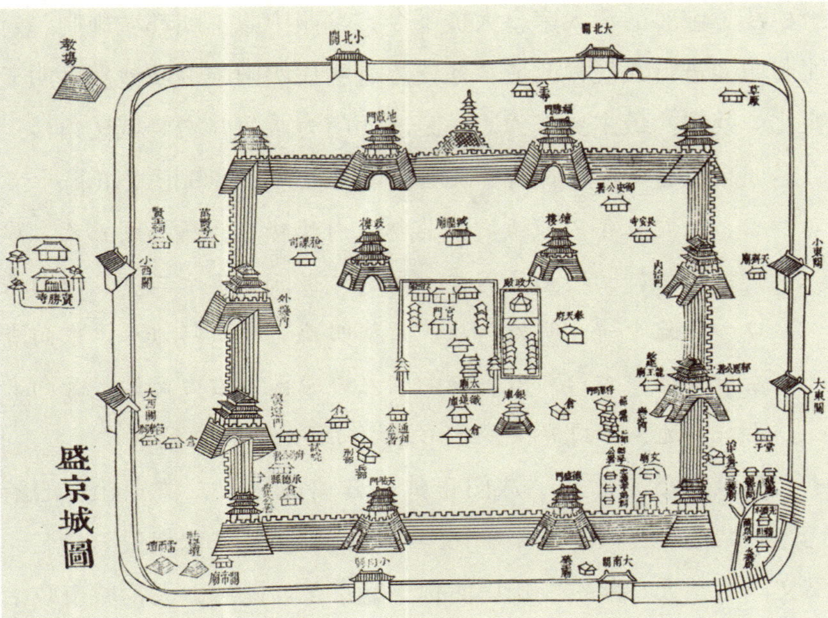

乾隆《盛京通志》中沈阳城郭图

方向城墙长度三分之一处新辟二城门，命名已见上述。建成后，城内居民为便于辨别各门方向，大多使用俗称，对各方两门，按东、西两侧以南为大；南、北两侧以东为大规则，称抚近门为大东门，内治门为小东门；德盛门为大南门、天佑门为小南门；怀远门为大西门、外攘门为小西门；福胜门为大北门、地载门为小北门。这就是沈阳“八门”来由。

2. 古城门百年盛衰

初建时各门城楼（或称敌楼、望楼）样式应基本一致。虽然城门每天都要晚闭晨开，但因沈阳城在光绪甲午（1894）前二百年间承平无战事，用于御敌防守的城楼多年来基本闲置，很少使用，直至道光年间并无严重毁损。主要原因之一，是康熙十年（1671）至道光九年（1829）这一百五十多年间，康熙、乾隆、嘉庆、道光四朝皇帝，共十次东巡盛京谒祭祖陵，每次都在沈阳城内驻跸数日。作为清王朝开国发祥之都，沈阳城垣自然应以完好整齐状态展现在回乡祭祖的当朝天子面前。所以每次皇帝驾临前，当地官员都要对城楼加以修缮，以保持最佳状态。由于事涉皇帝亲临，工程用度自然有充分保障，也从客观上促进了盛京城保护。至晚清近二十年间，清王朝统治江河日下，咸丰以后几朝皇帝再无力举办东巡大典，国家和地方财力捉襟见肘，沈阳城也

清末小西门内侧

清末小西门外瓮城

很难再做到正常维修。加之1895年后，承平二百多年的辽东地区开始遭受战火破坏。各方面原因相叠加，便致使昔日古城风姿难以继续维系，日渐衰败。

清末民初，外攘（小西）门一度成为八座城门形象代表。因其为清帝东巡时京奉大御路东端起点，加之城门内大街两侧商铺林立，与钟鼓楼之间繁华的四平街（中街）相连，清末新政时期，与之相对的小西边门外，又是新建和规划的奉天公园、京奉铁路火车站等所在区域，因而这座城门也成为沈阳城对外的“脸面”。以致到财政拮据晚清岁月，仍在光绪中期由政府出资、商家赞助，尽力维护最佳形象，在此后三四十年中继续作为盛京古城城门的标准范例。无论敌楼、瓮城还是城墙马道，都能反映全盛时期盛京城城门基本面貌。从中可以看到，盛京八门城楼造型与故宫凤凰楼、两陵隆恩楼样式相近，为三层三间周围廊式楼阁，下层是垣墙及楼门，中上层四面设窗，便于瞭望。内城每侧城墙各两座如此高大美观的门楼，加上两端相近样式角楼，则方城外各方向都可从远处望见至少四座高耸于城上的楼阁，当年陪

>> 1907年改修后的大南门

都城外观气势可想而知。

相比之下，晚清以后其他城门就没有这样幸运了。约从光绪初年起，沈阳各城门门楼就因年久失修开始倒塌损坏，以至不得不拆除改建。原本三层歇山顶的门楼，因体量高大，经常年风雨侵蚀，失于维修，屋瓦和上层门窗多有脱落毁损，而且漏雨导致楼板糟朽，修缮难度加大。为避免朽坏构件坠落伤人和屋架完全倒塌，管理者不得不将残损最严重城门楼拆除，改建为单层歇山顶形式，虽然规制远逊当初，但聊备城楼之名。一些清末民初照片上看到的内治门（小东门）、德盛门（大南门）就是如此改建后情形。至于福胜（大北）、地载（小北）、天佑（小南）、抚近（大东）等几座未经改建的城门楼，到拆除前都只剩下屋顶不全、门窗脱落的梁架，勉强支撑在那里。就是这种状态也并未维持很久。又过了三五十年，人们就只能凭借地面以下的遗址，去想象当年矗立在那里的高大城门了。

3. 瓮城遗址及保护

现今大南门路口东南侧一座高楼下，有一处平时并不引人注意的建筑遗址，即清代沈阳德盛门（大南门）瓮城遗址。是2005年在施工时发现并清理保护的，也是沈阳古城垣所剩不多的几处遗迹之一。2008年经沈阳市政府公布为市级文物保护单位。

瓮城，沈阳民间也俗称“瓮圈”，是古代较高规格城池的城门附属建筑，即在城门外连接城墙所建半圆或方形平面小城。其内面积通常可达数百至千余平方米，高与城墙相等，厚度逊之。正对城门下券洞的一面封闭，两侧各辟券洞门，为进出城门通道。其作用一是在战时保护城门及附近城墙，二是作为城门外出于风水和安全目的所设遮蔽屏障，也可起到出入城门人车分流疏

>> 大南瓮城遗址保护标志碑

导作用。清太宗时所建沈阳城八门沿明城旧制均筑有瓮城，同为正面和左右两侧三面城壁垂直相交接于城墙的方形，两外角筑成带马面的城台，更显坚实厚重。瓮城城墙上还建有炮房等防御设施，以备战时之需。

由于各瓮城基本都与所在城门并存，以致大多数由城外近处拍摄的城门照片，都见不到敌楼下城门券洞，却更多地见到挡在正面或侧面的瓮城，令不知情者因见不到城门而莫名其妙。约在20世纪30年代至50年代之间，拆除旧时城墙城门成为国内旧城改造中流行风气，沈阳各瓮城与所在城门也是在那期间被陆续拆

>> 带有瓮城的清末大南门旧照

除。沈阳现有文物保护单位中，至今仅一处与当年城门有关，即这座德盛门瓮城遗址。

从20世纪30年代以前旧照片中，我们可以看到大南门与瓮城组合的情形。根据记载，这座城门曾在1908年因严重损坏进行过维修，并将原有三层门楼改为单层，城门内侧汉文门额又将“德盛门”错写为“得胜门”。有人怀疑这是当时日本人在工程中故意搞鬼。因为日俄战争时日军在城南战胜俄军后，就是在总指挥大山岩统帅下，从此门进入沈阳城，想以更改城门砖额用字来记载他们的“得胜”。20世纪50年代初，政府为便利城门内外交通，决定将城门连同瓮城一起彻底拆除，瓮城区域改建为中间有圆形花坛的广场，沈阳老百姓俗称之为“大南转盘”。现在保存在地下的遗址，位于沈河区朝阳街与南顺城路交叉路口东南。据当时参加考古人员所述：

> 发掘面积不足100平方米，遗址分为内外两层。内层（遗址区内西北部）砌筑一平台，内部为夯土填实，夯土外分别向东、向南为小规格青砖立置填实，有部分使用白灰面，直至边缘的条石基础。平台东、南侧边缘的条石基础均为三层，宽0.45米，高0.74米，条石基础均从下至上渐次内收。外层即从平台外缘条石再向东、向南方向，内为夯土填实，宽3.68—3.76米，外侧仍为条石基础及几行青砖所砌外墙，墙宽0.5米。条石下为茬石垫底，上部采用大型青砖以白灰两横一竖错缝方法砌筑，条石基础和砖墙均层层渐次内收。实地测量。遗址南侧墙体距南顺城路路北自行车道52.5米，东侧墙体西距大南街中心线34米。从这两项数据来看，德盛门瓮城宽为60米左右，长为50米左右。

对一般人而言，所能了解的，除当时所用建筑材料及砌筑方法外，主要是德盛门瓮城东南角的具体方位，以此为依据，可大致推断出当年瓮城位置、面积及砌筑方法，再结合遗址处现状及

大南门瓮城考古发掘现场

附近城墙遗迹，即可判断出所属古城门、瓮城、城墙坐落位置。可见，这处保留在地下的瓮城一角仍具有重要价值。

值得一提的是，这处瓮城遗址，在当年建筑施工中发现后，及时申报考古发掘，随后由市政府确定为文物保护单位。建设单位既没有计较延误工期损失，又划出楼前一部分院落修建遗址保护设施，并于楼内专门举办与瓮城遗址相关的古城介绍展览，供市民参观，充分反映出沈阳各界对城市历史的重视。当时距古城最后一座地面城门遗址消失已近半个世纪，又逢沈阳“一宫两陵”列入《世界遗产名录》不久，沈阳人文物保护意识远胜以往，对具有历史价值的古城遗迹倍加珍惜，保护文物自觉性大为增强，对日后产生积极影响。2022年夏，朝阳街与北顺城街相交路口进行地铁站施工时，又发现古城大北门瓮城遗址，并由市文物考古研究所派人前往发掘清理，为人们了解和研究古城又增添了新的依据，预期今后还会有更多发现，将其利用好、保护好，也将成为沈阳人民共同的心愿。

三、“抚近”“怀远”寄情思

约从20世纪20年代末开始，伴随中国社会向近现代转变，与国内大多数古城一样，沈阳旧城门也陆续被拆除，整个过程持续了约三四十年。至60年代初期，虽然古城城墙断壁残垣尚随处可见，但八座城门已无一幸存，而拆除它们最直接的原因，就是有利城门内外交通顺畅。又经过三四十年时间，至20世纪末，弘扬历史文化、发展旅游经济大潮中，沈阳人发现，能形象展示城市文化积淀简单有效的办法之一，竟然是恢复已经拆除的古城门。于是，在当时被确定为“清代一条街”重点旅游街区的沈阳路两端，已拆除近七十年的抚近门和怀远门，相继于原址复建。

1.“符号”式的怀远门

巧合的是，最早复建的怀远（大西）门，在当年也曾第一个被拆除。“东三省易帜”后，1929年地方当局为改善老城交通

>> 1930年拆除城门后的怀远门原址

状况，命将残损严重的怀远门城楼拆除。因其周边城墙及瓮城尚在，当时采用了特殊处理办法，虽将城门主体及瓮城正面拆平，使城门内外的马路连接贯通，但却没有“斩草除根”，而是适当保留瓮城侧面部分，其券门上“怀远门”横额也照旧镶嵌，再对保留部分精心修整美化。如此处理，虽然那近三百年间控制城内外通行的城门改为通衢，但这新路口却犹存城门之意，古今兼顾，别具韵味，当时也得到普遍认同。遗憾的是后来拆除其他城门时并未能延续此做法。现在所见怀远门，除位置基本相符外，从所用材料、建筑样式、工程做法等方面讲，只是一座具有城门形象的仿古建筑，或者被称为“符号”式建筑物，其名称和城楼、券门及坐落位置等，使其略具古城门“符号”性质，券洞大小、数量、形状以及城台高低、造型等方面，要考虑与古城时代并不相关的使用需求，在建筑材料和技术等方面，也只能在资金允许范围内。“修旧如旧”则无从谈起。

然而，就是这样一座“城门”，在唤起沈阳人古城记忆、提高保护文物意识方面，却起到了意想不到的作用。在其1994年复建竣工后，曾一度成为市民热议话题。一些年轻人甚至认为，沈阳旧有古城门就是如此，而年龄稍长、对古城有些了解的人，则根据自己的认知对新城门评头品足，各抒己见。当时还发生过这样一件事，一位粗通满文的老先生，在对新建城门满文门额仔细观察后，认为写得不对，便向某媒体反映。记者则据此写了一

清代怀远门老满文门额，沈阳故宫博物院藏

>> 复建的怀远门

篇题为“城门满文不念字”的报道，引得众多市民关注。最后通过向沈阳故宫博物馆相关专家了解，新城门满文门额，是按当年拆除的清代原物书写制作，因清太宗建城门时尚通行无圈点“老满文”，所以，即使懂得一些新满文的人，也很难正确识读。于是，媒体又以“城门满文老满文”为题，解释澄清，使市民了解到仿建的城门并非完全出自臆造。那收藏在博物馆中的旧门额，却成了自己当代“替身”的“身份证”。

2. 抚近门“前世”影像

现沈阳旧城抚近门（大东门），是继1994年复建怀远门后，于1998年复建的。不过，由于当时设计者采纳了市民和专家意见，在视觉上，似乎更接近清代城门的形象，也被视为不小的

>> 复建的抚近门

进步。1929年这里的旧城门与怀远门同被拆除，原有汉文“抚近门”门额，也被送至沈阳故宫（时称东三省博物馆）保存，成为珍贵的古城门遗物。凑巧的是，复建的抚近门刚刚竣工不久，山东画报社编印的《老照片》第二辑，在封二登载了一幅珍贵的老照片，题为《沈阳城墙和城门》，标明为1912年法国人斯提芬·帕瑟来沈实地拍摄，收藏于法国阿尔贝·凯恩博物馆。照片前景为一贫一富两少年，背后是高大的城门瓮城，显然出于摄影师精心摆拍。不仅拍摄清晰，而且对黑白照片作了写实性人工着色，使画面更漂亮逼真。

在当时已有两座仿建城门的沈阳，这张新见老照片，引得地方历史文物爱好者们争相传看，视为难得一见的城门史料。遗憾的是，因画面中瓮城遮挡住城门楼，文字说明又欠具体，人们一时难以断定是八门中哪一座城门。此后多年虽然相关书籍、报刊、展览曾使用多次，却有大西门、小西门、大北门种种说法，但经过仔细分析都被否认。直到近年，有关专家经过与诸多老照片比对，最后判定照片中的城门是大东门，拍摄位置就在大东门前稍南侧的现东顺城街，而门前那带篷的马拉客车，则是当年的

1912年抚近门前照片

清末民初的抚近门

“的士”，主要目的地就是不远处的小河沿。如此，也为如今耸立在原位的“新大东门”增添了有趣的历史文化包装。

至于其他几座已拆除的城门，虽然已无地面遗存，但其小东门、大北门等地名，却已沿用近400年，至今仍为沈阳人熟知。将这些地名与清晰可寻的井字街、护城河位置“顺城路”结合，可相对准确地找到各城门位置，稍具地方历史文化知识的沈阳人，站在如今车水马龙的旧城门十字路口，便不难描述出当年的城门景象。因此，虽然日后并不可能也无必要将旧城门逐一复建，但那高大壮美的建筑形象，却将长久保留在热爱城市历史的人们心中。

四、城关与风水传闻

一般而言，民国后出生的沈阳人，对于“八关”熟悉程度远不及“八门”。原因很简单，八关所包括范围要比八门大上数倍，一般人很难完全熟悉。所谓“关”即“关厢”，即“内城”周围“外郭”区域。有人认为，在清太宗皇太极时期，改建“八门”同时，已修筑了“八关”。从文献记载和考古调查等方面所获得的证据看，这并不符合事实。主要原因是由于当时沈阳人口较少，而且军事防御压力不大，并无另外花费巨大人力物力增拓外城的需求。直至康熙年间，由于沈阳城及周边人口不断增加，内城已难于容纳，且康熙帝已创立东巡谒陵典制，有进一步完善陪都城郭规制的必要，才有增建外城之举。

1.“八关厢”及其遗迹

按乾隆后期《钦定盛京通志》记载：康熙十九年（1680），奉旨于盛京方城外增筑关墙。当时采用就地挖壕取土夯筑方式，墙高七尺五寸，总长度三十二里四十八步，形成环绕内城且各方向距离大致均衡的近圆形外城墙（边墙）。在城四面与各内城门相对处，各辟一关门，即俗称的“边门”，名称比对应城门多一“边”字，如大东门外者称“大东边门”，小西门外者称“小西边门”，余类推。城门与边门之间区域则称为“关”，也是按所在方向城门命名。如大东门至大东边门间即称“大东关”或“抚近关”，小北门至小北边门间即称“小北关”或“地载关”，等等。这就是沈阳内外城“八门八关”的来历。

内城八城门与对应边门间均以大街相通，以便城内外往来，

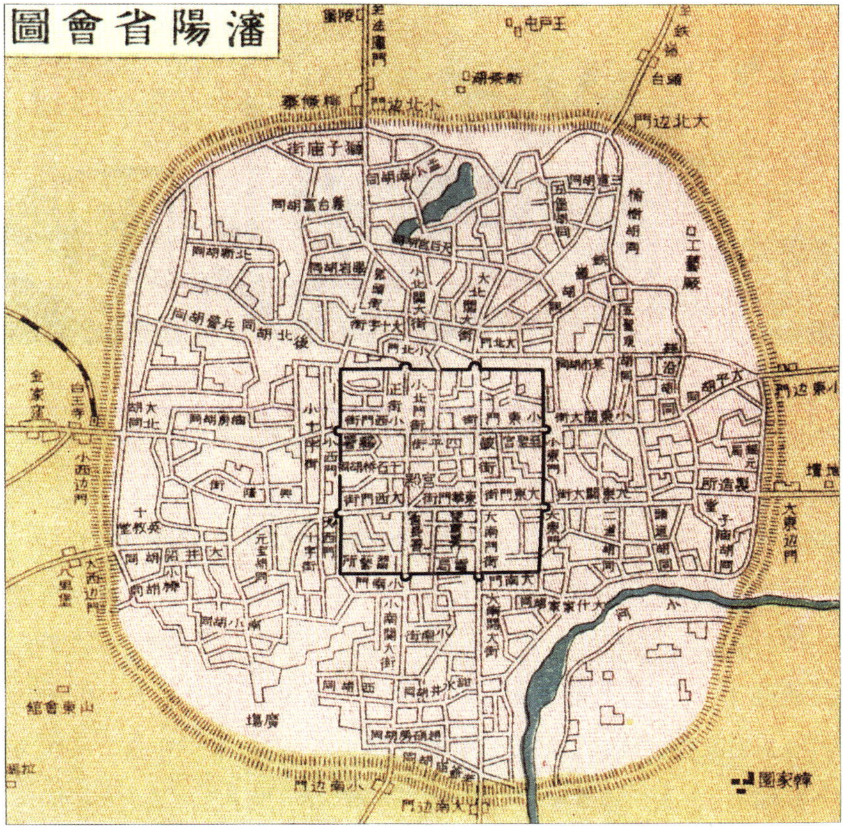

清末沈阳城区示意图

其中七门出城门后都是“直来直去”，行至一段距离后道路才有外闪，以与相应方向边门对接。唯有大西门通往边门的大路，向外斜闪而非直对城门。据说这是因为相关风水理论中视“西方大路”正直畅通为不吉，特意如此设计的。边门建筑形式，则要比城门简陋得多，既无高大的城楼，也没有瓮城等防护设施，不过是用砖木简单修筑成“门”的式样。其原因并不难理解，因为设立八关以后的二百多年间，这些边门、边墙只是起到分隔外城区和郊区的作用，并不具备有效军事防御功能，只不过是一种标志性城界设施而已。所以，至清后期，大多数关墙和边门依然保存得相对完整。尤其是处于京奉路起点的小西边门，1907年东三省改制实行新政后，还成了重点建设区域，旁边建立了奉天公园

>> 清末大西边门

>> 清末小西边门

（旧市府广场原址及西侧位置），在那不久，边门也被重新维修，并以装有“陪都重镇”铁艺坊额，成为沈阳城西部地标建筑。直至二三十年代其他边门关墙已基本拆除，仍赫然独存。

近百年来，由于城区范围不断扩展，边门、关墙有的被有计划地拆除，有的自然损坏、倾圮，至新中国成立初期已很难见到其遗迹了。不过，与内城各城门一样，作为城市交通节点的各边门位置地名至今仍然保留，相关道路也并未作明显变更，甚至在一些原有边门十字路口，仍然可以顺旧有道路找寻到关墙走向。参照老地图将八个边门点位连接起来，确定当年外城区域也并非难事。而且小南关、大北关、西关等老地名及其所代表位置，对年龄稍长的沈阳人并不陌生，正是以这种共同认知为基础，自然延续着对历史的记忆。

2. 风水传闻各有据

康熙中期加筑外城后八门八关城区格局形成，不仅通过内城外郭设置使沈阳城垣更符合“陪都”规制，扩展了城区使用面积和功能，同时也为这座关东名城增添了不少神秘色彩，这就是旧时人们津津乐道的城郭设计传闻。较有代表性的是沈阳光绪翰林缪润绂《陪京杂述》所记：

> 沈城建造之初具有深意。说之者谓：城内中心庙为太极，钟鼓楼为两仪，四塔为四象，八门像八卦。郭圆像天，城方像地，角楼敌楼各三层共三十六像天罡，内池七十二像地煞，敌楼角楼共十二像四季，城门瓮城各三像二十四气。

此外，尚有《东三省古迹轶闻》所载清末民初“满洲名士”金梁（锡侯）所记：

> 陪都城按周易八卦之势而建。清之太庙，适居省城之中，谓之太极。太庙之前为十面，其后有罗儿大天，是二者为太极中之阴阳二鱼眼也。太极生两仪（钟鼓二楼），两仪生四象（四塔），四象生八卦（八门），八八生六十四卦（楼橹），六十四卦生七十二地煞（泡子）。此为故老所乐道，并言其风水之胜者也。

上述所记传闻，涉及沈阳古城内太庙、中心庙、钟楼、鼓楼、城外四塔、内城八门、城楼、角楼、瓮城、内外城墙等诸多建筑及景物，涵盖与城池面貌相关的诸多重要景观，在当时城内居民中几乎家喻户晓，故为人们津津乐道、流传颇广。由于两则记载形成于清末民初，其中所涉某些景物今已不存或鲜为人知，为便理解，除本书中将有所提及者外，在此略作解释。其所谓“罗儿大天”是指沈阳故宫太庙北水井，因自井口下望可见圆形天空倒影而有此称：“十面”又称“大十面”，是晚清民国时多年安放在故宫文德坊外的辽代石经幢（现藏沈阳故宫博物馆），因幢身八面加上下共十面，民间亦称“大世面”；“郭圆象天”之“郭”即沈阳外城，“敌楼”即八门城门楼；“城门瓮城各三”，指每座城楼下券门加瓮城两侧券门；“六十四楼橹”指城门楼各两层檐，每层四面，共八面，八门即六十四。“七十二地煞”指城墙内侧每面设十八处沙石填充排水坑，即沈阳民间所称“旱灶、泡子”。

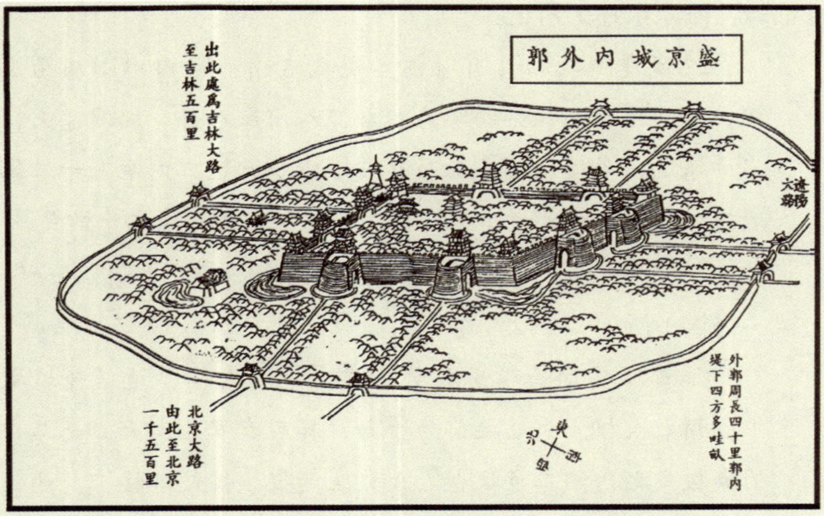

>> 清末沈阳城鸟瞰示意图

关于这种传闻正确与否，人们自有其见解。但其所举城门、角楼等数目及城内外水泡塔寺等，无一不有古城建筑实物作依据，旧时沈阳几乎无人不知，以至有添枝加叶、发挥演绎而成的许多版本。不过，其中却也包含着沈阳城建筑景观的某些显著特色，以之为清代沈阳城设计建造非同凡响之一种民间解释，也在情理之中。

这种传闻产生的历史背景，是康熙时期增辟外城八关后，沈阳城在使用功能和城郭规制、城垣建筑等方面，都有了质的提升，不仅与山海关外政治中心、大清陪都地位相适应，在城区分布和城郭外观面貌方面，也堪称国内同时期所建城垣典范。通过晚清外国人绘制的鸟瞰示意图，可以宏观领略这种“外圆内方，八门八关”的恢宏风采，其被称为中国明末清初城郭建筑杰作，也是当之无愧的。

第三章 前朝后市循古制

清太宗时期对沈阳城的改建，既增强了城池防御能力，也使其外观风貌与城市地位提升相适应，标志着满族政权已初步融入辽沈地区社会文化环境。借鉴中原汉族传统文化，重新规划改建后的“九宫格”式分区都城，以适应政治变革后的发展需求，被视为沈阳城市史中划时代的进步。由于现今古城区以故宫为中心的古建筑遗址保存较多，辅以沿袭300余年的城内干道，即可大致想象出当年城市建筑基本面貌及后世沿革，可谓“时过而境未迁”，体现出传统建筑保护对留住城市记忆的独特价值。

一、宫阙官衙构“前朝”

清太宗天聪五年（1631）改明城四门为八门，带给沈阳城内的最大变化，就是主干道和街区划分的改观。按通常情形，地势

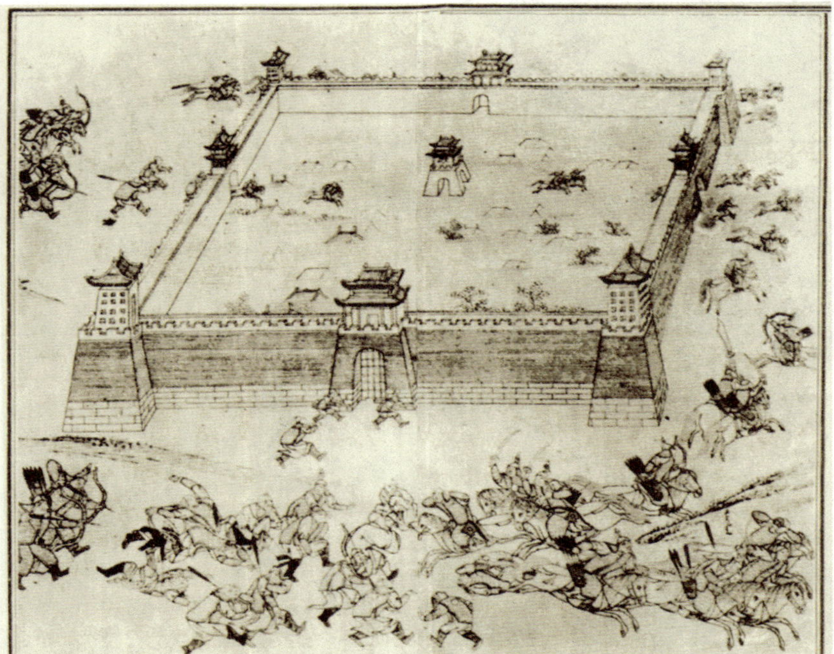

>> 改修八门前的明末沈阳城

平缓的方形城池，如四面城墙均居中辟门，则连通相对城门间道路即是城内纵向、横向主干道，呈直角交叉的交会点即是城区正中心，而城内区域也呈四块大小基本均等的“田”字形分割，明代沈阳中卫城即是如此。清太宗时改建沈阳城，基于其都城地位提高规制，变每侧一门为两门，且各设于本侧城墙长度三分之一处，城内仍是相对两门间以大路相通，如此，城内主干道变为两横两纵相交的“井”字街（即现存的正阳街、朝阳街、沈阳路、中街路），分区也从“田字格”改成“九宫格”。城内主要建筑和功能区，即在这“九宫格”内有序分布。

1．清太宗皇宫部院

宋元以后中国古代城市建筑，一般分布原则是，官衙性质公共建筑及官学、书院等，多建于城中心或南侧，取其视野开阔、交通顺畅、远离喧嚣等优势；而商业店铺所在街区，多居城内北侧，即使人声嘈杂，车水马龙，也不致妨碍公务和教学活动。后人俗称此种静闹分开原则下的分布为“前朝后市”。既是顺其自然，也是约定俗成。

满族进入辽沈地区前，久居今辽、吉两省东部山区，建城于有利防守的丘陵山岗高处，即使是后金崛起早期佛阿拉、赫图阿拉乃至辽阳东京城等早期“都城”，城内也很难找到较大面积平坦地块，也难有笔直、平坦、通畅的城内街道。由于条件限制，贵族首领住宅、公共议事场所一类建筑，只能根据城中地势分布，除安全性、便利性外，因山城地势各异，很难制订出坐落方位、组群分布等方面的具体规则。

定都沈阳前几年，初次住进平地都城的女真汗王，似乎还没有意识到改变城区格局的需要。清太祖汗王宫建在经过改造、最

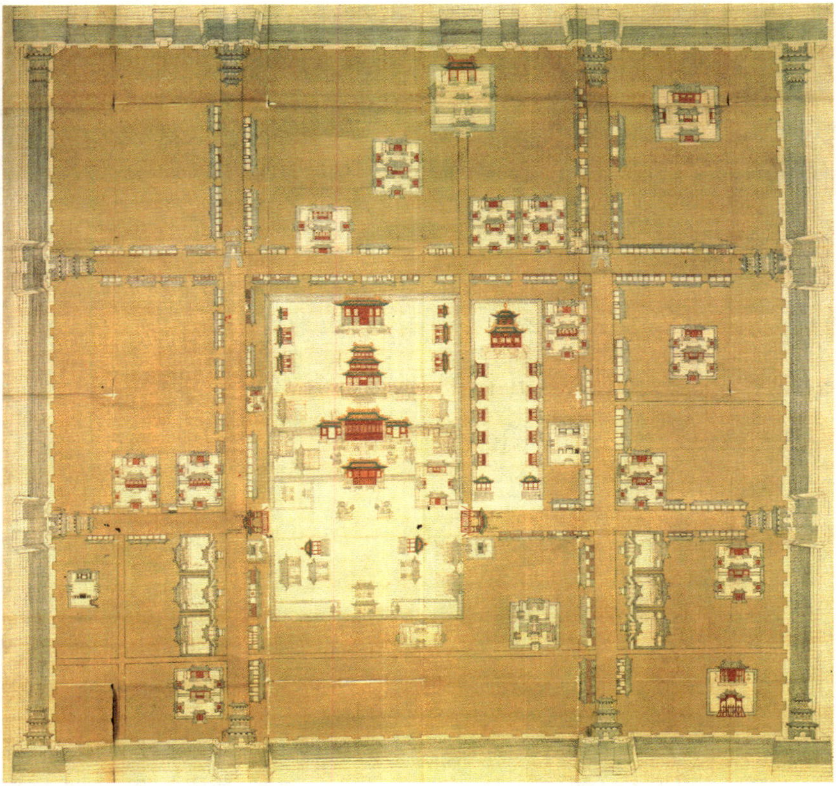

康熙年间盛京城阙图，中国第一历史档案馆藏

便于防守的明代沈阳城北门（安定门）前，而将处理国政和集会筵宴的大政殿建于靠近城中心处。皇太极继位之初，虽然将其原住四贝勒府（即后来沈阳故宫清宁宫区域）逐渐改建升级为汗王宫，但城内总体格局依旧。

至其继承汗位五年后，为进一步加强皇权，皇太极采纳汉官建议，仿中原制度设立吏、户、礼、兵、刑、工六部以及都察院、理藩院，同时参照中原之制改建都城沈阳城内格局，即改“四门十字街”为“八门井字街”。两项工程都于天聪五年兴工，全部竣工后，新形成的“九宫格”城区，便出现了迥然不同的建筑分布格局。

大内宫阙和大政殿两处象征最高权力的建筑群（即后来的沈阳故宫），同在位于城中心的九宫格正中区域，而八旗诸贝勒

（崇德改元后称王）府邸，除德高望重的大贝勒代善外，分别处于周围各区域（详见后述），对皇宫形成从属拱卫之势。昔日努尔哈赤汗王宫区域，则只是坐落于距城中心较远且不为人注意的北侧城墙根，以致此后慢慢被人们淡忘。与之形成鲜明对照的是，新设各部院衙门全部位于宫殿前区域，即吏、户、礼三部位于大南门内大街（今朝阳街南段）路东；兵、刑、工三部位于小南门内大街（今正阳街南段）路西；都察院、理藩院（初称蒙古衙门）位于皇宫大清门前东西两侧。城中最重要的八旗各旗衙门，即大政殿前的八旗亭，也在与新皇宫并列的城中心南侧，如此，新建和旧有各机构，都分布在皇宫南（前）左右两翼，明显突出了汗王和国家权力机关地位，并组合为城中“前朝”政权机构区域。端坐于皇宫大殿金龙宝座的皇太极，从实际权力和落座方位而言，都是面南背北，君临众臣的最高权力执掌者。这也正是他下令改建沈阳城主要用意之一。

天聪六年正月初一，是改建结束后第一次朝会大典。继位已五年多的皇太极，首次实现了在金銮殿宝座上“面南独坐”（此前与两大贝勒面南并坐），几年后又改国号为大清，正式登基称帝。沈阳都城改建与政治变革配合得如此密切，既可说明城市建

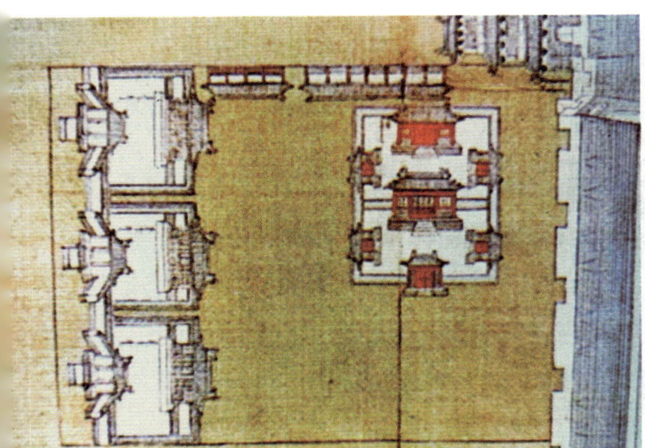

《盛京城阙图》中吏、户、礼部

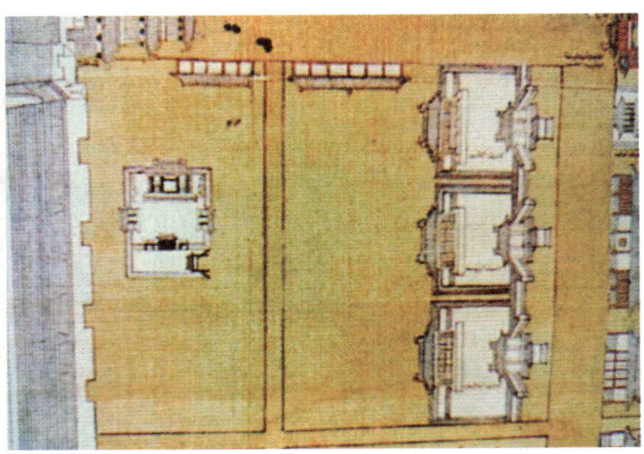

《盛京城阙图》中兵、刑、工部

筑进步与政治文化变革的密切关联，也让人不得不佩服当年主持者的巧妙设计。总之，清太宗时期改建沈阳明朝旧城，成功地奠定了城市“前朝”部分基本格局。至于城内“后市”部分，还是在清迁都北京后，沈阳商品经济发展过程中才最后形成的。

2. 清盛京南城衙署

1644年清政权迁都北京初期，辽东大量人口移居关内，沈阳城不可避免地进入冷落萧条时期。不过，这并未持续很久。由于山海关外东北地区，是清朝皇帝赖以维护统治的“根本重地”，沈阳很快即从“留守旧都”转化为关外首府。顺治初至康熙中期四十多年间，逐渐恢复或新设各类官署，成为“旗、民分治”新体制下的地区政治中心。清太宗时吏、户、礼、兵、刑、工六部，除吏部外至康熙三十年（1691）前已陆续恢复，不过管辖范围主要是东北地区，各部名称前均加“盛京”二字，以与中央各部区别，合称“盛京五部”，仍沿用城内旧有官衙（盛京工部后迁至大南门内路东）。顺治十四年（1657）设立奉天府，康熙四

奉天府衙门故址旧影

年（1665）设立承德县，分别是管理地方民人（八旗以外户籍人口）地方行政机构。前者管辖范围相当于今辽宁（朝阳、阜新除外）和吉林南部，府衙设在故宫东南方向不远处（即现沈阳市工商联会场址，沈阳市文物保护单位）。后者管辖范围相当于今沈阳市及原属郊区，县衙设在大西门内路南（今同泽女中附近），都循旧制建于南城区域。

驻防将军是奉天府境内“总辖旗、民”的最高军政长官，由清迁都后初年留守总管沿袭而来，顺治、康熙时曾称昂邦章京（满语“大将军”意）、辽东将军、奉天将军，至乾隆时正式定名为盛京将军。将军衙门即清入关前吏部（现东华门路口南侧原沈阳钟厂处）。因其职多由北京及外省八旗高官担任，故另设有将军府为邸宅。前立辕门，府为两进或三进四合院，并有西跨院，位于故宫东路建筑群路南。据见之者言，内除房舍外尚有假山、凉亭及习练骑射场地。光绪初年，为统一事权，以将军兼任

改建前盛京将军府旧影

>> 近年维修后的东三省总督府

奉天总督事，并将办公地点移至府内，于是，原本供居住的将军府也具备处理公务职能。1907年东三省改制，废除原陪都旧制，撤销将军改设奉天、吉林、黑龙江三省，并改盛京将军为东三省总督，拆除原府址改建西洋式新办公楼，主体部分为工字形平面楼房，前楼与后楼门设廊道连通，前楼两侧各接侧楼，院落正面为门房数间，即现沈阳故宫东南侧之“东三省总督府”。入民国后改为奉天省长公署等，现已公布为辽宁省文物保护单位。新设立的奉天行省公署衙门则位于其东院（今沈河区公安分局院内）。

由此可见，有清一代，盛京城内将军、五部、省、府、县各主要军政机构，都设在沈阳城内“前朝”区域。同治末年《陪都纪略》“杂咏”中《南门里》诗曰：

钟楼南对德盛门，往来街上尽官绅。

每逢双日堂期至，各署门前车马纷。

诗中首句“德盛”二字原为“福胜”当为误记所致，钟楼南之门只能是德盛（大南）门。其所述情形，就是城内奠定“前朝后市”格局后，南城因官署林立而具有的区域特色。

这种状况直到清朝末年实行新政时才开始改变。1907年后

“预备立宪”时期，由于效仿“三权分立”新体制，兴建了具有议会性质的奉天省谘议局、具有检察院和法院性质的高等检察厅和高等审判厅几座新楼，它们坐落在西南城墙外不远处西关地区的一处大院中。选址于城外应是那个区域是当时政府发展新产业的重点，将代表新政的重要机构建在这里，能起到示范和带动作用。不过，那时的沈阳城，已经结束了在清朝历史中的发展完善时期，在“西风东渐”的大环境下开始了向近代城市的过渡，在中国传统“古城”制度规范下的发展历史已经终结。至今仍存的谘议局楼房建筑，虽已于2014年公布为省级文物保护单位，但其性质已属于沈阳近现代建筑中早期遗存了，详见本书第八章所述。

除行政官署外，清代沈阳一些官办教育机构也按例设于南城。如城内东南角的沈阳文庙（孔子庙）以及后来建立的奉天府官学、萃升书院等，都位于城内东南部现沈河区朝阳街第一小学及其西侧北侧胡同中，即城内东南角。过去民间流行说法，那是与天上象征才子的文曲星（紫微星）对应的方位，有利神灵保佑读书士子们金榜题名。另有雍正年间所设试院，供奉天府府试（考取秀才）时使用，设在大西门内路南，即现同泽女中东侧，管理学政的奉天府丞衙门，也设在其附近。可见，在提倡“学而优则仕”的年代，城内官办的读书考试处所，也多建于前朝区域。

二、钟鼓楼与四平街

沈阳城的“后市”，即城内东西轴线以北区域。有清一代200多年中，这里是城内手工业、商业行市店铺密集分布区。其中，最引人注目的就是鼓楼、钟楼及其间的四平街。

由小东城门望钟、鼓楼及四平街旧照

1. 钟楼鼓楼的兴建

以往人们多认为沈阳钟、鼓楼与城内井字街同时建成，甚至有人提出其早在天聪三年即已建成，但事实并非如此。根据现存鼓楼、钟楼满汉文合璧石碑文字：

大清宽温仁圣皇帝敕建，崇德二年岁次丁卯孟秋吉旦

可知两楼是公元1637年秋，奉刚刚改元称帝的清太宗皇太极旨意建造，而盛京城改造则在1631年。两座建筑施工难度不大，绝不至于用六年时间才竣工。因此，钟、鼓楼实应建于井字街形成后数年。

沈阳鼓楼建成碑，现存辽河碑林

值得注意的是，沈阳故宫大清门前东西两侧文德坊、武功坊两座跨街牌坊，也建于崇德二年，这与钟鼓楼之建是否有什么关联呢？

答案是肯定的。因为这两组建筑有一个共性，即在街道中央起缓冲和遮蔽作用。这应是对明城改造数年后，针对实际使用中所显现“缺陷”而采取的补充措施。所谓“缺陷”，就是城内八门间“两横两纵”井字街尽管笔直通畅，但违背了“城门不相对，大路不直通”传统风水原则，每条大街都给人以毫无遮挡，一眼望穿的感觉。表面看似乎贯通无阻，但实际上却使供人居住的城市缺少节奏感和容纳感，而且车马行人在井字街四个交会点处，会因毫无遮挡任意而行造成交通拥堵混乱。若逢战时，城内防御也会缺乏纵深层次。造成此种状况，是满族人久居各城门高低错落山城，无在平地建城经验所致。于是，改建城门街道后第六年（1637），应是采纳汉族官员提议，皇太极决定新增建钟、鼓楼和宫前两座牌坊，弥补这种不足。

当时所采取的措施既巧妙又实用，并对沈阳古城内日后发展产生重要影响。

一是新建鼓楼、钟楼各一座，分别位于井字街北侧两交叉路口中心。完成后即满足小南小北、大南大北、小西小东六座城门间三条大街遮蔽缓冲功能。

二是在皇宫大清门两侧增建文德坊、武功坊，同为高约7米

清末民初武功坊、文德坊旧照

的四柱三楼式歇山琉璃瓦顶跨街牌坊。竣工后，既为大东、大西二城门间大街遮蔽，又成宫前禁地左右阙门，各有坊门，设侍卫把守，禁止无关人员通行，愈加彰显宫阙禁地尊严。两组建筑完成后，不仅一举消除几年前改建城池时所留缺陷，还解决了皇宫前道路管理和城内报时之需，井字街各条街不仅增加了层次感，而且行人无论身处哪条街，抬头即可见到钟、鼓楼或牌坊这样高大美观的标志性建筑物，既实用又使城内景观质量大为提升，堪称清代沈阳城市建筑规划中的杰作。

2. 暮鼓晨钟三百年

沈城钟楼、鼓楼分别坐落城内北侧主街交叉路口中央，样式相同。总高度约二十米，下为高近七米的方形空心台座，内有梯上通，四面各辟拱券门，供过街行人通过，同时也自然形成所在路口类似交通环岛的缓冲功能，畜力车或骑马者顺时针方向绕楼

>> 沈阳鼓楼旧照

而行，至相应路口再转向各方，也方便有序。楼台上四面均砌有雉堞，以示庄重威严。楼为砖木结构，歇山单间周围廊式青瓦顶二层，南向，下层南侧设门，楼内下层有建楼石碑和楼梯，上层置鼓或钟。整体形象朴实挺拔，在其分别通往的六座城门内大街上抬头即见，堪称城内主干道当街而立最美景观建筑，在早年的沈阳古城内，也是除皇宫凤凰楼外最引人注目的地标。

中国自宋代以后，中原地区规模稍大城池中，大多建有钟鼓楼。作为城市重要公共建筑之一，既可为阖城居民报时，也是城内广为人知的标志建筑，楼上层尚可作瞭望观察之用。因此，有无钟鼓楼及其地点设置、造型装饰如何，也成为评价古城风貌的要素之一。沈阳为清代东北首府，钟鼓楼之建虽略晚，但作为与城垣及街道交通密切相关公共建筑，在位置选择及外观造型方面，都与城市整体风格完美结合。更重要的是，在其建成后二百多年间，与城中居民朝夕相伴，号令城门启闭、提示晨昏作息，成为既具权威又有大众亲和力的城市建筑。

中国古代通常将夜晚分为五更，从傍晚戌时（19—21点）起更（也称初更、定更）开始，其后每一时辰（两小时）为一更，至次早寅时（5—7时）五更（或称亮更）结束。初更和五更，都是至时鼓楼先击鼓，钟楼随之撞钟告知全城；二更、三更、四更则不击鼓只撞钟，以免过分影响人们休息。报更击鼓撞钟每次108下，18下为一组，快慢交替（俗称“慢十八”或“紧十八”），6组结束。每天起更钟鼓响，沈阳八座城门关闭，打更值夜者开始巡查城内大小街路。五更再次钟鼓齐鸣，则城门开启，整个城市开始新一天的忙碌。

与其他城市不同的是，沈阳钟楼夜晚报更之际，钟鼓响后，八门八关值夜者（与钟、鼓楼同由八旗官兵负责）要依次鸣锣响应，同报平安。有意思的是城内外住户的狗也闻声而吠，成为每晚上演几次的“城市交响曲”，久住居民都习以为常，有事者至

>> 沈阳钟楼旧照

时闻声而起，无事者照常安睡。沈阳光绪翰林缪润绂《沈阳百咏》中有诗记其事云：

钟打谯楼第几更，八关接续听锣鸣。

狺狺中有谁家犬，吠入深宵不断声。

到1931年6月，因钟鼓楼报时早已被日渐普及的西洋钟表取代，两楼又地处城内交通繁忙路口，经地方当局决定，将其与抚近（大东）、怀远（大西）两座城门等一并拆除，结束了它们近三百年的历史使命。

3. 遗址遗物今犹存

钟鼓楼拆除后，沈阳人并没忘记它们。不仅至今仍保存着钟楼、鼓楼老地名，并以之命名附近车站和商家，而且遇有城市改造工程在其附近施工时，文物部门都十分注意对相关遗址的保护。近年来结合相关工程，分别对鼓楼、钟楼遗址进行了考古发掘，获得其建筑规格、材料及建造方法的实证数据，并根据当时条件对其遗址采取适当保护措施。2013年，曾对发掘清理出的鼓楼遗址保护专门加以论证，因其遗存仅为旧时地面及地下基础部分，原建筑拆除后所在街路（现正阳街与中街路交叉路口）多次重新铺设，已比当年原始地面高出数米，不宜再于原基址复建。最后选择在地下遗址周围修建可供保护、参观设施的办法，并于2013年将鼓楼遗址连同尚待发掘清理的钟楼遗址（位于中街路与朝阳街交叉路口）一并公布为市级文物保护单位。虽然消失近百年的钟、鼓楼未能“重见天日”，但其遗迹得到了相对完整的保存，既是其存在历史的见证，也为日后了解研究提供了可靠实物依据。

>> 鼓楼遗址考古发掘现场

当年拆除钟、鼓楼时，置于其内的大钟和兴建时所立石碑，都被移送博物馆收藏，至今仍作为承载沈阳城市史的重要文物，得到妥善保存。其中高近二米、重六千斤的钟楼大铜钟收藏于沈阳故宫博物馆。以往人们认为，这每晚发出悠扬报时声的大钟，应铸于兴建钟楼的皇太极时期，但博物馆专家对其清理时，意外发现大钟上部有百余字铭文，内容表明，它原本是辽代河北某佛寺之物，后因战火被毁坏，在金代天德三年（1151）重铸，至

沈阳钟楼古钟，沈阳故宫博物院藏

清太宗时挂在沈阳钟楼上，已是有四百多年历史的古物。更值得一提的是，研究者们从清太祖天命六年（1621）的《满文老档》中，又发现了有关此钟的记载。当时努尔哈赤从辽阳至辽南巡视途中，路遇从盖州运此钟至辽阳的队伍，得知大钟是几百年前女真人所建金朝所铸，很是高兴，特传旨奖赏运送之人。于是，这口古钟又有了与开国汗王相关的故事，更增添了几分传奇色彩。

4. 后市中心四平街

沈阳城“前朝后市”中的“后市”，核心区域是钟鼓楼间四百多米长的一条街。因皇宫前横街在清代禁止通行，这条街也成为城内唯一贯通东西并可自由通行的大街，晚清民国年间称之为“四平街”，有人谓其取“四季平安”之意而称，但似觉与街路之称不甚相合，应是寓“四方通畅，路路平安”之意更为贴切。

从清迁都北京前至康熙初年，由于沈阳为本地区政治、军事中心色彩比较突出，人口又以“上马为军，下马为民”的八旗官兵为主，商贸并不十分发达，城内也没能形成较有规模的固定商业街区。约从17世纪初的康熙中叶开始，由于政局稳定、人口增长，作为东北政治、军事、文化、交通中心的沈阳，经济逐渐转入繁荣期，四平街因其优越地理位置，成为许多商家在城内经营的首选之地，店铺不断增多，生意日渐兴隆。至乾隆年间丝绸、纸张、食品、药材、茶叶、糕点、首饰、文具纸张、日用杂货、典当汇兑等类店铺鳞次栉比，热闹非凡。乾隆四十八年（1783）来沈阳朝鲜使团官员在所著《入沈记》一书中，描述所见四平街市肆繁庶情景时这样写道：

（街边商家）门外皆作翼棚，高出檐端，涂以金碧，炫人眼目。棚外立招牌，漆面金书，高至数丈。列置红漆大

清末鼓楼东四平街西侧

桶，高几丈许，中置各种鱼头者，到处皆然。车载肩担，来往相续，人肩车毂，几乎相戛。

这种繁荣景象从清中叶起延续不衰，虽经晚清甲午、庚子及日俄战乱影响，但很快便自行恢复，直至清末都享有东北第一商街之誉。清代创建的天益堂、中和茶庄（中和福）、胡魁章笔庄等商号至今犹存，成为沈阳中街地区著名的百年老店。20世纪80年代，沈阳市政府将整条街定为市级文物保护单位。

对整个沈阳城"后市"而言，四平街只是其核心区，由这条街向前后左右延伸的区域，也都属其扩展范围，有诸多行、市店铺分布在附近胡同中。南有铜行、皮行，北有木行，东有钱行及数条胡同构成的鱼行（售卖生鲜肉类），西有石头市、牛马行，又有客店、茶楼、戏园、饭馆等散处其间，城内东西轴线以

>> 清末四平街商铺

北各条街道两侧，临街房屋几乎均为商铺所据。当时沈阳城是东北地区交通枢纽和商贸金融中心，四平街乃至其辐射的整个北部城区，就成为承载这种城市功能的场所。结合上文对南城官署记述，可以看出沈阳城内“前朝后市”格局既有清晰划分，也有充实内涵，很具典型性。

还应特别提及的是，作为核心商业街区明显标志建筑，鼓楼、钟楼高耸其间是与中国古代城市建筑规则相符的。汉语“城市”一词中，“城”是防御设施，“市”则是商品交换场所，如通常所称“集市”“市场”，等等。约从汉代开始，一些商贸比较发达城市里，便在“市”中心区域建起较高的“市楼”，因其上要有旗帜标志，也称“旗亭”，主要供官府管理、监督“市”中交易活动之用，后来逐渐演变成报时的钟鼓楼。不过，直到明清时期，仍有许多中等以下城市，都只在城中心设一个市楼，或将钟、鼓合置其上。现存平遥、兴城古城都有实例可证。由此可见，沈阳钟、鼓楼作为城中“后市”地标，与古代市楼之设用意一脉相承。无论是当时规划者的“有意”，还是后来发展的“巧合”，后市中的钟鼓楼，都可成为沈阳城作为当时城市建筑杰作的一个亮点。

三、闹市犹有古迹存

中国古代城池中大多都建有佛道庙宇，其分布一般位于靠近城市中心和北部区域。清代沈阳城也是如此，而且至今大都有遗迹遗物可寻。

1. 城隍庙元代古碑

城隍庙是古代县级以上行政机构所在城池中常见的观宇。所供奉城隍，按照传说即护佑本城居民之“城神”。沈阳城隍庙至晚建于元代初年，位于四平街路北通天街西侧，原本规制不大，清代因沈阳为开国都城及陪都，城隍“等级”相应提高，改称“都城隍庙”，经多次重修，庙貌也相对整齐。约从明代起，城隍已被认为是只管理阴间鬼魂之神，而阳间之事则由本城父母官管理。虽如此，人们对其仍是礼敬有加，以寄托保城护民、惩恶扬善、消灾驱邪的美好愿望。清代沈阳每年十月初一，尚有官府组织的大型祭城隍仪式。其庙址虽在四平街中心寸土寸金之地，但数百年间始终得到较好保护，而且成为春节前后“四平灯市”

>> 元代沈阳城隍庙碑拓片

>> 元代城隍庙碑，沈阳故宫博物院藏

等节令民俗活动的地标。至民国年间逐渐残破，20世纪60年代初彻底拆除。不过，当年移送到沈阳故宫博物馆保存的城隍庙遗物中，有一通元至正十二年（1352）的《重修沈阳路城隍庙碑》，具有十分重要的价值。碑文中不仅有对当时沈阳城墙位置、城内回族居民等珍贵记载，它还是最早出现“沈阳”地名的石刻，一向被视为研究沈阳城市历史的重要文物之一。

2. 第一古刹长安寺

位于大北门与钟楼间路东胡同内，是沈阳现存建筑年代最早的寺庙。据寺内碑文载，明初修此寺时，曾在寺址出土前代石雕佛像，说明此前原址即有古寺。按民间传说，此庙为“唐王征东”时大将尉迟恭所建，这并不可靠，但很可能建于辽、金沈州时期。沈阳民间至今仍流传“先有长安寺，后有沈阳城”俗谚，以说明其兴建之早。明清两代，该寺多次重修，当年一些重修

>> 长安寺旧照

>> 长安寺大殿现状

>> 长安寺天王殿现状

碑记多保存于寺内，其中明成化二十三年（1487）重修碑，因其上列有《红楼梦》作者曹雪芹远祖曹辅、曹铭之名，是曹家明初以后世居辽东并担任沈阳中卫指挥使之有力证据，颇为研究者所重视。自清末沙俄军队入侵始，该寺受到严重损毁，失于维护，逐渐残破。20世纪六七十年代寺内宗教活动基本停止，至20世纪80年代以后，政府投资维修，陆续作为宗教活动场所开放，先后公布为沈阳市、辽宁省文物保护单位。现占地五千多平方米，庙院坐北向南，入山门为天王殿，再北有拜殿、大雄宝殿及后殿为主体的几层院落，加上庙内钟鼓楼、配殿、藏经阁、僧舍等附属建筑，共约130间。虽然其外观多为近年修缮后的面貌，但基本格局及使用功能沿袭古庙规制，至今仍是沈阳古城内香火最盛的佛寺。

作为距四平街很近的庙宇，清中后期，长安寺门前曾另有一番风景。因为那时寺前是与四平街商业关联密切的所在——银钱市，即商人们兑换银钱之处。因当时各地所用银、铜等金属货币成色不同，须按通行牌价兑换才能在当地使用，优越的地理位置使长安寺前成为集中交易场所。其附近不仅有多家钱庄、票号或兼作汇兑业务的首饰店，每天还有人在庙前空地摆桌设摊专营此业，俨然是当时沈阳城内的“金融中心”。因为这种生意与商家直接相关，所以长安寺修缮时多有本地商家赞助。从庙内现存乾隆、道光重修碑文中，可分别看到多家商铺的名称，足以证明当时四平街一代商业之繁荣以及寺内香火之盛。

3. 古城坐标中心庙

沈阳中心庙位于四平街中部之南、沈阳故宫大政殿北，即明城十字街交会处东北角。相传是明代所建作沈阳城中心标志的庙宇，但是否如此尚待考证。因为从清初所绘《太祖攻沈阳图》（见第三章）中可以看到，当时沈阳城中心处是一座很高的市楼（或兼作钟鼓楼），其下为通向四面道路券门，这也是当时城市中很常见的公共建筑，与之近似的明宁远城（今辽宁兴城）同类建筑至今犹存，足资参考。可见，明沈阳城内十字街中心只建这座小庙作为标志，很难令人相信，而且乾隆以前文献中未见

沈阳中心庙近照

有关于中心庙记载，也增加了研究者这种怀疑。据1938年重修碑记所载，现中心庙址，原是明末清初某道士住宅西侧自设敬奉关帝（关羽）之处。因所处位置特殊，且与商铺云集的四平街近在咫尺，关羽又是民间所奉“武财神”，所以清道光以后，很多在附近做生意的商人也常来上香祭拜，并捐资重修，增祀财神、山神、土地等民间普遍信仰的诸神，到晚清才逐渐转化成公祭性质关帝庙，并按其位置取名“中心庙”。庙只一间，1994年重新修整并增建庙院。因其确为距明清古城中心点最近古代建筑，并于近百多年间在沈阳有较高知名度，2005年公布为沈阳市文物保护单位。

四、天命旧宫与“九门”

在沈阳繁华商业区北侧邻近城墙位置，有一处自清政权迁都北京后三百多年间极少有人知晓的建筑群，即清太祖努尔哈赤居住过的汗王宫。它是1625年沈阳成为后金都城后，最早兴建并使用的宫室，尊贵地位超过城内任何一座建筑，但只使用一年有余，就因清太祖逝世而失去原有价值，所以很快被人们遗忘。直到最近30年间，学者们通过对历史文献和遗址考古发掘成果的深入研究，才使之重新为世人所知，并成为沈阳城内承载重大历史事件的古建筑遗址保护单位之一。

1. 隐而复现汗王宫

由于沈阳城内清开国宫殿已存在近400年，以往包括相关研究专家在内的许多人都认为，清太祖初到沈阳时居住之处，即是

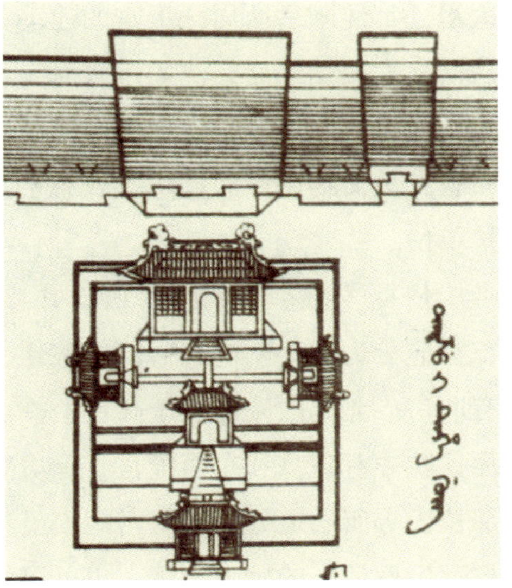

《盛京城阙图》中的汗王宫

后来沈阳故宫内廷，只不过后经皇太极增修增建继续使用而已。直到1982年，沈阳故宫博物馆一位精通满文的学者，在北京中国第一历史档案馆查阅资料时，意外地看到一份乾隆中期以前所绘《盛京城阙图》，除绘有已知沈阳城主要建筑外，在城北门内侧一处院落旁，用满文标示“太祖住过的宫”。此事一经传出，便引起了沈阳历史文物研究者关注。通过查阅明代相关记载和《满文老档》等文献，果真找到了城北门附近曾有过清太祖汗王宫的相关依据。至现场勘查后，初步认定位于原“九门”附近一处民宅院落，应是当年汗王宫坐落之处。相关研究成果一经公布，很快就引起国内外清史研究者注意，在关心城市历史的沈阳民众中也广为传播。

然而，那被认定之处位于四平街北部人口稠密的居民住宅区，当时条件下难以进行正式考古发掘，只能在加强保护同时等待时机。直至2012年，因老城区改造，这里要新建大型商企，考古部门结合拆迁，对原确定的汗王宫遗址进行系统发掘。不仅出土许多当时用于宫廷的建筑材料及遗物，而且遗址位置和建筑形态也与《盛京城阙图》所绘大致相符。于是，正式确定此处为清太祖迁都沈阳后所居汗王宫的遗址，并得到国内外相关专家普遍认同。发掘结束后，沈阳市政府又与建设单位协商，结合建设施工，对遗址采取妥善保护措施，并在遗址处专门建立了陈列馆，布置相关文物展览。辽宁省政府于2014年将其公布为省级文物保护单位。

依据《盛京城阙图》所绘并参考清理后建筑遗址，当年汗王宫应分为内外两进院落，外院建于平地。南为宫门，入门两侧有厢房。北侧内院则建于高台上，前为内宫门，有台阶通外院地面，院中有正宫和东西配宫、配房等，应为努尔哈赤及大妃乌拉那拉氏等所居之处。汗王宫规模虽不大，但却是沈阳成为后金政权都城后最早的标志建筑，也可以说是清代沈阳历史的“根”，意义非比寻常。

不过，因清太祖迁都沈阳次年即病逝，而且其间还有很长时间在外征战或养病，在这座汗王宫里居住时间并不多，加之战乱年间仓促建造，规模和华贵程度都很有限。又因为继承汗位的皇太极并未选择继续使用其父汗王旧宫，而在距城中心较近的自家府邸改建新宫（即沈阳故宫中路），被废弃旧宫失去原有地位又

>> 汗王宫考古工地

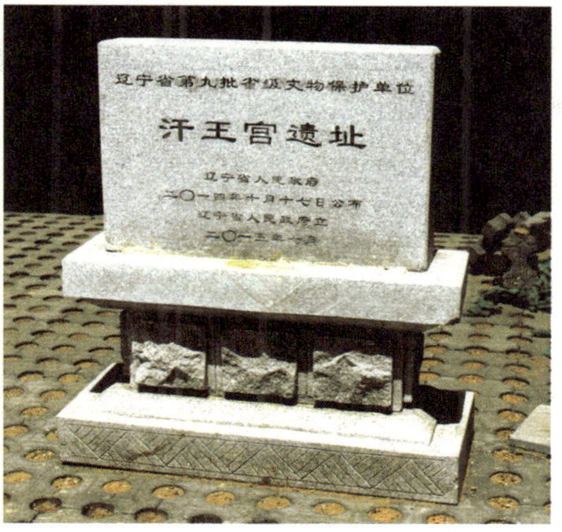

汗王宫遗址文保碑

不宜改作他用，长期空置且得不到正常维护，很快便因年久失修日渐破败而失去昔日的尊贵，至晚清民国时几经改建而沦落为普通民居，若非后来在档案记载中被发现并及时保护发掘清理，这座承载重要历史信息的沈阳最早宫殿，或许就将永远湮灭无闻，不为世人所知了。

2. 定都初年旧格局

发现和保护清太祖汗王宫的重要意义之一，是可据此得知后金政权定都至天聪年间增拓八门之前沈阳城内格局，并借此理解后来改建都城并得以长期沿用的意义。清太祖迁都入城时，这里基本是明代所建沈阳中卫城旧貌，虽曾对城墙、城门作必要修补加固，但城内主干道和城区划分一仍其旧。新的变化来自城内主要建筑重新布局，确定汗王宫所在位置后，其他重要建筑自然以其为主按制分布。汗王与八旗贝勒议事理政所用大政殿、八旗亭（即沈阳故宫东路建筑），相当于最高权力机构，建于城中心区域的十字街交叉点东南，西、北两侧分别临城内南北大街和东西大街，汗王宫即坐落在南北大街最北端城门前，虽与大殿（大政

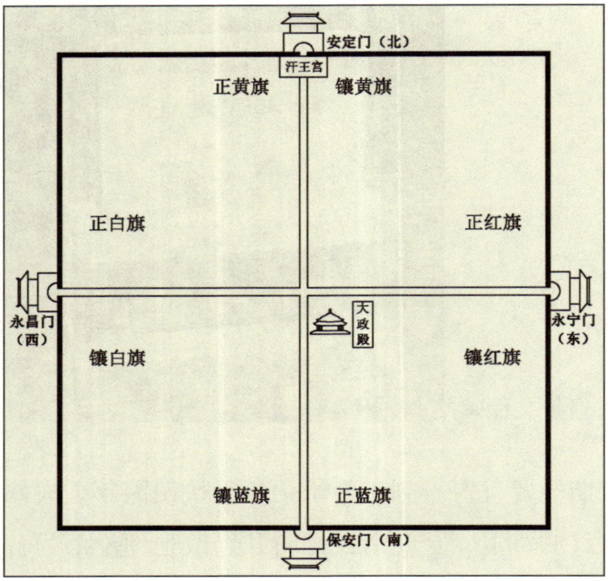

>> 清太祖定都沈阳后城内分布示意图

殿）并不在同一区域，但有南北向大街直通，相距不过数百米，骑马乘轿往来便捷。因此，这两座依城市纵向中轴线上布置的建筑，即是城内政治行政重心。

除此之外，当时与都城地位相关建筑为诸王府邸。由于当时满族政权以军事、行政、生产合一的八旗组织为基础，人口和财产由各旗掌管，所以方城内相应分为八区，大体分布为：城北部东为镶黄旗、西为正黄旗，城东部北为正红旗、南为镶红旗，城南部东为正蓝旗、西为镶蓝旗，城西部南为镶白旗、北为正白旗。努尔哈赤为两黄旗旗主，汗王宫所在处也正属两黄旗。其他各旗旗主贝勒（均为努尔哈赤子侄）府第，则分别建于本旗区域内（详见第九章王府部分所述）。于是，以汗宫、大殿、八旗贝勒府为主要建筑的沈阳城内，便出现了具有满族政权早期都城特色的分布格局。在不改变明中卫城四门十字街结构的基础上，按八旗均衡分配各城区。设议政大殿于城中心，建汗王宫室于城内北侧正中，成统驭八旗、总揽全城之势，从而形成“前朝后寝”的宫城规制。

3. 沈阳城“九门”之谜

清代民国年间的沈阳人都知道，沈阳古城除清太宗时所建八座城门外，还另有一座“九门”。这座城门非常奇怪，虽然城台、券洞、瓮城一应俱全，但从皇太极时期八门建成起，城楼即被拆除，城门券洞也被封砌，虽有门之名，但并无车马行人通行。关于其来历，当地人早年虽有许多传闻，但都很难让人信服。直到20世纪七八十年代，市文物部门对其作考古调查，并参照努尔哈赤汗王宫的发现，经专家反复研究才逐渐解开“九门”之谜。

原来，这“九门”本是明朝沈阳城北门安定门，明代后期改称“镇边门”。刚入住沈阳的努尔哈赤在靠近城门位置安家，而且占据城门前通道当街修建汗王宫。表面原因是城北部是他所辖两黄旗属地，在此建宫顺理成章，深层次的原因，是这里靠近明代后期重点维修加固的北城门。汗王邻近城门建宫，一旦有敌军来攻，可迅速撤入砖墙厚重的城门瓮城内，以确保安全。1975年，考古工作者对“九门”遗址进行发掘，证实其城门券洞及瓮

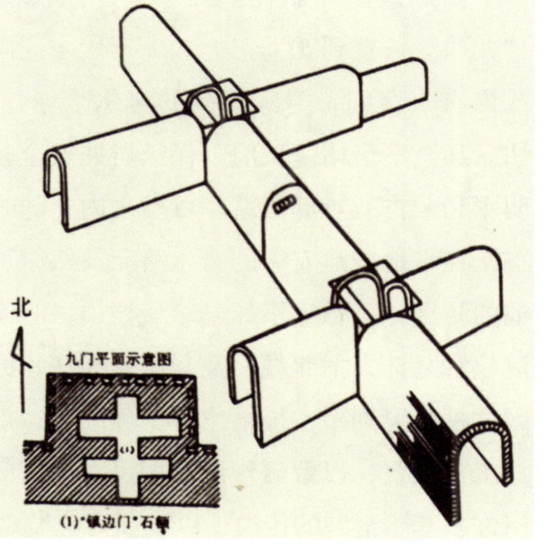

>> 九门遗址考古测绘复原图

明沈阳镇边门门额，沈阳故宫博物院藏

城部位确实经改造加固，并扩展了容纳空间，以适合防御使用。

当时明朝方面史料也证明，努尔哈赤曾在沈阳北门瓮城建宫。有些研究者提出，为保证汗宫安全，此城门已封闭禁止通行，成为汗王宫专属。这种说法并非空穴来风，最有力的证据是，后来皇太极在改建沈阳城时，东、西、南三座城门都被拆除改为城墙，唯独北门仅拆掉城上敌楼，城台及瓮城部分都未作改动。原因很可能就是这里曾是汗王宫廷一部分，当时（天聪五年）的沈城人都记忆犹新，为表示对前代汗王的尊重，仍存旧貌以示怀念。清迁都北京后历朝皇帝也无人愿意更改这种“祖制”，所以便一直延续未改。

如此，沈阳城在此后300多年间，便有了这座有名无实的“九门”，直到20世纪七八十年代才连同城墙一同被陆续拆除。或许有人会问，身经百战的努尔哈赤，来到沈阳后为何如此胆怯，甚至不惜堵塞城门以保证居处安全？其实这并不奇怪，当时明军和蒙古敌对部落就在百里之内，随时可能前来突袭骚扰，而首次在平地城池安家的努尔哈赤及八旗贝勒，并不擅长对这种城池的防御，自感远不如早年居住山城时安全。仓促无奈之下，采取权宜之计，把北城门及瓮城划为汗宫区域，以提高安全系数。因这种状况到皇太极继位后已经改变，加之人们已不知当年太祖汗王宫位置，以致后代沈城居民对“九门”的存在难以理解，生出许多基于猜测的传说，以致成为沈城难解之谜。

第四章

佛寺道观列关厢

清中期以前，沈阳城内基本按八旗各佐领（牛录）分住。关厢（或称外城）虽属城区性质，但因面积较大，从康熙时正式建边墙边门开始，既有驻防八旗分布，也用于安置由外地迁入及临时居住者。居民中有盛京各部高中级官员（多为北京旗籍）、南迁驻防“新满洲”、自关内回撤八旗官兵等旗籍人口，也有许多陆续自关内迁来的民籍汉人。居民成分虽相对复杂，但属平民（包括商人）阶层者居多，满汉文化融合风俗特色占主导地位，宗教信仰也以佛、道教为主体多元并存，与方城内“前朝后市”间住户相比，属于更加地域化、世俗化的区域。除民居和商铺外，宗教类建筑分布比例远高于内城和边墙外。按地方文献所记，除早期皇家所建藏传佛教寺院，清代沈阳香火较盛的知名寺观大多位于关厢，且以康熙后新建者为多。此外尚有皇家专祀的堂子、穆斯林的清真寺等。因此，关厢也成为后来保留宗教类历史建筑最多的城区，国家、省、市各级文物保护单位均有分布。

一、大南关厢三佛寺

今南顺城街至大南、小南边门区域，旧为大南关（德盛关）和小南关（天佑关），合称“南关”。兴建比东、西、北三面关厢早数十年。据明代《全辽志》记，早在弘治年间，沈阳中卫城即已修建南关。面积与后来大、小南关略同，成为沈阳最早的“外城”。在清太祖、太宗时期，由于这里主要居民多为汉人且较内城空旷，即有一些新建或复建的庙宇。清迁都北京后也成为佛寺比较集中的区域。清末地图所载即有普济寺、慈恩寺、龙凤寺、地藏寺、金觉寺、华严寺、辉宗寺等多处，很多胡同也以巷

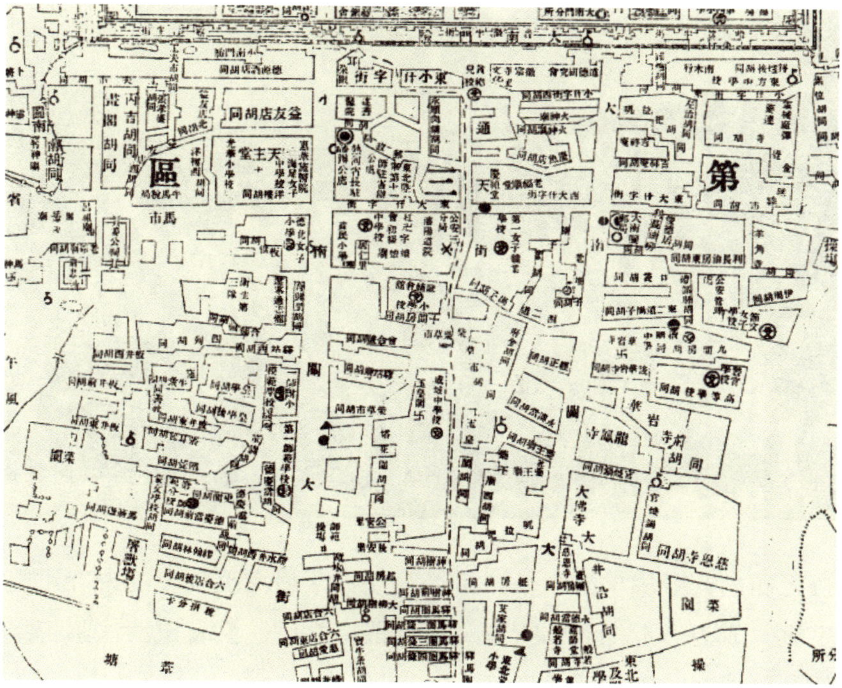

民国初年沈阳南关地图

内寺庙命名。今存三座古寺均位于大南边门内路东，也构成具有相对文化特色的区域。

1. 高僧复兴般若寺

般若寺位于大南街南段路东，今般若寺路之北。清康熙二十三年（1684），由高僧古林禅师主持创建，清中期以后渐衰，至清末民初已多年失修。约在1924年前后，时任地方佛学会会长的王朗川居士，邀请天台宗第四十三世传人倓虚法师（当时在小西门万寿寺讲经）任住持，欲募资重振古寺，得到杨宇霆、翟文选、赵莀臣、齐斐章等当地政、商界人士支持。遂重修山门、前殿、大殿及东西配房、藏经楼、僧房等建筑，恢复了中断多年的寺院香火。1929年至1931年九一八事变前，倓虚法师又主

>> 般若寺开光大典暨建寺300周年纪念合影

持于庙内开办佛学院，弘法讲经，使数年前濒临荒废的古寺重现生机，成为远近知名的十方丛林。倓虚之后，又有定西法师等接任住持管理庙务，延续多年。

现存般若寺建筑群，即以民国初年维修后庙址为基础。寺南向，分东、西两路。主体建筑位于庙院西侧，入山门后，正面为天王殿、后有大雄宝殿及配殿，再北为二层上下各五间的藏经楼。东侧跨院内原建有祖师堂、配房、僧房等。20世纪80年代初，地方政府拨款对般若寺进行较大规模修缮，历时近三年，

>> 般若寺山门

>> 般若寺大雄宝殿

1984年竣工时，适逢该寺创建300周年，遂隆重举行开光仪式，重新开放作为宗教活动场所。1985年公布为沈阳市文物保护单位，多年来这里也是辽宁省佛教协会所在地，近年对东跨院等又作修缮增饰。

2. 后金肇建慈恩寺

慈恩寺位于般若寺东北不远处。清代以来为沈阳市著名汉传佛教寺院之一。据寺中顺治二年（1645）重修碑记，系清太宗天聪二年（1628）“在本京南关内”兴建。初时规模一般，至顺治元年（1644）募资重修，建山门、正殿、韦驮殿、东西廊房等，“庄严结饰、金碧交辉”，于是庙貌为之生色，景象焕然改观，成为当时沈阳城南引人注目的寺院之一。

顺治五年（1648），因在南京写《再变记》获罪流放的广东僧人函可（号剩人和尚、俗名韩宗騋），奉旨发往沈阳慈恩寺焚修。因其佛学造诣较深，长于作诗，且为明末高官之子，在南方时即享较高声望。来沈未久，既以弘法传道闻名，又多与当地僧道及流放汉族仕宦作诗唱和，一时声名颇著。当时小南门外尚有

慈恩寺山门

清太祖迁沈早年所建普济寺，为清郑亲王府家庙，“殿庑厢廊、藏经之阁、巍峨焕耀，乃一时之大观”，更因寺内有当时沈阳难得一见的全本明刻《大藏经》闻名。身为慈恩寺僧的函可常至寺阅藏传法，使其所居慈恩寺地位也随之提升，与普济寺同样远近皆知。

>> 慈恩寺大殿

清朝晚期，因年久失修及战乱破坏，慈恩寺地位已非早年可比。时有临济宗传人步真和尚（法名沙霁），见该殿宇残破，香火渐稀，颇觉可惜，发心重振古寺。历时近二十年，多方奔走，广募布施，至民国初年整顿庙貌初见成效，被推为本寺祖师。又经其后几任住持不懈努力，一扫多年寺内衰败旧观，不仅使旧有建筑得以修葺，又增建佛殿僧舍斋堂等多间，规模较前扩大，僧侣数量显著增加，成为庙院宽敞，规制整齐，僧众较多的丛林名寺之一，为日后存在奠定基础。1963年曾定寺院为沈河区文物保护单位。此后随着国家相关政策逐渐落实，寺内恢复正常宗教活动，为沈阳城区香火最盛的佛教活动场所之一。1985年公布为沈阳市文物保护单位，1988年又跻身辽宁省文物保护单位之列。近数十年来，寺内明清藏经和各类建筑等又得妥善保护和修复，成大南关古寺庙建筑区域声名最著者，多年来也是沈阳市佛教协会所在地。

>> 慈恩寺法堂

>> 慈恩寺藏经楼

现存慈恩寺建筑群，是在保留清末民初主体建筑风貌基础上，加以修复扩建的。总占地面积一万二千多平方米。庙院坐西向东，中轴线上由前至后依次为山门三间、天王殿五间、大雄宝殿五间、法堂（比丘殿）五间，最后是面阔七间的二层藏经楼。主要建筑两侧分建钟楼、鼓楼、僧房、斋堂、伽蓝殿、大乘殿等配殿或附属建筑。寺庙规模、寺僧数量、藏经保存及社会影响诸方面，在沈阳佛寺中均名列前茅。

3. 比丘尼与大佛寺

大佛寺位于慈恩寺北墙外西侧。庙院面积虽不大，但与附近慈恩、般若两寺相比，具有显著区别的是，这里为比丘尼住持修行之所。其始建年代已不可考，虽有唐代兴建、明代重修传闻，却未见确切依据可证，但早年建筑形成于清中期以前尚属可信，而清末以后重修过程则有翔实记载。据寺内现存碑记，其原名保安寺。清末时有史姓女子（出家后法号修真），嫁沈阳爱新觉罗氏某，数年后栖心佛乘，皈依三宝。初带发入庙修行，得高僧开示，领悟禅机，发心置庙修持。宣统初，筹资将当时庙宇凋零，佛像倾颓的现寺址典下，修葺后命名大佛寺。本人则落发正式皈依佛门，往北京名寺受戒，期满归沈住寺，继续多方募资修缮，使庙貌明显改观，声名渐起。民国初，又收常慧、常志二女弟子入庙受戒修持、并正式将庙址买下。修真圆寂后，两弟子仍承师志拓修殿宇，经前后二十余年努力，终使这座空间有限的寺院粗具规模，并在日后得以保留。

>> 大佛寺山门

>> 大佛寺正殿

现存大佛寺占地面积540多平方米。旧庙院坐北向南。庙前有近年增设的石雕牌坊，寺院山门因地势有限建成随墙宫门式。院内除天王殿、大殿、配殿、配房等外，尚有地藏殿（或称腰殿）三间，位于大殿北，是1939年由常慧、常志募资修建。同年所刻记述建寺始末碑记，镶嵌于前廊内东西看墙，现已成帮助人们了解本寺历史的重要依据。

大佛寺经修缮后，2008年公布为沈阳市文物保护单位，与南侧慈恩寺、般若寺呼应，共同构成现大南关古寺庙建筑街区。由于近些年信众及游客往来颇多，地方政府又对三寺周边环境加以优化改造，邻近寺庙周边地带，逐渐形成与佛教信仰相关产品及服务店铺群，成为沈阳旧城范围内以汉传佛教文物建筑为特色的文化旅游区片。

二、太清宫等诸道观

清中期以后，沈阳城声名显著且久盛不衰的民间道教观宇，应以太清宫居首。论地位及始建年代，它虽逊于城内城隍庙、三官庙（后改景佑宫）及城北关帝庙等沾有“皇气”的官建道观，

>> 太清宫全景近照

但因属道统正派且位于城厢交接的往来便利之处，运作管理得当，很快便享誉沈阳周围城乡官民中，逐渐上升为闻名东北地区道教名观，至今已有300余年历史，古风仍存，香火犹盛。

1. “三教堂”与“太清宫”

太清宫历史始于清康熙初年，其创建也颇具传奇色彩。据早年碑文记，康熙二年（1663）春，奉天府（约相当今辽宁省）境内大旱，当时总司地方旗民军政事务的奉天将军吴达礼，邀请本溪九顶铁刹山八宝云光洞道长郭守真至沈祈雨，数日内竟天降甘霖，旱情立解。吴将军感郭道士之功，留其在沈常住，并依其所

愿将沈城西北角楼外一处洼地填平后，修建道院“三教堂”为修行之处，约在康熙四年（1665）竣工，此即太清宫前身。郭守真也因此被奉为太清宫开山祖师，后世还专为其建塔立碑以志纪念。

道院建成后颇受当地官府重视。康熙八年（1669），皇帝还曾应地方官员之请，御赐《道藏》700余函数千册给“三教堂”，使之成为当时沈阳收藏道教典籍最全观宇，也带动这座新道院地位大为提升。乾隆三十年（1765），道院因水灾毁损严重。后数年间，由本院道士赵一尘等多方筹资重修，并获各界支持，不仅修复原建筑，还相应扩大了规模。至乾隆四十四年（1779）修缮工程告竣，正式改名为太清宫，并拥有东北地区“道教十方常住丛林”资格。通俗地解释其性质，就是凡具有正式道士身份者，都可来此学道修行，这里不仅可以讲经传法，还具有设坛授戒，正式确认道士资格之权。其掌院始终由广为道教界认同的龙门派正宗传人担任，并严格按规定授受传承。凭借这些优势，建于东北中心城市的太清宫，也获得本地区道教中心庙

>> 太清宫郭祖塔旧照

院地位。于是，改换名称后即远近闻名，本地区道、俗、官三界均以之为重。沈阳关厢还有许多中小规模道观成为其“别院”。直至民国初年，这里仍是管理东北道教的“中华道教总会关东总分会”所在之处。

2. 建筑布局及变化

三教堂在康熙年初建时还很简陋，仅有以老君殿为主的几座建筑。至乾隆年间因水灾毁损，募资重修后规模有所扩充，而且吸取教训，针对坐落处地势低洼状况，在道院内外增修了防、排水设施，使其抵御水灾能力有了明显提高，也增强了建筑群稳定因素和发展空间。据《钦定盛京通志》记，至乾隆后期改称太清宫后，已有大门、左右门、前殿、正殿、后殿、经楼等主要建筑及配房、耳房等附属建筑，共五六十间，达到中型道观规模。此后嘉庆、光绪时期又有扩建修缮，至民国初年总共有各类建筑八十余间，可容纳道侣百人左右。20世纪30年代编印的《道教丛林太清宫志》所载“实测配置图”及注释，比较完整地反映其在历史鼎盛期的建筑分布及功能，可作了解其建筑群演变状况基本依据。

道院坐落在南向近似长方形区域内，建筑群整体为青砖青瓦、红漆木柱门窗，主要殿阁给人以挺拔肃穆、精致紧凑之感，其代表着东北道教建筑基本外观风格。由前至后共分为四进院落。

最前端为东西向一字排列的十几间南房，正中三间体量高大、修筑精致者为庙院正门，旧时称“灵官殿”，亦称“护法殿”。三间硬山前后廊式，明间前修有石阶。既作为连接内外通道，又是供奉道教尊为护法神的灵官之处。内有王灵官、赵灵官塑像，均被视为神通广大、护佑平安之神灵加以尊崇。左右山墙外两侧分别连接值守及洒扫用房数间，均为向内开门倒座式。

南侧第一进院落，正中为关帝殿（或称“老爷殿”），歇山布瓦顶三间，明间显著宽于东西间，供奉主尊为关帝圣君（关羽），两侧分别为侍护之关平、周仓。原两侧山墙外各连接短墙，所设月洞门即是通往北侧院落通道。关帝殿前东西两侧，原立有历年修建庙院所立高大石碑数通，殿左右有硬山式厢房各数

>> 太清宫关帝殿旧照

>> 太清宫关帝殿近照

间，分别称十方堂（东）、云水堂（西），前者供奉财神，后者供奉龙王，同时也可供本院及游方道士居住。

关帝殿后的第二进院落是道院核心部分。中为正殿老君堂，虽为三间硬山前后廊式，但体量明显高于同式建筑，以显示其尊崇地位。内供太上老君（即道教所奉主尊老子）塑像，两侧供护法灵官及韦驮像。殿前左右仍列硬山式厢房共十余间，主要供祭祀时预备祭器供品执事人员及接待宾客等使用。

第三进院落正中，是建筑群中体量最高的玉皇阁（或称“玉皇殿”），为三开间硬山式二层楼阁。合贮藏及供奉功能为一体，上层为收存道藏经典之处，下层中间供奉玉皇大帝，东为灵官，西为土地神。其两侧又各建一座二层小楼，分别称东、西楼，各楼上下分别供奉四组神灵：东楼上层为吕祖纯阳（即吕洞宾），下层是万仙佛堂；西楼上层为邱祖长春（即邱处机），下层为黑娘娘（或称“老黑太太”），是东北民间信仰的一位神通

太清宫老君殿近照

广大的女神。院两侧东为道士就餐的斋堂，西为善功堂，是专为对道院有重要施舍的善主所设。

最后一进院落，主要用于供奉本院重要法物文献，兼作方丈、监院居所。正面五间硬山顶正房，中为法堂，供奉本院历代传承法册等，方丈、监院每日要对其恭谨礼拜，以表对前辈祖师尊重及按院规行事的至诚。院心所建郭祖塔和置于碑亭中的郭祖道行碑，均为纪念道院创建祖师郭守真而设，也需要按制定期礼拜。两侧群房则为仓库及供役人员使用。

以上即是民国时期太清宫相对完整建筑格局，此后三四十年间，由于各种因素影响，道院建筑虽有一定程度改观，但基本是

太清宫玉皇殿近照

以此为基础进行局部调整。

1962年，沈阳市政府将太清宫定为市级文物保护单位。1963年，辽宁省政府公布其为省级文物保护单位。20世纪80年代后，又开始进行以保护为目的的修缮和清理，并正式恢复宗教活动场所功能。伴随旧城区建筑改造，太清宫建筑群周边环境逐渐优化，原毗邻院墙而建民房等陆续拆迁，南、西、北三面改建为小型花园及绿地，东院墙外直临西顺城路，使庙院处于相对独立的空间，更便于其保护利用。

现太清宫建筑群占地面积五千多平方米，有各类殿阁楼堂等三十多座近百间。基本上为20世纪80年代重修开放后格局。与前文所述相比，其建筑群有明显变化，一是原有第四进院落因毁坏严重和附近道路拓展已被拆除，原院内方丈室等裁并至前部。旧立石碑等尚存者也移置他处。二是在关帝殿东侧临街处，改修坐西向东三间歇山式宫门，作为平时出入主要通道。院内前三进院落格局及主要建筑旧制尚存，只不过部分厢房内部功能有相应调整，新设三官殿、郭祖殿等以祭祀为主场所，玉皇殿及东西配楼供祭也有部分调整，以适应格局的变化。

>> 现太清宫东门

3."道院仙风"伴古城

太清宫从初建三教堂起，至今已有三百五十多年历史。尽管经历不同时代沧桑变幻，但其在东北道教界以及沈阳人心目中的影响，似乎并无显著变化，始终是一座带有神秘色彩的道教名胜。

晚清民国时期，由于太清宫始终由龙门派正宗传人掌管，历代传承的正统地位也得到宗教界认可，从康乾时即享有的"关东第一道教十方丛林"地位多年维系不变，以致这里按宗教仪轨举行的各种典礼颇受世人关注。人们经常可以在庙内看到定期或特别举行的各类道场及祭祀活动，参与者神情肃穆，仪式有条不紊，其间有悠扬古朴的乐曲和鸣伴奏，示人以玄妙神圣之感。晚清道光时期至民国初年举行的几次传戒法会，受戒道士来自四面八方，每次几十人以至数百人，开始修筑戒坛至仪式结束往往持续月余，从地方大员到普通居民，受邀参与或前往观礼者络绎不绝，世俗百姓又难解其中奥妙，对那里的"神仙会"众说纷纭，成为一时舆论中心，在沈阳关厢产生很大影响。

由于以上原因及道教作为中国本土宗教的亲和力，普通百姓自然将这座道院视为通灵而又神秘的所在，从俗从众前往祭拜观礼者常年不绝，当地有力之家为去世亲友办理丧事及祭仪，也常请太清宫道士诵经超度。特别是太清宫"吕祖神签"之"灵验"，被旧时代沈城人们传得神乎其神，以至于附近城乡各界人士，遇有要事犹疑不定时，通过前往太清宫抽签定夺几乎成了约定俗成之选。据记载，民国时太清宫吕祖殿"神签"分为两种六类，即问事和男科、妇科、幼科、外科、目（眼）科。问事者共备签64支或81支，抽取后按序号各有对应判词，由资深道士为之"解签"，提供行事建议。治各类疾病的签数虽然不如问事类数

>> 晚清至民国时期太清宫方丈葛月潭

量多，但每签上不仅有病因治法的判词，还附有相应药方，在当时医疗条件较落后的社会背景下，也会对求签者起到心理安慰作用。按许多信众心理，这里的“吕祖神签”，无论是否灵验，都带有“仙人指路”和“命中注定”性质，所以往往深信不疑，一旦灵验，受益者就会向太清宫送匾并施舍财物，并对更多人宣传。如此，上至高官富商、下至贫苦百姓，信奉“灵签”者大有人在。不仅逢初一、十五庙中常人满为患，平日也不断有人前来，以致这里常年香火不绝，远非其他寺观可及。

于是，这处备受关注的百年道观，很自然地转化成当地的人文名胜，在清末民初沈阳名景中占一席之地。如同治末年刘世英《陪都纪略》中“十景”中列其为“道院秋风”，附诗云：

幽闲隆盛太清宫，修真养性亦蓬瀛。

孚佑帝君曾降笔，松青竹翠古仙风。

民国时期所说的“沈阳八景”中，则名之为“太清仙境”，诗曰：

权把红尘作太清，仙凡境界总分明。

葛公遗墨知多少，月下犹闻奏管笙。

其自注云:“太清宫为省城道院十方丛林。地当大、小西关之间。方丈葛月潭有道行，善画兰竹，其书法亦秀绝人寰，九一八后闻已脱尘”。

其中提到的方丈葛月潭，也是太清宫清末以后享誉沈阳的一个重要因素。葛为山东省邱县（今属河北）人，道名明新，字月潭，号宁静子、枕流道者、震庚道人等。生于咸丰四年（1854），幼年移居沈阳，二十岁正式受戒为道士，为龙门派第二十代传人，1907年成为监院，1914年任方丈。1935年羽化，享年81岁，殓于千山无量观葛公塔。

葛月潭身在玄门近六十年，大多数时间与太清宫有关。其中有二十余年任监院住持，许多有重要社会影响的大型道教仪式，都由他参与主持。如民国年间三次主持传戒，受戒道士总计一千一百余人，每次过程长达数十日，在沈阳轰动一时。又如清末民初振兴实业、教育之际，投巨资创办“太清宫道立国民小学”、贫民（织染）工厂，参加赈灾公益事业等，都使他在当时获得很高的社会声誉。

葛月潭个人文化艺术修养很高，他早年即喜爱翰墨丹青，并与沈阳清末翰林尚贤、锡钧、缪润绂以及名宦张之汉等为好友，常有过从。任掌院后作品更为人所重，曾几次以其所作书画在太清宫举办展览义卖赈灾，深得各界赞誉，也成为广为人知的书画名家，尤以端庄浑厚的隶书字和写意空灵的水墨兰竹著名。与太清宫方丈身份融为一体，至今仍广为人知。社会上很多人，甚至是因葛月潭书画作品而了解其所在道观，也成为很特殊的文化现象。

此外，由于太清宫道教仪式严格遵循传统仪轨，而且坚持多年自成特色，还为沈阳地方保留了一些难得的文化遗产。如20世

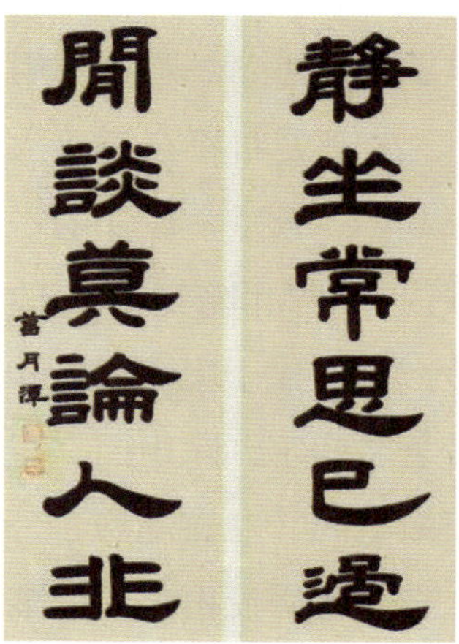

葛月潭书法对联

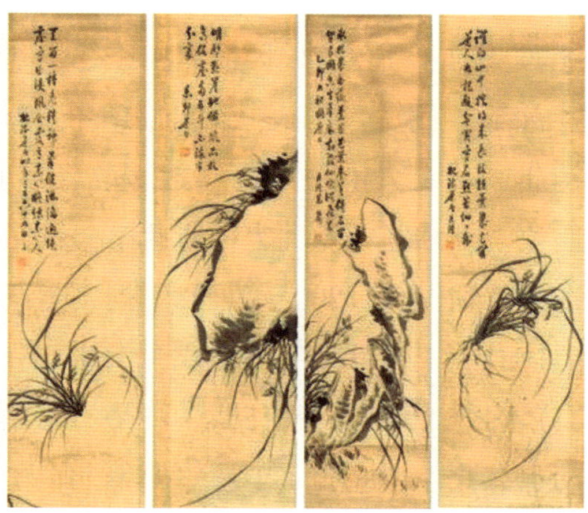

葛月潭绘画作品

纪末按国家要求编写民族民间音乐集成期间，辽宁省有关专业工作者在调查相关遗存时，发现太清宫道教仪式所用音乐的独特价值，经过认真采录，整理成《沈阳太清宫道教音乐》专项成果，也成为地方传统音乐文化的重要遗存。

4. 幸存的三座道观

太清宫之外，沈阳关厢区域原本尚有诸多属于道教系统的庙宇，但清末以后由于时代变迁和旧城区改造，大多已不复存在。最近数十年来，历史文物保护越来越受到各界重视，在旧居民区动迁和道路改造过程中，除一些著名建筑群受到特别保护外，个别建筑残存的古代寺观也同样引起关注，通过各方面努力得到抢救性保护和修缮，最终以不同形式幸存下来，成为沈阳城市历史文化遗产组成部分。在此仅举旧关厢区域内的几处加以介绍。

火神庙。火神属中国民间信仰范畴，以往各地普遍供奉。因其而建的火神庙，在旧时以烧煤、烧柴取暖做饭的东北城市居民区、商业区中很常见。所奉火神一般为祝融，是一位刚烈正直的古代传说人物，民间或也俗称作“避火神”。供奉主要目的，无非是为求福免灾，因而庙中往往也附供关羽、玉帝、吕祖、财神甚至“仙家”等民间广泛崇拜的神像。沈阳关厢原有两座火神庙，一在大南关路西，建于乾隆年间，早已不存。现存的一座位于大东区大北关火神庙巷某楼盘区域内，是20世纪末城市改造中特别保存，2004年重修。据文献记载，此庙建于康熙三十年（1691），至乾隆年间已成为大北关一带著名庙宇。除山门、左右角门外，还有神祠三间、拜亭三间、正殿三间、左右配房各三间，在沈阳城厢庙宇中属中等偏上水平。自始建后便由正一派戴姓道士住持，至民国时已传承衣钵十余代。

现存火神庙正殿

与众不同的是，火神庙中尚建有中型戏台一座，并有康熙时期流放辽东的杭州文士戴梓题匾，戏台前横额题“刹那今古”，台内正中匾题“歌继康衢”，两侧相当于上下场门处，分别题“云出岫”“月沉渊”，文辞典雅且与戏台功能布置十分贴切。光绪翰林缪润绂在《陪京杂述》中誉之为沈阳城内“名翰”。戴梓年轻时即以擅长制造火炮闻名，至沈阳后也是诗文书画兼长的名人，其题字确为这座火神庙增色不少，加之这里又是沈阳城厢并不多见的上演酬神戏场所，旧时中街一带商人的民间消防组织也常来此祭拜，因而使此庙成清中期后沈阳颇有知名度的庙宇。现保存为经过整修的正殿，坐北朝南青砖青瓦三间硬山前后廊式建筑，总占地面积二百多平方米。殿前小院立道光年间重修石碑。虽远不及当年规模，却也承载着丰富的城市历史文化信息。

三皇庙。位于沈阳旧城小北关区域（今大东区天后宫路120号），建于清康熙十六年（1677），是清代沈阳较早建立的道教观宇之一。庙院不大、离城较远，加之所供之“三皇”（神农氏、燧人氏、伏羲氏）在民间属距现实生活较远的古代神灵，所以庙内香火并不盛。乾隆中期以后，这里才日渐热闹起来。原因之一是附近居住人口逐渐增加，更重要的则是受北侧天后宫带动。沈阳天后宫又称闽江会馆，是由经常往来沈阳及在此定居的福建商人所建，所供“天后娘娘”是在东南沿海地区极受崇拜的女神，以保护出海捕鱼、运输船只人员平安著称。随着清代国内商业贸易繁荣，越来越多闽浙商人泛海来东北做生意，便在沈阳建起天后宫作为同乡会馆。其占地面积万余平方米，不仅殿阁较多，而且每年三月、九月有定期庙会，宴饮演戏，热闹非凡，建成后很快成为沈阳著名庙宇（近年在原址复建）。三皇庙在天后宫南，庙院与之相接，故每逢天后宫庙会之际也随之受益，有时甚至被人们认为是天后宫一部分，并因此能多分享到一些香火。

当然，三皇庙并非只靠沾光来维持，也有自己独特之处，就是三月三庙会。因为此处所奉三皇之一伏羲氏，是传说中“八卦”发明者，所以被以占卜、算命为生者尊为本行业“祖师爷”奉祀。史料记载，沈阳三皇庙每年三月初三日有庙会，参加者以盲人“算命先生”为主。他们从各处聚集于此，宴饮议事，自然也吸引不少香客和观众前来，光绪时期沈阳翰林缪润绂《沈阳百咏》中，专有诗记其事曰：

艳说蟠桃会众仙，三皇庙里醵开筵。

先生破费争多少，两串青青算命钱。

其在诗注中说，至此日，这些盲人算命占卜业者约众携钱而来，间有不至者还要受到责罚。可见这种庙会日也相当于同行业公众聚会性质，是一件郑重而严肃的事情。

三皇殿山门现状

不过，至民国时期三皇庙已逐渐淡出人们的视野，此后数十年间逐渐被人们遗忘。由于多年废置，至21世纪初，仅剩正殿五间的山墙和梁架部分保存相对完整。近年当地政府结合天后宫复建工程，对其进行了抢救性维修，并增建坐西朝东山门一座，重新恢复这座有三百多年历史古庙。2013年由沈阳市政府公布为市级文物保护单位。

天齐庙。在今大东区小东路路北（原属小东关范围），有一处坐东朝西的老房子，系五间硬山式建筑，门、窗已经改动，但建筑本体还基本完好。不远处还有两通残存石碑，现已被列入沈阳市历史建筑加以保护。这处并不引人注目的建筑，是当年沈阳天齐庙的东配殿。

提到天齐庙，现在已很少有人了解，但在古代北方较大城市，几乎是不可或缺的道教庙宇之一，因其供奉主尊是神通广大的泰山大帝或称东岳大帝，所以也俗称为东岳庙，而且一般都建于城东郊区外。沈阳天齐庙最晚建成于康熙年间，乾隆四年（1739）重修后，有正殿三间、经堂七间、后殿五间、耳房十间、大门三间、东西门各一间。光绪年间驻奉清军将领左宝贵曾筹资重修，直至清朝后期一直是城东保存较好的庙宇。

天齐庙之所以重要，原因之一是按照清代官方规定，每年立春时节，各地行政官员都要举行象征春耕启动仪式。各省、府、州、县最“标准”的场所就是本城天齐庙。至时，沈阳天齐庙前高搭彩棚，将事先做好的“芒神”（司春之神，常作牧童形象）和“土牛”（泥塑耕牛形象）神位摆列供案。吉时一到，府尹等官员按制依次在神位前奠酒并跪叩行礼，然后将“芒神”“土牛”抬至府衙供奉，由官员用彩杖象征性地击打三下，寓催牛开犁耕种之意。这种仪式，旧地方志中称为“鞭春”，民间则称“打春”，借以表达春耕即将开始和企盼丰收之意。虽然只是象征性的例行表演，但因属官府典制，参加者都郑重严肃，从准备到结束要很长时间，城中百姓争相往小东门至天齐庙道路沿途夹

>> 幸存的天齐庙东配殿

道观看，成为春天里的重要节日。

三月末沈阳天齐庙庙会，是影响非常大的民俗节日。按民间传说，本月二十八日是东岳大帝诞辰，各地天齐庙必于本日及前后数日举行隆重祭典。晚清至民国时期，沈阳天齐庙会会期从三月二十五日起到四月初一日止，共七天时间，是本城三大庙会中最先举行的（另两处是四月十八娘娘庙会和四月二十五药王庙会）。其季节正值春末夏初气候温和、草青花开之际，刚度过东北漫长严寒的城内外居民，都把此庙会当作重要令节。加之沈阳天齐庙附近又是山神庙、老君堂、灶君庙、永宁庵、地藏阁等诸多寺庙汇集之处，七天会期，除二十八“正日子”宗教仪式较多外，前后各三天几乎就是购物和游乐时间，为城内及附近民众提供了充分“逛庙”内容和时间。所以庙会期间，不仅沈阳城八门八关人家几乎无一例外地前往，平日很少走出家门的老人和少女少妇们也不甘落后。从周围百里外赶来做生意、逛庙会者也大有人在。如同治末年《陪都纪略》中记沈阳庙会所说：“东岳天齐，三月之间。乡下城里，聚在东关”。缪润绂《沈阳百咏》中也有两首诗涉及天齐庙会，一首记入庙烧香者之虔诚，负鞍衔辔，一步一叩，以表代父母还为东岳大帝做马牛之心愿；另一首则记因人多拥挤，一些轻浮少年借机调戏年轻女子，实际上是从不同侧面记述庙会为百姓看重的情形。

第五章

喇嘛寺与『曼荼罗』

清代沈阳有数座著名的皇家喇嘛教寺院，即实胜寺、玛哈噶拉楼、长宁寺及列于城外各方的永光、广慈、延寿、法轮四寺四塔，合称“七寺四塔”。均始建于定都北京前清太宗时期。因其兴建缘由都与城中皇帝直接相关，且具有多民族文化融合特色，与清开国历史和清代民族关系密切相关，近四百年来，始终在当地享有极高声誉，相关史事传闻至今耳熟能详。更难能可贵的是，虽几经世事变迁，这些古建筑中大多数仍能幸存于世，并有相关历史文物保留博物馆中，成为清代沈阳特色历史的实物见证。

一、纪功修盟佛刹兴

实胜寺全名为“莲花净土实胜寺”。沈阳人多以其俗名称之，所用文字及解释各异：一作“皇寺”，旨在谓其在清代为

>> 近年制作的实胜寺复原示意效果图

皇家寺庙，档案史书都有实据可证；二为“黄寺”，意在谓其为藏传佛教中“黄教”（噶举派）寺庙，其说不误而且有北京两座“黄寺”为据。二说各有所本，连清代文献中也是二者混用，无对错之分。不过，对大多数人而言，毕竟皇帝比黄教更易理解，所以从俗从众，写作“皇寺”者居多。

1. 白驼载运金佛来

实胜寺之与众不同，首先缘于它在清开国时期发挥的作用。清太祖、清太宗开基创业时期，长城以外除再次崛起的女真族（即后来的满族）外，另一个传统强势民族，就是蒙古族。他们不仅人数众多，占据辽阔地域，而且同样以擅长骑射著称，并在历史上建立过疆域辽阔的大帝国。满族新兴政权要想存在和发展，蒙古族各部人心向背至关重要。不过，当时蒙古族各部落内部矛盾重重，难以形成统一势力，后金两代汗王则充分利用其内部矛盾，武力征讨和通婚结盟两手并用，逐渐取得优势地位。天聪八年（1634），蒙古族各部名义上的领袖察哈尔林丹汗，在后金多次打击下败逃青海，不久病亡。皇太极闻讯派出多尔衮等诸贝勒，率大军往其故地招抚所属部众。

同年十二月十五日，原在林丹汗处的墨尔根喇嘛千里迢迢来到沈阳，带来原供奉于林丹汗处之玛哈噶拉金佛，作为进献之礼，也表达了拥戴后金汗王之意。史书记载，这尊金佛连同其他藏传佛教珍宝，是由一头被视为灵异之畜的白色骆驼驮载而来。当进入沈阳境，行至距今皇寺不远处时，白骆驼即卧地不起，任凭如何驱赶也不再动一动，最后竟在此一命归天。于是，人们认为这里就是天意所定金佛重新安身之处，后来不仅在此修建佛寺，还奉皇太极旨意，专门为驮载佛宝的白骆驼修建了一座坟，

>> 玛哈噶拉佛楼旧照

>> 玛哈噶拉佛楼近照

并立有满、蒙古、汉三体文字的“白骆驼之坟”石碑，既表示对这灵畜的感谢，也以此证明实胜寺来历不凡。光绪初年缪润绂所著《陪京杂述》记载，这座广为人知的坟位于小西门外五里，即距今实胜寺址西侧不远处。沈阳旧称“白骆驼坟”，清代官私文献有明文记载，当地百姓又曾亲见其石碑，可见当年白骆驼载金佛来沈之事并非虚构。

这尊被人们称为金佛的造像，正式名称为“玛哈噶拉”，为藏传佛教（喇嘛教）重要护法神之一。是由元世祖时喇嘛教高僧八思巴活佛亲自督造，用黄金千两打造而成。先是供奉于中国佛教四大名山之一五台山，后移至察哈尔部，再由那里转运来沈，是一件流传脉络清晰而且十分难得的藏传佛教瑰宝。与之一同运至的金字蒙古文藏经，也属藏传佛教稀世之珍。

当时蒙古族各部普遍崇信喇嘛教，金佛现身沈阳，为后金满族政权联合蒙古族贵族提供良机，政治头脑敏锐的清太宗皇太极自然不会错过。次年初冰雪融化后，即传旨于沈阳城西破土动工，在白骆驼停脚处择地建造专门供奉金佛的殿宇，至年底竣工。天聪十年（1636）正月初六，皇太极在举行宫廷元旦诸项大典后，特率八旗诸贝勒大臣前往新建佛殿献供行礼。据当日《满文老档》记载，当时所献物品有：

> 金银制曼荼罗一具，莲花、瑞绳、法轮、伞、纛、壶、白海螺、鱼（此为供于佛前“八宝”）；轮宝、如意宝、福晋宝、相臣宝、象宝、马宝、将军宝（此为供于佛前“七珍”）；纯金木鱼一只。

很显然，这些佛前专用供品，都是事先按照藏传佛教制度特意精心准备。此外尚有珍贵兽皮和宝盖、腰刀等卤簿器具，献祭的黑色马、牛、犬、羊等，全部用五色彩带装饰供奉于殿内金佛前，皇太极所行之礼，也是“九拜九叩”至高规格。不仅如此，还特意命制作一座重五百两的银塔，表面镀金，供于金佛左侧配

实胜寺金七珍八宝，沈阳故宫博物院藏

殿，以表对已逝送佛来沈喇嘛高僧敬意。

按通常情形，皇帝（汗王）所送物品当称为“御赏”或“御赐”，而本次皇太极送给新佛寺者，官修史书则称“献供”，明示“下敬上”之意。满族传统本无藏传佛教信仰习俗，身为后金汗王之所以作出如此姿态，政治意图十分明确，就是通过尊崇藏传佛教，建立和巩固与蒙古族各部关系，使之成为后金政权可靠盟友。

就在这佛殿建成前一年，后金在彻底击败察哈尔林丹汗势力后，排除了统一漠南蒙古（内蒙古）主要障碍，更令皇太极欣喜的是，在被蒙古族各部视为宝物的金佛被献至沈阳后，多尔衮所率西征大军，又从林丹汗遗属处获得更为世人看重的“传国御玺”，按传统观念这是“天意已属”之征兆。于是，在这年底，满族、汉族八旗王公官员和蒙古族四十九部首领代表，共同上表劝进，希望皇太极登基称帝。至天聪十年（1636）四月——即佛堂建成三个月后，皇太极在满蒙贵族拥戴下，在沈阳隆重举行登基称帝大典，并改国号为“大清”。又过了三个月，这位已充分感受尊崇喇嘛教政治收益的大清皇帝，以“有玛哈噶拉不可无大佛，有大佛不可无玛哈噶拉”为由，传旨扩建刚刚完工不久的城西佛堂，以使之成为规制更加完备的皇家寺庙。历时两年有余，

>> 实胜寺大殿旧照

>> 实胜寺大殿近照

至崇德三年八月竣工，御赐名“莲花净土实胜寺”，并立满、汉、蒙古、藏四体文字石碑于寺内以记其事。

寺庙落成大典应是由礼部精心设计。皇太极事先以皇帝身份，召蒙古族各部首领前来沈阳共同参加仪式。至八月十二日，他亲率满族、蒙古族、汉族王公大臣及来沈外藩蒙古王公至庙供祭行礼。档案记载，这一天，新建寺院前悬挂各色彩缎，庙四角立起高竿，也垂吊九色绸缎，寺门至大殿之间铺设白缎。寺内喇嘛击钟鼓作乐，按事先制定典礼规程，引领皇帝及王公大臣分别入殿供祭行礼。礼毕，于寺门内庭院设大宴。宴毕，皇帝王公又向寺庙捐赠银两、彩缎、貂皮、鞍马等。随后颁布圣旨，对兴建寺庙有功喇嘛及各类工匠数十人，分为六等，分别赏赐马匹、鞍辔、貂皮、银两等。典礼仪式正规程度显然远胜于两年前初创之时，这也是沈阳实胜寺正式建成的标志。由此可见，这座寺庙从初创到建成，与皇太极称帝及清政权建立有密切关联，因而成为后来被赋予浓厚政治色彩的宗教建筑。

2. 沈阳皇家第一寺

自1625年后金定都沈阳后，实胜寺是由皇帝（汗王）主持兴建的第一座皇家庙宇。寺内虽按藏传佛教仪轨设置尊像，但建筑布局和样式却并未完全采用西藏、青海地区寺院风格，而是“入乡随俗”，沿用明代辽东汉族地区寺庙常见格局，在建筑风格上与典型喇嘛教寺院有很大区别。

按建清太宗时所立《实胜寺碑》记载，本寺初建成时布局和使用功能是：

> 大殿五楹：装塑西方佛像三尊、左右列阿难、迦叶、无量寿、莲花生、八大菩萨、十六罗汉、绘四怛地喇佛城于棚

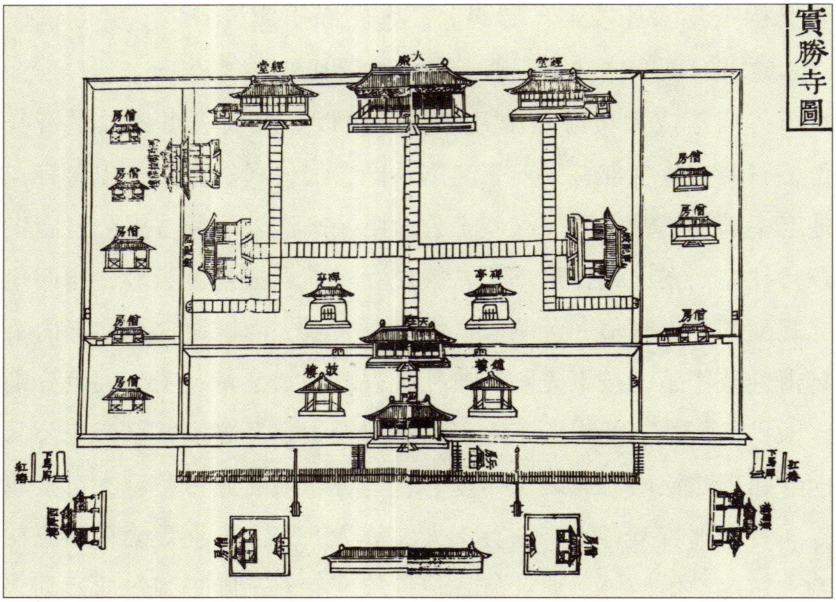

清乾隆年间沈阳皇寺图

厂，又陈设尊胜塔、菩萨塔、供佛金华严世界、具上嵌百两金东珠，又有须弥山七宝八物，及金壶、金钟、金银器皿俱全。

东配殿三楹，供如来一百零八龛托生画像，并诸品经卷。

西配殿三楹，供嘛哈噶喇像。

大殿前有天王殿三楹、

天王殿前为山门三楹。

至于僧寮、禅室、厨舍、钟鼓音乐之类悉为之备。

清迁都北京后，由于沈阳地区并无战事，且清廷对喇嘛教仍然尊崇有加，虽然并未对沈阳实胜寺进行大规模修缮，但依清乾隆年间皇寺图所示，其建筑群区域沿袭清太宗时期基本格局并有所扩展。庙院坐北向南，最南侧为山门，其前庭区域东西各设红桩和下马碑，不仅一般行人车辆禁止通过，而且诸王以下贵族官员入庙前也要出轿下马，以示对寺内所奉神佛尊重。这种“待遇”在沈阳只皇宫、皇陵才有，由此也可见皇寺地位之尊。下马碑内侧各建一座四柱三楼歇山顶牌坊，东西朝向，分立山门左右。因寺前地势开阔，使这两座高耸的牌楼颇有气势，其坊檐下承以斗拱，上下枋间为宝相花、卷草纹透雕花板，远望之不逊于皇宫大清门前文德坊、武功坊，也是整个皇寺区域最引人注目的标志建筑。此外，牌坊内前庭尚建有守护僧房两座，正对山门建有十余米长的影壁（旧时周围百姓称“大影壁”），使这个区域组构为自成格局建筑单元。民国时期，由于本区域临近商埠地北界（北市场），以及增拓道路、盖造民房等原因，这个单元的建筑都被陆续拆毁，现已见不到当年的寺前格局。

实胜寺牌楼旧照

今存皇寺为清代寺院主体部分。建筑群坐北向南，主要建筑分布于中路，两侧则是僧房等附属建筑。中轴线上有山门、天王殿、大殿三座建筑。最前为山门三间，黄绿琉璃瓦顶硬山前后廊式，每间设红漆隔扇门，中门处石铺甬路为清代皇帝入庙降香时御路。山门之北，东西两侧分设钟、鼓楼，正面为天王殿，建筑样式及装饰与山门相近，明间前后设隔扇门，南北向供弥勒、韦驮，两次间设槛窗，四大天王分于两侧面向明间相对而立。

天王殿之北两侧为东、西配殿，也称东西廊，其内原存藏

>> 实胜寺天王殿近照

经并有相关佛陀事迹彩绘等。靠近院心处甬路左右各建碑亭一座，其内应为崇德三年扩修时所刻四体文字建寺碑，均双面刻，满汉为一碑、蒙藏一碑（现已非原物）。殿庭正北即寺中主体建筑大雄宝殿，建于近一米高的台基之上，为五间歇山黄绿琉璃瓦顶周围廊式建筑，规制明显高于其他诸殿。其内所供佛像等，原本由清太宗时驻沈高僧毕力图囊苏主持设计排布，中央为西方三世佛，两侧及后部分别为阿难、迦叶二侍者，无量寿佛、莲花生大士及菩萨、罗汉等，已见前述。佛龛及佛画装饰也按照喇嘛教风格，示人神圣庄严、富丽辉煌之感。大殿左右两侧各有经堂一座，现称白度母殿、绿度母殿，为僧人平日诵经处。

大殿前西侧，有单间周围廊式歇山琉璃瓦顶二层楼阁一座，坐西向东。此即由最早建立的供奉金佛专设佛堂演变而来，称玛

>> 实胜寺大殿和佛楼

哈噶拉楼。之所以立于大殿前侧面坐西朝东方位，应是天聪九年建立时所定。从在佛教体系内地位而言，大殿内所供大佛是主尊，而玛哈噶拉则是护法，不居南向正位。以往有另一种解释是，其所向之东方是皇太极所居盛京城及宫殿所在处，当时为突出帝王之尊有意如此设计。

金佛具体形象，据描述高约一尺二寸，立姿，三眼，发上竖如火焰状，项戴饰骷髅璎珞，手持宝杵宝刀，足踏仰面妖魔，此即藏传佛教中愤怒威猛相，以显现护法驱妖镇魔神威力。阁内上层靠西墙摆放须弥座式佛龛，为置金佛处，其前及侧另有供祭器具。阁下层则供奉沙尔巴喇嘛灵骨塔等。此玛哈噶拉佛楼虽位于实胜寺内，但因金佛意义特殊，故此佛楼在清代具体管理时相对独立，犹如寺中之寺。

应作说明的是，现存实胜寺格局及供奉尊像，虽基本保持清代原有规制，但因清末至民国后几十年间，寺内建筑及供奉收藏佛像等遭到严重破坏，寺内珍贵的供器、法器、佛经等也损失颇巨。而最令人痛惜的是，寺中玛哈噶拉金佛于1946年离奇丢失，至今下落不明，成为沈阳历史上著名疑案之一。中华人民共和国成立后，政府投资对皇寺古建筑加以保护和维修，又对寺内尚存藏品采取相应保护措施。1963年由辽宁省政府正式公布为第一批省级文物保护单位。现在人们能够看到的，是该寺20世纪80年代正式恢复为宗教活动场所后的面貌。

3. 供奉御物获尊崇

实胜寺从建成至清末，始终以皇家寺庙地位受到特殊重视。在沈阳地区各类建筑中，地位仅次于皇宫、皇陵，对当地政治、宗教、官俗、民俗等方面都有重要影响，承载着沈阳地方文化中许多重要历史事件。

清定都北京后沈阳共有7座皇家喇嘛教寺院，实胜寺外尚有东、西、南、北四塔寺及长宁寺（俗称御花园，故址在今皇姑区黄河大街东侧），以及享有独立地位的玛哈噶拉楼，由清廷理藩院自京委派经皇帝批准任职的“掌印达喇嘛”，驻实胜寺为总管，其他各寺设低一级的“达喇嘛”（满语意为首领喇嘛）归其节制，实胜寺地位显然高出一个等级。其“掌印达喇嘛”统管各寺僧众、财产及相关宗教事务等，且有所属办事机构“印务处”，是集官员及宗教首领为一身的人物，在沈阳政教两界都很有威望。

1671—1829年，清康熙、乾隆、嘉庆、道光四朝皇帝共10次至沈阳谒祭祖陵，实胜寺都是御驾必到之处，这对该寺保持和提升地位影响极大。乾隆帝初次东巡谒陵即驾临寺内，御题“海月常辉”匾额悬挂大雄宝殿正中，同时有御制诗题咏。此后历次皇帝至沈，入寺拈香礼佛、赋诗题咏成为定例。之所以如此，并非只出于对佛祖礼敬，更重要的是，寺中供奉着清太祖、太宗时期御用弓矢、甲胄、刀剑，康熙帝谒庙时亲献御用佩剑等先皇遗物，或置于玛哈噶拉佛楼、或供于大殿佛像前，东巡到此的皇帝作为继统子孙，自然要缅怀祖先开创功绩，亲往拜祭。因此，圣驾亲诣降香则如乾隆诗中所说，不仅“虔礼世尊相”，还有“敬思开国模”，这也是实胜寺独享的尊荣。

实胜寺大殿佛像旧照

在清代沈阳，实胜寺也成为经常接待贵族高官之处。这缘于当时一项规定，即凡办理公务莅沈贵族高官，初至和回程时必须前往实胜寺进香行礼。道理很简单，这里是供奉先皇遗物之处，皇帝经过都要虔诚礼拜，身为朝廷贵族命官视而不见，随意路过岂非“大不敬”？如此，当时沈阳便有一条约定俗成的规矩，即在沈任盛京将军、五部侍郎、奉天府尹等三品以上高官者（多由京师或外省调任），上任前或离任后，进（出）沈阳城都须至寺内进香叩拜。奉旨办差、赴任路经沈阳的王公大臣官员，也要遵此例而行。

这项特殊制度，除受当时礼制影响外，也与实胜寺坐落位置有关。因寺距小西边门近在咫尺，抬头可见沈阳城池，是经“京奉大御路”，到达（或离开）沈阳必经之处，也成了举行向国家陪都致敬仪式的适用场所。与此相关，这里还增加了一个固定功能，即沈城各官署高官迎送来往王公大臣的专用场所，当时称为“接官厅”。被迎送的到达或离开者，即上文所述贵族高官，很多情况下，还要在此举行接风或饯行官宴。此种官场礼俗，使这座皇家寺庙与地方政界的往来也成为常态化现象。

清末沈阳官员实胜寺迎送仪式

除以上与皇帝和官府相关用途，“小西门外皇寺”也是当时沈阳百姓人尽皆知之处。重要原因之一，是每年正月在此举行的“跳布札”（俗称“打鬼”或“跳达”）庙会。这本是藏传佛教一种宗教仪式，但一般百姓则视之为由喇嘛所行祈福驱邪演出，扶老携幼前往观看，遂成家喻户晓的节令盛事。仪式全过程三天。正月十四和十六，是从北塔法轮寺迎佛至实胜寺以及事后送还仪节，这两日热闹场面主要在两寺间沿途（详见下文法轮寺部分）。正式“跳布扎”仪式于正月十五在实胜寺庙门前举行。仪式参加者都是寺中喇嘛，各着彩色袍服，戴面具，形象或慈祥、或威猛、或狰狞，分别代表各类角色。他们手持佛门法器、兵器

>> 民国年间的皇寺庙会二幅

等道具，从庙门内相继出至庙前场地，由鼓、铙等类乐器伴奏，在椭圆形场地内曲折进退，或跑跳腾跃作打斗厮杀状，同时有喇嘛按佛教仪轨诵念佛经。结束时则示正义一方战胜邪恶、赐予信众新春平安吉祥之意。因时逢上元佳节，城乡百姓趋之若鹜前往观礼，成沈阳新正庆典必不可少特色表演之一，直到民国初年仍循例依时上演。尽管这项表演有特定宗教内涵和神秘意味，真实意境常人难以准确领悟，往往根据角色面目判定其善恶，以致将某些金刚、法王等神佛误认成妖魔，但人们对表演寓含驱灾降福之意坚信不疑，每年将此作为元宵节必有的祈福仪式，群往观之。当地文人诗作中也多有题咏。

此外，实胜寺因其尊崇地位，也被广泛认同为沈阳名胜。从清初“沈阳十二景”中“实胜斜辉”，到清末民国“八景”中“皇寺鸣钟”，二百多年来都将其选入地方名胜之列。康熙名儒陈梦雷“金碧庄严地，清阴映夕阳”、光绪翰林缪润绂“希声度高树，殿阁凌绿阴”等佳句，都使实胜寺于庄严肃穆之外，又平添几分诗意。近年为使“黄寺鸣钟”不致成为绝响，在修缮古建筑同时，又参照旧制重铸千斤铁钟悬挂于寺内钟楼，以便古寺钟声仍在后代延续。

二、四方寺塔有来由

清代沈阳古城周围有四座同式喇嘛塔，分别称东塔、南塔、西塔和北塔，这是三百多年来沈阳人所共知的常识。幸运的是，至今仍可在原处找到这几座饱经沧桑的白塔，而且它们已被当作城市特色建筑加以保护，帮助人们探寻和品味这方土地上的历史神奇。

1. 禳灾祈福四塔成

人们通常认为沈阳城外四组喇嘛塔寺，修筑于清太宗皇太极时期，严格说这并不十分准确。这些寺塔虽然是清太宗亲自决定兴建，他本人生前却并未能见到一座。在正式开始兴工的崇德七年（1642），清政权虽已取得松锦决战胜利，但五十一岁的皇太极，却因操劳过度及爱妃海兰珠去世疾病缠身。尽管在谋臣们建议下，采取赦免罪犯、布施寺观、驱邪禳灾、诵经祈福等多种方法，甚至向朝鲜国索取药材，然而，“圣躬违和”状况仍无显著改善。当年十月初，受达赖喇嘛委派的西藏及漠北蒙古高僧使团来沈，并在沈阳留住数月至次年五月方回，皇太极君臣隆重接待的同时，也应就恢复皇帝健康向其问计，而兴建四塔四寺即在当年底至次年初正式确定。很多研究者认为，此事应与来沈高僧使团所提建议相关。

经过一番谋划和选址，崇德八年二月工程正式启动。当时决定在沈阳四个方向城门外约五里处，各兴建一组包括佛塔的喇嘛教寺院，且分别赋予相关寓意：

>> 东塔近照

城东者名永光寺，取意“慧灯朗照”；
城南者名广慈寺，取意“普安众庶”；
城西者名延寿寺，取意“虔祝圣寿”；
城北者名法轮寺，取意“流通正法”。

整体设计由主持兴建实胜寺的高僧毕力克图囊苏喇嘛负责规划布置，当然也应得到在沈西藏高僧协助。从设计主旨定位看，虽然可以看到弘扬佛法、造福百姓目的，但为皇太极祈福延寿之意仍明显突出。不过，以清政权当时经济技术实力，同时在四处兴工营造规制谨严的喇嘛教寺塔，并非易事。所以，待到先行竣工的四塔完工开光时，已经是顺治元年（1644）六月，而皇太极在此前十个月即已逝世，摄政王多尔衮已率八旗大军越过山海关挺进北京，而到次年五月四寺竣工之际，各寺名称前均已加上“护国”二字。此时，年仅七岁的顺治小皇帝，已经端坐在北京紫禁城金銮殿宝座上了。正因如此，后来清代书籍中宣称的兴建四塔四寺用意，便改成期望“四塔成，天下一”，借以保佑清朝国运昌盛。在这冠冕堂皇理由掩盖下，后世已很少有人知道，当年同时兴建四塔四寺直接目的，竟是以之为沉疴难愈的清太宗祈祷益寿延年。

清末西塔及寺内僧人

2. 白塔环绕新城景

据《盛京通志》记载，初建时四组寺塔主体建筑规制大体相同，庙均坐北朝南而建，由山门、大殿、碑亭、钟鼓楼、天王殿、晾经楼、禅堂、僧房及一座覆钵式白塔（俗称喇嘛塔）组合而成。据现存建筑或遗址可知，各寺殿宇旁均有一座相连塔院，建塔于院中心，但塔院与寺院位置关系依塔所在方位而有区别，即东塔在永光寺东、西塔在延寿寺西、南塔在广慈寺南、北塔在法轮寺北。另据当时建寺碑文记，各寺内所供佛、菩萨等塑像，也是按相同数目和制式建造，即：“每寺中大佛一尊、左右佛二尊、菩萨八尊、天王四位”，按佛寺一般布局规律，应是前建山门，前殿奉四大天王，大殿供佛、菩萨，这也是辽东地区佛寺的最常见格局。

一个很有趣的现象是，尽管四座寺庙中殿堂是供奉神佛主要处所，但建成三百多年来，受普通人关注的却往往是各寺之塔，甚至在称呼上以塔代寺，或将塔寺颠倒而称。如位于东侧寺塔按正规称谓应是“永光寺塔”，当地人却称“东塔永光寺”或将寺名省略，直接以“东塔”称之，其余三方寺塔也是如此。之所以会出现这种情形并不奇怪，因为各塔体量远高于同寺殿堂，又是通体白色，十分醒目。清代沈阳各边门外住户稀少，别无高大建筑，所以走出城郭抬头即见本方白塔；而从各方前来沈阳城的人，也可在数里外即见城外白塔，从而造成对塔的熟悉程度远超其所在之寺。

这四座位于沈阳城外各方的白塔，造型和体量基本相同，俗称为“喇嘛塔”，因其塔身形似倒扣钵盂，正规名称为“覆钵式”塔。每座通高近三十米，通体涂为白色，自下而上可分为四部分：

一为塔基，平面方形，砖砌须弥座式，四面均饰高浮雕，形制略同。上、下枭为番莲、卷草、宝珠类图案，束腰部分隔为三组，中为钵盂和火焰宝珠，两侧各一立狮，头向外，颈内转，项带瓔珞，造型装饰有很明显的藏式浮雕特点。

二为塔身，水平剖面圆形，下部是三层向上渐内收的圆台，称为“金刚圈”，其上覆钵式塔身也以砖砌筑，南向正面有佛龛式开光，俗称“眼光门”，边缘有浮雕卷草纹铜制龛口装饰，龛体缩进塔身上部，内奉铜制梵文佛号标志。

三为塔颈，俗称“塔脖子”，因其为自塔身向塔顶延伸并承接塔刹部分，与人脖颈相似。这是覆钵式塔造型上“拔高”及呈现挺拔向上姿态的部分，仍以砖砌，基部有仰莲式台座与塔身相连，其上砌成每层渐向内收的细长圆台状，共十三层，或谓是佛经中所述“十三天”象征。

四为塔刹，俗称“塔帽子”，即塔顶端部分。由数件铜制构件组合构成，分别为饰镂雕卷草纹的承盘、伞盖及日、月、火焰

北塔近照

宝珠等，总重量近千斤。以粗壮的扁形长铁柱为中心串连焊接，铁柱下部延伸至塔身内，以确保其竖直端正、坚固稳定。

此外，根据沈阳文物考古工作者在拆除西塔（延寿寺塔）时调查可知，四塔内部并非实心，其塔身内还留有分为几层的塔堂，其内装建塔时僧俗信众捐施的香泥塔、经卷、五谷、布帛、金银、宝石珠等诸多供养物，塔基下尚留有地宫，其内出土佛像、银函、宝石珠等诸多文物，说明覆钵式塔虽然外观坚实稳重，似乎实心砌筑，但与其他样式的佛塔一样，在建造过程中并非只单纯为树立一座有宗教特色的标志建筑，而且也承载着佛教所规定的基本功能，即以此弘扬佛法，造福苍生之意。所以在其内装有各种物品表达相关寓意，具有重要研究价值，只不过在其保存完好时不易为常人所知而已。

这种喇嘛塔造型与习见密檐式、楼阁式佛塔有较大区别。直观的特点之一，即由远处观看，每座塔如同一尊端坐在基座上的藏式佛像，塔刹为头，下为颈、身、座，造型很有象征特色。早

>> 南塔近照

期只见于西藏、青海、甘肃等藏传佛教流行区，内地仅北京妙应寺、山西五台山等个别寺庙偶见。沈阳四塔则是在东北地区以组合形式首现，造型装饰自成特色，为清初佛教建筑中具有重要意义的代表作。因其处于距城数里的近郊四境，又自具吉祥内蕴，也为沈阳古城规划理念增添了与众不同的特色。

清王朝定都北京后，四寺四塔与沈阳实胜寺同属“国初敕建”皇家庙宇，各设达喇嘛管理。乾隆八年（1743）高宗弘历初次东巡盛京时，即对四组塔寺赞赏有加，各赐御书匾额悬挂于大雄宝殿。永光寺题“慈育群灵”，延寿寺题“金粟祥光”，广慈寺题“心空彼岸”，法轮寺题“金镜周圆”。虽然四寺中并未似实胜寺、长宁寺有清开国帝王遗物供奉，地位稍逊，但凭借皇家寺庙金字招牌和特殊待遇，平日寺塔维修和相关用度同样有充分保障，有的还因特殊机遇在某一时期香火格外旺盛。如南塔广慈寺，由于距寺庙分布较多的南城较近，清初达喇嘛曾与流放慈恩寺名僧函可（剩人和尚）有过交往，并于顺治九年（1652），邀请函可至本寺开法传经，于是本年三月至七月间，本来相对冷清的寺院，因函可和尚影响力，引得众多僧俗人众前来听讲，变得

法轮寺山门近照

“云水奔流、龙象蹴踏”，连续百余日热闹非凡。

从乾隆四十三年（1778）起，北塔法轮寺有了与另三寺不同的变化。当年四月皇帝传旨，从沈阳皇家喇嘛寺中选出一座为“满洲喇嘛寺”，即从以往诵习蒙、藏文佛经，改为以当时即将译成的《满文大藏经》为主。寺中喇嘛也由当地满族中挑选。主要是以此为在关东故里保留满语满文措施之一。结果，法轮寺以地势及庙院优势中选，但挑选喇嘛时因满族人报名不足，改从熟悉满语的当地锡伯族人中选充。九月，乾隆帝第三次东巡谒陵至沈阳，亲诣庙中查看并题诗记其事。随后又命增修寺院建筑并由京调拨相关供祭用品，并特旨从仅修十余部的满文佛经中，拨送法轮寺一部，同时由京师派出满语出色且通晓佛法佛理的专人，至寺教习入选喇嘛。此后这座与众不同的“满洲喇嘛庙”也颇为皇帝所重视，乾隆、嘉庆、道光三帝先后四次至沈阳谒陵时，都专程入寺降香、赋诗题咏，而另三座塔寺均无缘享有这种殊荣，法轮寺地位因此大为提升。

此外，法轮寺还因供奉有两尊独特佛像，受到沈阳善男信女另眼相看，成为与当地民俗密切相关的寺庙。其一是寺中所奉主尊时轮金刚，为藏传佛教中足踏妖魔、臂拥明妃的欢喜佛（或称天地佛）造型，视之如男女交欢之状，或谓本为寓力量、智慧结合惩恶扬善之意，但普通百姓却很少知晓，民间育龄妇女视之为保佑生子的神灵，多前往虔诚祭拜，且时有应验者，致使其香火益盛。其二为迈达里佛，俗称弥勒佛，属佛教中“来世佛”。平日供奉于大殿佛位，逢每年正月十五实胜寺“跳布扎”法会（详见前述），则提前一日将其接至实胜寺供奉。至时，由实胜寺掌印达喇嘛专程至法轮寺护持迎接，以专用佛车承载，用皇帝特赐伞、扇等仪仗导引，若干名喇嘛前引后护，隆重前往实胜寺。为示郑重，接佛时不绕城外近路而行，要特意由小北边门经小北门进入城内，再经小西门及边门出城到达皇寺。此时正值沈城欢庆

>> 法轮寺佛像旧照

新年时节，在数里长的送佛之路沿途，有成千上万百姓夹道观看，欲求子嗣妇女则争相上前抚摸佛车车轮，以遂求子求福心愿，场面十分热闹。在十六日典礼过后返回法轮寺沿途，仍会有上述现象，成为沈阳元宵节习俗中一件盛事。

1900年至1905年，由于沙俄入侵及日俄交战，四塔寺受到严重破坏，寺中珍贵佛经及供奉物品也受到巨大损失。永光、广慈、延寿三寺大部分建筑至民国年间因毁损严重被拆除，延寿寺塔也因年久失修且位于居民区，于20世纪50年代被拆除。只有法

>> 西塔及延寿寺近照

轮寺经维修后尚能基本保持原有格局风貌。中华人民共和国成立后，从20世纪80年代起，地方政府投入大量资金对东塔、南塔、北塔及法轮寺加以维修保护，并于原址整修复建延寿寺和西塔，历经数年修缮，使沈阳四塔得以相对完整保存，展现当年风采。东塔、南塔和延寿寺，先后被公布为沈阳市级文物保护单位，北塔及法轮寺则被公布为辽宁省文物保护单位。

现存法轮寺及北塔，占地面积近两万平方米。最南端为三间硬山琉璃瓦顶山门。入寺内东西两侧为钟鼓楼，正面天王殿三间，硬山琉璃瓦顶，殿北两侧分立顺治二年敕建护国法轮寺碑，碑身高三米有余，宽约一米，字均双面刻，左侧者碑阳满文、碑阴汉文，右侧者碑阳蒙古文、碑阴藏文，碑文内容大体一致，均合述四塔四寺建立经过。因蒙古文、藏文为当时喇嘛教佛经使用文字，所述更为翔实具体。四寺碑文均同，现仅法轮寺和永光寺碑保存基本完好。

>> 法轮寺天王殿近照

>> 法轮寺大殿近照

两碑之北为大雄宝殿，五间歇山周围廊式，前有月台，殿内供奉佛、菩萨塑像及佛教壁画等均为重修后面貌。上述建筑两侧及北部，尚有经堂、僧舍、藏经楼等建筑，多为乾隆后至近代增设或重修。塔院位于大殿东北侧，塔与其他三寺一式，已见前述。法轮寺经修缮后，20世纪末移交宗教部门，至今仍为沈阳旧城北部著名宗教活动场所。

3. 亦真亦幻“曼荼罗”

清初四塔四寺建成后，至康熙中期与外圆内方、八门八关的城郭建筑结合，使沈阳城池内外建筑又增加了一道风景线，同时，也丰富了关于城池风水的诸多传说。按清晚期以后当地记载和传闻，“四塔寺”或被列为由“两仪”（日、月）生成的“四象”（春、夏、秋、冬），再与天圆地方的内外城，以及城门、城楼等所代表八卦、三十六天罡、七十二地煞等结合（见本书第二章所述），组合成按太极八卦、阴阳五行体系构建的神奇空间。一般百姓则认为几组塔寺是为震慑四方邪恶，护佑城市平安。然而，这些都缺少相应的理论和事实依据，只是表达人们想象的民间传闻而已。

根据调查，在国内已知历代古城中，于城市周围等距修建同式佛寺佛塔者，仅沈阳一处，这已成为公认的事实。同时人们也承认，四塔寺之建，应是在某种理论体系指导下有意设计而成。不过，对这种塔寺与城池组合形式究竟蕴藏何种含义，自清代以来始终众说不一，并无令人信服的解释。近代以来，一些对佛教文化有一定了解的研究者认为，四塔之建是依据藏传佛教密宗理论，在沈阳城及周围构建成“曼荼罗”布局，以形成具有特殊意义境界。所谓“曼荼罗”，为梵语（古印度语文）音译，汉意为“坛”或“坛城”。从世俗角度简单表述，可以理解为按照规定方位供奉密宗诸佛菩萨的道场或坛场。通常所见者为方圆形坛场中，按东、西、南、北、中位置，用规定不同颜色分别绘出五尊佛像为主图画，也有用佛所持法器或代表文字替代佛像者，内容上又分胎藏界和金刚界，以表示阶段境界不同，但其目的是按规定显示出可见的佛菩萨世界，以使人们按相应顺序修行成佛。

>> 曼荼罗坛城示意图

于是，人们把曼荼罗模式套用到四塔环绕、外圆内方的沈阳城上，将此比拟成同样的神奇组构。根据四塔寺碑中蒙古文、藏文两种文字碑文记载，四塔寺之分布，分别有“慧灯朗照”等相应含义，是因为供奉主尊的不同。即东塔永光寺为大日如来佛、南塔广慈寺为观世音菩萨、西塔延寿寺为无量寿佛、北塔法轮寺为时轮金刚。以上四方佛虽已明确，但按“曼荼罗”形式，却缺少居中之佛。于是便有了不同的说法，一是人们传言，东、西两塔间连线与南、北两塔间连线的交叉点，正是沈阳内城中心庙位置。此说因测量精度局限，虽不尽准确，但交叉点在沈阳内城应无疑问。但是，宫中皇帝与中心庙关公均与佛有别，这两处又都无奉佛寺庙，如何纳入曼荼罗之中？二是认为实胜寺内所供为曼荼罗中心佛，但实胜寺坐落位置明显偏西，大殿供奉主尊与四塔重复，玛哈噶拉又系护法身份，难以进入与四塔寺所构曼荼罗体系。如此，按民间流行一般认识，很难认定“曼荼罗城”之说。此外，曼荼罗并非任意五种佛都能组成，佛教密宗《大日经》《金刚顶经》《苏悉地经》中载有多种曼荼罗组合，但无一种与

记载四塔佛像分布的法轮寺蒙藏文碑

沈阳四塔主尊佛排列位置相同。又因大日如来是密宗所称至高无上之佛，几乎各种曼荼罗都置其于中央位，而沈阳四塔大日如来却位于城东，也使人感到疑惑不解。总之，由于藏传佛教密宗理论高深难解，人们也无从得知当年毕力克图囊苏喇嘛设计用意，对“曼荼罗”之说既不能轻易否定，也难以准确证明，至今仍是吸引很多人关注的谜团。

>> 法轮寺蒙古文碑拓本

当然，如不过分拘泥于对曼荼罗的考证，了解四塔与沈阳城关系或许并非十分困难。“慧灯朗照”“流通正法”自然意在弘扬佛法，“普安众庶”则是造福城中居民，而“虔祝圣寿”无疑带有为城内皇帝（皇太极）祈求长生之意。融合在一起，即如汉文寺碑中所言“皇图肇启，宝城弘开，仰之佛日，跻于春台。雨旸时叙，国无祲灾，三途靡惑，五福斯来”，化成通俗语言，概括为祈求“风调雨顺、国泰民安”并无不可。如把当年设计者采用四塔分立、城池居中建筑组合形式，视作表达以佛法造福这座城市的浅显用意，也是能为大多数人接受的。

第六章

古寺家庙民族风

历史上的沈阳及辽东，长期为汉族与东北少数民族交流融合之地，至清代仍是如此，不仅城乡居民包括汉族、满族、回族、蒙古族、锡伯族等民族，城区及周边也有相应民族文化特色建筑。数量较多者是与满族、蒙古族历史文化相关建筑，已见宫殿及喇嘛教寺庙部分所述，此外另有与人口较少民族相关者，其中影响深远且至今仍存的当属列为文物保护单位的几处回族、锡伯族宗教建筑。

一、清真古寺聚西关

据元至正十二年（1352）的《重修沈阳路城隍庙碑》记载，那时沈阳城内即已有“回回五哥”等信奉伊斯兰教的住户。此后至明朝末年，因辽东地区地处东北边陲，距回族聚居的西北地区较远，且气候严寒，居民以屯田军户为主，商品经济欠发达，除

>> 清真南寺望月楼近照

一些随军至沈驻扎零散官兵外，沈阳地区并未形成比较稳定的回族常住聚落。这种状况直至后金定都沈阳后才开始有所改变。

1. 铁氏初创礼拜堂

沈阳第一座清真寺（即今清真南寺或称南清真寺），始建于清初顺治康熙年间，创建者为清初沈阳回族铁氏家族。据其家谱记载，本氏早年居河南邓县，为明初大臣铁铉后代。约在明永乐后期东迁辽西广宁（今北镇）、义县一带，居住二百年之久。天命七年（1622），努尔哈赤攻陷广宁、义县一带，掳获大量人口迁往辽东，铁氏族人中一支即在此前后来到沈阳。本家族康熙年间所修族谱中，凡清迁都北京前二十余年出生或去世者，记生卒年均用后金（清）天命、天聪、崇德年号，而不用当时明朝年号，或许也可从一个侧面说明这种经历。

主持创设清真寺者名铁魁，字率吾，生于沈阳，按辈分属迁沈家族第四代，虽然文化程度不高，却是一位有远见、有能力的家族领袖。不仅操持家业生财有道，得以出资建寺，也颇注重族中子弟儒家文化传统教育。早在明末迁居来沈时，铁氏族中即已有考中明朝生员（秀才）者，定居新地后，虽大环境是战乱年代，但沈阳城却很少直接受到战火波及。铁氏遂于后来的外攘（小西）门外不远处大路旁聚族而居，靠做小生意等回族擅长的职业维持生计。

清迁都北京，因他们并不属八旗序列，并无必要随皇帝迁徙，因而留居沈阳。经过二三十年生息繁衍，人口渐多，家业兴旺。康熙十七年（1678），铁魁侄孙铁范金（字式之）乡试中第，成清代沈阳第一位举人。四年后，福建名儒陈梦雷获罪流放沈阳，因其为铁范金乡试房师，至沈后与之多有往来。精明的铁

>> 清真南寺外景旧照

魁自然不会错过良机，礼聘陈为家塾教习。十余年后，铁范金会试金榜题名，再成沈阳第一位考中进士并钦点翰林院庶吉士者，后人以“铁翰林”称之。不仅如此，康熙中期至雍正朝四十多年间，除范金外，铁氏有二人中文举人、二人中武进士、一人中武举人，成为沈阳乃至辽东第一科举名门。

2. 南寺沿革及风貌

按近年一些记述，清真南寺是清太宗崇德元年（1636）由铁魁主持创立的。实际上这种说法值得商榷。据《沈阳铁氏宗谱》所记铁魁生年，至崇德元年时他仅十几岁，即使很有才华，仍难承担主持创建清真寺这样的重任。另一方面，崇德初年辽东明清战事处于对峙时期，那种社会环境下，刚迁至沈阳不久的回族铁氏，人口不多、立足未稳，且置身当地社会主流的八旗组织之外，很难顾及创设清真寺这类事务。按常理推断，正式建寺应是在顺治末至康熙初年。此时清朝已定都北京，政权基本稳定，东北地区也处于战乱迁徙后恢复发展时期，人民各安生计，谋划发展。铁魁年龄四十岁左右，家族人丁兴旺，生活富足，僮仆成群，正是承担创建家族礼拜寺职责合适人选。

该寺选址在当时铁氏居住区附近，虽不位于城内，但却紧邻城门外交通要道。寺北不远处即是小西门通往皇寺大路（现小西路），后来为皇帝东巡“大御路”沈阳城起点，直到民国初年都是沈阳城外最热闹的交通要道之一。据记载，寺初建时有坐西面东拜殿五间，南北讲经堂各五间（内院三间、外院两间），虽尚难称完备，但已可初步满足伊斯兰教礼拜寺使用功能。铁魁又从北京请来著名伊斯兰教经师佘元山担任阿訇，既主持寺务，也为族人讲经传教，而且又送儿子铁鸿基入寺师从佘阿訇，后担任清真南寺首任“伊玛目”（阿拉伯语，领经人，后二百多年中，本寺此职均由铁氏族人世袭）。清真寺既是回族人根据宗教信仰举行礼拜仪式场所，也是承载诸项人生礼仪习俗之处，兼具族众了解民族知识、学习民族文化学堂功用。建寺并渐趋正规，有了寄托民族心理情感之地，更增强了铁氏凝聚力，其族人在寺周围建宅而居，形成稳定聚落，居沈其他姓氏回族人也多来附近盖房定居。

清真南寺拜殿内景旧照

约在清朝中后期，靠近小西边门处大路两侧已成为沈阳回族聚居区。乾隆中期碑文记载，当时就已是“服教遵行者不下数百家”，其后又有发展。据清末县志记，当时沈阳城内有回族一千多户七千多人，其中应有半数以上住在这个区域。因其地属沈阳关厢小西关，故晚清至今，沈阳人一直俗称其地为“西关回回营”，直至当代，在国内城市回族聚居区中也颇有影响。

清真南寺创建后，至康熙中期因铁氏家境继续上升，铁范金考取举人，更为家族增添荣耀，自然会被认为来自建寺功德。所以本家族又对原寺进行了重修。铁范金考中进士，又成当时为数不多的回族翰林，在当时北京和各地回族中都颇有声望。利用这种有利地位，也曾邀请一些知名宗教学者到寺传教讲经，比如清初曾在济南创建北清真寺的杨魁元，在山东、南方传播伊斯兰教多年，铁范金也是其门中弟子，后即应其家族之请住沈阳清真南寺，传教三年。随着本寺在民族宗教界影响不断提高，清中期起，一些名爵显宦也应邀或亲至寺内，题写匾联，以表欣赏赞许之意。至民国后期寺所存题匾多方，题赠者有雍正以来仪亲王永璇、平郡王讷尔素、庄亲王绵课、都统马福新、总兵左宝贵等多位勋贵、高官。从寺中所存古碑等也可得知，至少在乾隆二十六年（1761）和光绪二十八年（1902），寺内应有两次比较重要的维修扩建工程，及至民国年间，这里已经是东北城市中著名的大型清真寺之一。

现存清真南寺建筑群，基本沿袭经历次修缮形成的清末民初面貌，总占地面积八千多平方米，建筑面积一千七百多平方米。坐落在东西长约130米，南北宽约60米的长方形区域。建筑群依中国清真寺传统采用坐西朝东方向，前端临20世纪末开通的奉天街，寺门为屋宇式三开间，青瓦红柱，外观似悬山顶梁架山墙外展的硬山前廊式建筑，每间设门。近年此正门很少开启，而是由其西北侧旁门进出。第一进院落（或称外院）相对空敞，便于节

清真南寺内院门近照

日和民俗活动时人员聚集。其西侧为内院，前为中间高两侧低的三座青砖青瓦宫门式随墙门，进入后的内院，正面即为寺中主体建筑大殿，或称拜殿、礼拜殿。

与常见佛、道教寺观有“大雄宝殿”等不同，伊斯兰教因不供偶像，所以大殿内并无崇拜神圣的塑像或画像，主要用作按伊斯兰教仪轨举行礼拜、诵经仪式。清真南寺大殿内部分为两层，俗称前层和后层，按照一般情况，前层是参加仪式信众听讲、行礼之处，面积较大，后层则为“伊玛目”或讲经师等主持引领众

清真南寺大殿近照

大殿檐下局部装饰

人学习经文或按仪行礼之处。当然，大殿作为寺中核心场所，建筑和装饰也尽量精美华丽。其主体部分为前后相接的两幢硬山式建筑，外表最引人注目的是连接殿门前的廊厦部分，面阔三间，青瓦歇山顶，檐下正面和南、北两侧面，共有十几组精致的木制斗拱，每楹间各有金字蓝地匾额，题以“天方正教”等伊斯兰教宗教场所常见颂赞字句。配以蓝白色调为主的斗拱及红漆廊柱、枋、椽，色彩艳丽、气势不凡、特色鲜明。清代殿门两侧楹柱上，曾有庄亲王允禄（康熙帝十五子）于雍正二年（1724）所题楹联：“一勤天下无难事，百忍堂前永泰和”。

大殿室内面积400多平方米，因是集体礼拜讲经场所，空间力求宽敞开阔，内部装修借鉴了一些阿拉伯风格元素，前后层分为前厦、中庭、左厢、右厢几个区域，室内只见殿柱，并无明显间隔。原有前文所述清代贵族、官员所题“古训清真”“西域宗风”“清高玉贵”“真实勿妄”“古教遗风”“典谟鸿远”等匾额，悬挂于各区域上方。近些年则有沈阳著名回族学者赵铭周阿訇以阿拉伯文所书《古兰经》语句，辅以柱头、天花、墙壁各部位特色装饰图案，使拜殿中洋溢着浓郁的伊斯兰教圣殿文化气氛。

紧接大殿之西，另有一座重要建筑，即中国清真寺建筑群中颇具特色的象征，称作“遥殿”或“遥拜殿”，是一座六角攒尖顶砖木结构楼阁。高约三十米，共三层，每层平面均为六方形，六面各设窗，靠外部有木质雕花护栏回廊。阁顶六角略上翘，使整座建筑给人以上升之感，由各角沿垂脊上聚至宝顶，最高处为铜制仰空新月。据相关记载，古代计时和历法尚在完善之时，穆斯林斋月“入斋”“开斋”，都以观看月亮圆缺来决定具体日期，故有这种登高望月建筑，人们也俗称“遥殿”为“望月楼”。因其体量较高，旧时从很远就能看到，以至成为清真寺乃至整个回族聚居区显著标志之一。

大殿前南北两侧，对称建有讲堂各一座，都为五间硬山式。每座面积约110平方米，近年曾分别作为会议室和教长办公室使用。据记载，讲堂与院侧面垂花门，都是在清朝乾隆、嘉庆时期，由居住在这里的回族人捐资添建，建筑上一些部位装饰的花鸟等砖雕、木雕图案，颇富民间审美情趣，也展示着与众不同的风格。此外，在主要建筑周围，还分布有男沐浴室、女沐浴室、饭厅、茶房等建筑，有的过去还曾留有名人题字。如《沈阳回族志》记，在沐浴室原井亭旁，就有康熙时翰林铁范金

清真南寺望月楼和大殿南侧近照

题写的对联，说明这些建筑中也多有与寺内宗教民俗活动仪节相关者。

中华人民共和国成立后，市、区政府和有关部门，按国家民族宗教政策和回族群众要求，多次拨款对清真南寺加以修缮，并根据使用需要，更新了大殿、沐浴室等建筑内的相关设施，成立由阿訇参与主持的寺务管理委员会，将市伊斯兰教协会办公地点也设于寺内。1985年，沈阳市人民政府将南清真寺公布为市级文物保护单位，20世纪八九十年代，原“西关回回营”一带旧城区改造时，又对原建筑群周围环境和产业加以优化，建成新楼宇组成的西关回民小区。2003年，辽宁省人民政府又将清真南寺公布为省级文物保护单位。如今，清真南寺位于回族社区、菜

市场、清真风味美食街，以及回族学校、医院、民族特色商品市场等环绕的中心地带。平日有经常性的宗教、民俗活动，至古尔邦节、开斋节等回族重要节日，更是热闹非凡，还经常接待来自国外的穆斯林友人，成为沈阳现存清代建筑中，延续昔日功能的典范。

3. 北寺、东寺及其他

清迁都北京后，随着小西门外回族居住区不断扩大，人口渐增，其他家族中人丁较多者，也多有效仿铁氏创建本家族礼拜寺者。经过一段时期的沉淀，清中期以后得以较长时间保存使用的是以下两处。

一是清真北寺。因与南寺隔小西关大街相望，故俗称之为“北寺”。据相关传闻，其于康熙初年由沈阳回族刘姓创建，初时只是三间土坯草房，直到120多年后的乾隆五十年（1785），才由居住在其周围杨、刘、冯、脱等姓回民家族共同出资，合力修建为规模可观的木构架砖瓦房礼拜寺。据当时碑文记载，新建之寺南北长三十四丈、东西宽二十二丈，南、东两侧临“官街”（即应为小西关大街及其交叉十字街），可谓位置显赫、规模不凡。此后，从道光、光绪年间到民国年间又多次由各姓回民家族和相关商会捐募资金，重修和增建礼拜殿、遥殿、班克

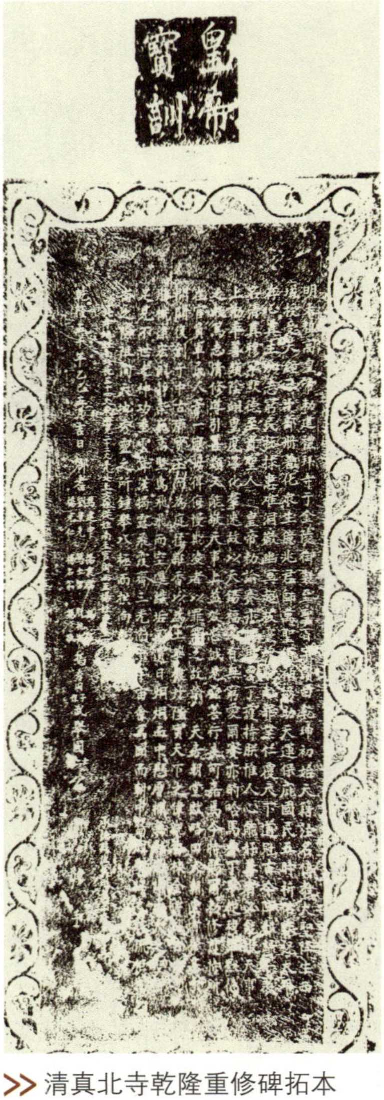

清真北寺乾隆重修碑拓本

楼、讲经堂、浴殓室等建筑，悬挂收藏有诸多名人题写匾联及伊斯兰教珍贵典籍。其鼎盛时期全寺建筑近七十间，影响不逊清真南寺。后又由沈阳回族著名学者赵铭周阿訇主持寺务，并修建鱼池、花窖，由专业匠师培养金鱼、花卉，是旧时西关地区颇有知名度的处所。至20世纪六七十年代因保护不力逐渐被毁坏拆除，至今仅寺内部分遗物尚在，建筑则因街道改建荡然无存。

二是清真东寺。因位于南、北清真寺之间东侧（今市府大路与奉天街交叉路口东南侧）而得名。该寺是由定居西关的马、刘、赵等几个回民家族主持集资创建，先于嘉庆八年（1803）以其所在地马某住宅为基址，改修成拜殿、南北讲堂、沐浴室各三间的清真寺，邀请刘姓阿訇主持，作为参与家族共同的礼拜场所。至光绪中期，清军将领耿继周驻屯沈阳，倡议并主持重修东寺，将原建筑改为带有域外风格的造型和装饰，举架增高，部分窗户改为圆形并镶装玻璃，共有大殿二十间，沐浴室八间，民国时又建筑教义室和图书室三间，后又在寺西北连接大殿处建有六角攒尖顶遥殿（望月楼）一座，略具回族传统宗教建筑形制。由于东寺距南、北清真寺极近，后来不再作为日常礼拜场所使用，改为培养伊斯兰教教职人员之处，20世纪80年代后曾为东北三省伊斯兰教经学院所在地，现址占地面积和建筑面积各近两千平方米。1996年

清真北寺旧照

经沈阳市人民政府公布为市级文物保护单位。

晚清以后，由于近代社会人口流动频繁，沈阳回族人口也随之增加，且多有从外地来沈阳定居安家者，所以在和平、皇姑、

清真东寺望月楼及大殿近照

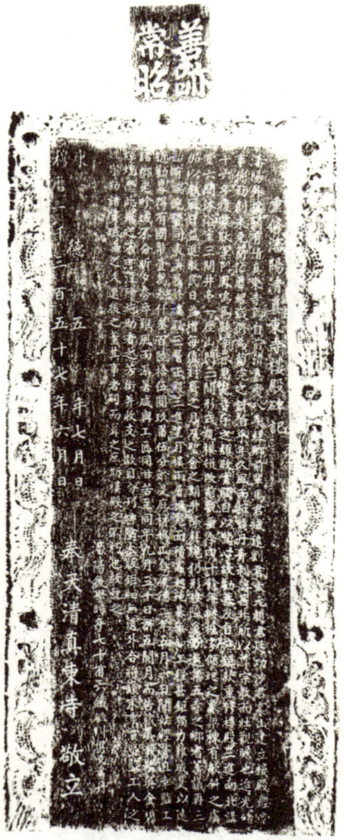

清真东寺民国年间重修碑

沈河（今团结路）也曾建有清真寺，但规模和影响都不大。沈阳周边一些回族聚居区，自清末以来也曾建有当地清真寺，建立年代较久且至今保存完好的为新民清真寺。

该寺位于旧新民县城内南街。据记载始建于乾隆中期，初时比较简陋，大部分建筑为土坯房，至光绪年间全部改建为砖瓦房。后因年久失修，有部分损坏拆除。20世纪70年代末经政府拨款整修，现寺内有歇山式前厦三间、硬山式大殿五间、四角攒尖

新民清真寺维修竣工典礼

顶三层遥殿（望月楼）及讲经、沐浴所用南北配房等，均为青砖青瓦砖木结构，总占地面积两千六百多平方米，并有清末民初左宝贵等知名人物所题匾联悬挂于大殿楹间，整体布局风格与沈阳南清真寺比较接近。20世纪80年代维修后初定为县级文物保护单位，2003年公布为沈阳市级文物保护单位，同时仍作为当地回族群众进行宗教民俗活动时使用。

二、锡伯家庙太平寺

沈阳小西边门外实胜寺周边地区，在清朝中晚期是城外祠寺类建筑集中分布之处，其中数量占多数者为名人祭祠和佛教寺院两类。前一类建筑中如贤王祠、僧王祠、三贤祠、双忠祠、伊公祠等，均为官署奉旨兴建，而后一类建筑中，既有声名显赫的皇家喇嘛教寺院实胜寺（皇寺），也有某些少数民族群体集资兴建的“家庙”，按清末民初县志所记，有八旗满洲家庙兴庆寺、八旗蒙古家庙积善寺、八旗汉军家庙善缘寺和锡伯家庙太平寺。其中，太平寺是当年隶属满洲、蒙古八旗的沈阳锡伯族人所建。如今，距清朝覆亡和八旗制度解体已百年有余，当年云集于此的祠寺多已不存，除前文所述实胜寺外，只有太平寺一处尚在原地，且因正式冠以“锡伯家庙”之称而广为人知，并于2018年列入全国重点文物保护单位，成为锡伯族最著名的历史遗存和民族活动场所之一。

1. 锡伯迁沈建家庙

锡伯族是生活在东北地区北部和内蒙古东部的古老民族。关于其源流，学界大致有两种不同说法。一是“女真别种”说，即依据居住地域及语言、宗教信仰、生活习俗等，认为这个民族属于古代女真族一个分支，明末清初其部分成员加入满族共同体，而主体部分附属于科尔沁蒙古，至康熙年间陆续编入八旗。二是“鲜卑后裔”说，认为本民族为南北朝时鲜卑族后裔，在元朝以相对独立部落附属于科尔沁蒙古，但仍保持民族传统文化特色延续繁衍。

>> 太平寺山门近照

至明末清初，锡伯族人主体部分居住在东北地区北部与内蒙古交界地区。清太祖努尔哈赤开基创业初期，就曾有一些锡伯氏族或家族归附，并编入满洲八旗，但大部分锡伯族人却在蒙古科尔沁部王公控制下，居住在今嫩江、齐齐哈尔、海拉尔一带。清圣祖时期，为抵御沙俄扩张和缓解八旗兵源不足，康熙皇帝派大臣与科尔沁蒙古王公协商后，决定由政府出白银若干万两作为补偿，由科尔沁王公将言语、风俗与满族相近的锡伯族等部落“献出”，交与清政府直接管辖。康熙三十一年（1692），编入牛录（佐领）分别安置在伯都讷（今吉林扶余）、齐齐哈尔、吉林乌拉（今吉林市）三地。几年后，又出于补充加强内地八旗驻防等需要，命将三处的锡伯佐领等分别南迁至北京和奉天府（今辽宁）各城驻防。清代文献记载，从康熙三十七年至四十一年间，共有七八百名锡伯族兵被编入盛京（今辽宁）各地满、蒙八旗佐领，其中迁至沈阳周边者，连同家属有两千人左右，主要安置于属正黄、镶黄、正白三旗的城北部郊区，即今沈北新区和于洪区境内。

与当地满族、蒙古族、回族等少数民族相比，锡伯族虽人数较少，但同样具有鲜明的民族意识和文化特色。移居新地后生

20世纪80年代太平寺中殿

活初步稳定，驻防沈阳城周边的锡伯族人，便于康熙四十六年集资兴建了本民族的家庙——太平寺，作为凝聚民族向心力的标志建筑。

由于长期受蒙古族文化影响，藏传佛教也成为锡伯族的基本信仰习俗之一。所以，在沈阳所建的这处寺庙，也与东邻皇寺及附近积善寺、兴庆寺、善缘寺等八旗民族群体家庙同属于藏传佛教系统。据《太平寺碑》记载，康熙后期初建之时，只是用众人共同筹集的六十两白银，买下寺址处平房五间，规模还很简陋。至乾隆十七年（1752），由当地锡伯族官员主持族众再次募集资金增修拓建，即成为由山门、前殿、中殿、后殿、配房等建筑组成的相对完整的规制。乾隆四十一年，又在此前基础上，通过重塑佛像、添置佛经等，再度进行以增加寺庙内涵为目的的大规模修葺，随之又有添设关帝庙、胡（狐）仙堂，整修庙院围墙等工程，并购买房屋、土地等不动产，通过出租获利用于补贴日常开支。至嘉庆年间，太平寺进入鼎盛时期，在建筑规模和信众群体特色等方面，都成为小西门外祠寺区知名庙宇。

为保证家庙能够正常发挥功能，当地锡伯族民众还成立了庙产庙务管理机构，并自行推举设立“会首”，代表本民族负责主持相关事务。其职务一般都由担任一定官职且办事公正、在当地本民族群众中较有声望的人担任。如生于嘉庆末至道光初年的色普锵额，姓瓜尔佳氏，曾在将军衙门任职并立有战功，即被人们推为会首，并领衔为太平寺捐赠“锡伯家庙”匾额（详见下述）。有记载说寺内有常住喇嘛数人，由所记姓名看多应来自蒙、藏地区，按藏传佛教仪轨住持寺内。

晚清民国以后，由于连年战乱，时局动荡不安，太平寺正常宗教活动也很难维系。寺院建筑多有毁坏或被占用者，至20世纪70年代中期，原有数十间建筑仅中殿一处梁架结构尚存旧观。20世纪80年代初，沈阳市政府根据文物保护需要和锡伯族群众要

锡伯族家庙文物保护碑

求，重新修复太平寺和锡伯族家庙，并恢复在此举办民族活动，才使这座独具特色的寺庙重现生机。1985年被沈阳市人民政府公布为市级文物保护单位，1999年晋为省级文物保护单位，2018年荣登全国重点文物保护单位之列。

2. 庙院建筑及供祭

现存太平寺及锡伯族家庙，占地面积约一万两千平方米，位于实胜寺西侧长方形区域，因其地位并不能与皇家寺庙等同，寺门比实胜寺后缩数丈。整个建筑群可分为坐北向南两座并列院落，靠南侧有门相通。西侧为太平寺诸殿宇，最南端为前殿，或称天王殿，硬山青布瓦顶三间前后廊式，前廊正中檐下悬挂“太平寺”黑漆金字木匾，三间正面均设红漆隔扇门，明间为进出通道，东、西间内有彩塑四大天王神像面中两两相对而立。据寺碑记，始建于乾隆十七年。殿北为第一进院落，两侧各有配殿，正面与前殿相距二十余米处为中殿，仍为硬山三间前后廊式。据寺碑载，乾隆十七年增修后，殿内主尊为三世佛（按制中释迦牟尼佛、左燃灯佛、右弥勒佛），民国后佛像已不存。中殿北为寺内第二进院落，也是主体建筑所在之处。正中为大雄宝殿（俗称后殿），建筑制式与中殿同，只是体量稍大，装饰也更加华丽。内供五方佛、宗喀巴等塑像，寺碑记为乾隆四十一年增修后始设。另据《沈阳锡伯族志》等记载，殿内正中尚悬有“大雄宝殿”匾额。殿前东西配殿，西侧供奉诸护法塑像或画像，东侧当为备办祭仪法会时陈放器具供品等所用。本寺中原虽藏有一定数量佛经，但并未如其他汉传佛寺那样建有藏经楼，据实际情况分析，佛经应与佛像一同供奉于各殿之中。

>> 维修后的太平寺院内

与上述建筑并列的东侧院落，除前端与太平寺前殿并排而列的三间门房外，院内建筑多集中于北侧和东北侧，作为僧房、禅房和当地锡伯族主事官员父老议事之处。其实，太平寺虽称为“寺”，但并不只是单一喇嘛教庙宇，还承载了锡伯族民众信仰文化的许多方面。比如，寺内西南角前殿西侧，有倒座（坐南面北）小房一座，为胡（狐）仙堂，承载与沈阳满族、汉族等民族共俗的

“仙家”崇拜；中殿内除主尊三世佛外，东西墙尚有财宝天王和龙王神像，又是民间普遍信仰的保佑招财进宝和风调雨顺之神；后殿两侧山墙外，又各接盖南向耳房（或称小殿）各两间，东为文昌阁、西为关帝庙，所供即民间所谓“文曲星”和“武圣人”，并于每年祭日各有祀典，显然属于道教系统。这种事实足以说明，太平寺所承载并非仅佛教信仰，而是以佛教为主、兼顾锡伯族民间敬奉“各方神圣”需求，这也正是阖族共建民族“家庙”应担负的义务。

据文献记载和知情者回忆，太平寺锡伯族家庙清代设有喇嘛七人，其中“达喇嘛”一人为头领，配置与附近积善寺等几座同类八旗家庙相同，在清代沈阳喇嘛教体系中，应统属皇寺“掌印达喇嘛”节制。本寺在宗教仪制等方面安排上，除平日按制诵经进香供养外，也应有自身个性，如每年正月、四月的初八至十五，要将北塔法轮寺所供释迦牟尼佛像接至本寺供奉并举行相关仪式，送佛像沿途还要鸣放爆竹，以增添欢庆吉祥气氛，至庙后初九、初十按制供奉礼拜。事毕，再将佛像送回，其性质应与皇寺正月十五所行者相似，但规模及影响逊之。此外，每年六月十五至八月初一间，要在庙内举行以念诵“甘珠尔”藏经为主的法会，还要于中午专诵“太平经”，并接受入庙听经信众的布施。庙内所奉关帝、文昌、财神、胡仙等，也各有其信众在相关祭祀日来庙按制上香礼拜。

3. 重要史事和文物

太平寺锡伯族家庙建成后，对于维系沈阳地区锡伯族群体民族情感、保存和发扬本民族传统文化发挥着重要作用。本民族一些重要历史事件也多与之相关。其中，最重要者莫过于乾隆年间部分锡伯族人自东北西迁戍边。

锡伯家庙山门近照

（1）西迁出发纪念地

乾隆二十九年（1764），出于加强西北边疆防务等方面需求，清廷应伊犁将军明瑞奏请，从盛京将军辖下（约相当于今辽宁地区）十五城八旗驻防中，共选拔锡伯族兵丁一千人、官员二十人，调往伊犁驻防，连同家属及随从者，共约五千人，其中从沈阳驻防各旗调派兵额四百余人。如按比例推算连同家属当在两千人左右。本次西迁戍边是清代锡伯族历史上一次重大历史事件，虽只涉及部分族众，不似康熙年间“内迁”“南迁”那样阖族迁徙，却对日后锡伯族发展产生非常重要影响。

西迁锡伯族军民于当年阴历三月底至四月分批从沈阳出发，向西北出彰武台边门进入内蒙古地区，渡过西拉木伦河，经阿鲁科尔沁、巴林、乌珠穆沁、锡林郭勒各部，三个多月后，至清朝在外蒙古地区重要驿站库伦（即今蒙古国乌兰巴托）。略事休整继续前行，至外蒙古重镇乌里雅苏台时，已是阴历八月下旬，天气渐寒，牲畜无青草可食，于是在那里暂住越冬。至次年春草原返青后，于三月初起程继续西行，又在科布多经历洪水泛滥、给养缺乏等困境，终于在乾隆三十年七月，历经一年多时间到达目的地新疆伊犁绥定城，完成西迁过程。因为这部分锡伯族人日后即在当地定居，这次以卫国戍边为目的的西迁，不仅成为本民族清代历史的佳话，而且对日后的民族发展产生深远影响。

这次西迁的正式出发点。就是沈阳锡伯族家庙。

据当时盛京将军舍图肯奏报，西迁锡伯族官兵及家属于乾隆二十九年四月初十、十九，分前后两批从沈阳启程。按常理推断，应包括沈阳周围及各地奉调官兵及眷属，他们先至沈阳锡伯族家庙聚集报到，会齐后由此正式出发。不过，在当时清朝地方官府档案中，并未见到当时情形详细记载。

锡伯家庙内的西迁纪念雕塑

所幸的是，当时正出使沈阳的朝鲜官员金种正，以汉文所作的《沈阳日录》中提到了这件事，虽文字不多，却为后人了解当时情形提供了准确的参考。书中在当年三月二十九日条目下，略述本次锡伯族西迁原因后，又记沈阳（当为盛京）管内派军一千人，其家眷不多者，每户兵丁及家属给牛二、马二及银百两，“诸军会齐西门外，亲戚送别，男女啼哭，惨不忍闻”。这里的“西门外”，即是太平寺及锡伯族家庙所处小西边门外。根据记载，此时太平寺已有初步完备的规制（见上文所述），逢本民族遇有如此重大事件，以家庙作为集聚告别地点是顺理成章之事。在记叙出征官兵与亲友依依惜别的感人情形后，《沈阳日录》中接着写道：“俄尔，三声炮响，哭声顿止，一齐发去”，短短几句话，描述出西迁锡伯族官兵既眷恋家园亲友、难舍难离，又令行禁止、公而忘私的豪迈情怀。同时，也可知太平寺和家庙就是这场壮举正式集体出征起点，而且并非如正史中所载共分两批出发，而是在本年三月末至四月中旬间，分批到家庙举行辞别神佛祖先和亲友仪式，然后由此踏上西迁之路。

由于具体出发时间不一致，加之时间较久记忆不清，后来到达新疆的锡伯族民间约定俗成，以阴历四月十八作为由沈阳出发共同纪念日。按清代辽沈风俗，每年四月十五至二十，是娘娘庙庙会之期，其中十八日是“娘娘”（传说为泰山大帝之女碧霞元君）生日，为庙会“正日子”，沈阳小南关碧霞宫及各地娘娘庙赶会者人山人海，而当年西迁最后一批出发的锡伯族官兵，也正是在此前后汇集家庙，与送别亲人话别后踏上征程，应有清晰的

西迁纪念日时锡伯族家庙院内

记忆。于是锡伯族民俗也将其定为本民族固定节日，称之为“思亲节”或“四一八节”。迁居新疆的锡伯族人每年于本日聚会，共忆当年在故乡家庙拜别神佛祖先、与亲人共饮“告别酒”的感人情形，而留居辽沈锡伯族人，也逐渐将这一天作为举办思念西迁亲人仪式节日，或在聚居村屯会集共话思亲之情，或派代表至太平寺家庙行祭并参加更大范围纪念活动。

中华人民共和国成立后，1954年，经国务院批准，于伊犁境内西迁定居锡伯族聚居区域成立了“察布查尔锡伯自治县”，沈阳锡伯族家庙也渐为研究锡伯族历史学者重视，几年后，久不为世人所知的家庙碑被发现并记录、保存。20世纪80年代以后，地方政府几次投资对家庙建筑群进行清理、保护和维修，并使之成为沈阳、新疆两地锡伯族人联谊中具有独特意义的文物古迹。随着锡伯族“西迁节”的正式确定并申报为国家级非物质文化遗产，每年逢阴历四月十八，这里也成为举办纪念活动中心场地。其中，2004年西迁节，还在家庙前广场举行了“锡伯家庙修缮工程竣工典礼”和“纪念西迁240周年纪念大会”，使修缮完好的锡伯族家庙及“西迁节”为更多人所知，此后也成为沈阳市内具有浓厚民族文化内涵的文物景点。

（2）隐而复现的家庙碑、匾

因太平寺锡铂家庙在晚清民国间损坏严重，寺中供奉收藏文物大多下落不明。中华人民共和国成立后，经一些锡伯族学者及相关人士多方努力，使其中一些重要文物被发现并得以妥善保存，成为研究本民族历史的珍贵文物，也为证实此处建筑群历史和功能提供了关键依据。其中，最重要的两件文物是满文《锡伯家庙碑》和汉文“锡伯家庙”木匾。

满文《沈阳太平寺锡伯家庙碑》。嘉庆八年（1803）立，碑为青灰色砂岩质，高144厘米、宽58厘米、厚20厘米，下有束腰式须弥座，雕饰仰覆莲纹饰，高78厘米、宽50厘米、厚50厘米。

碑面边缘装饰线刻折枝花草装饰，中间刻字部分呈“凸”字形，碑首刻满文四字，译汉为“万古流传”，碑文均为满文，碑阳五行、刻立碑时间及参与其事的锡伯族官员等职名，碑阴十三行，内容见下述。此碑原立于太平寺中殿东侧，另侧尚立有汉文碑一，但早年已下落不明，无从得知是否为满文对译，而满文碑在20世纪50年代前未见有汉译，人们无从得知其内容。1956年，曾有沈阳锡伯族籍干部李某，遵其父遗愿，请在沈学习的新疆锡伯族学生（粗通满文）抄录并简释碑文，略得内容大意。至1959年国家开展少数民族社会历史调查时，才由精通满文的专家将碑文正式抄录传拓并译为汉文。不久后，因寺址已由某工厂使用，有来沈调查的学者发现碑已损坏且已不在原处，遂通过时任辽宁省政协委员的安文溥先生（锡伯族），呈文呼吁加以保护，经省、市相关部门决定，于1962年11月将此碑移送至沈阳故宫博物馆保存。因历史价值重要，1982年经专家鉴定列为国家一级文物。从

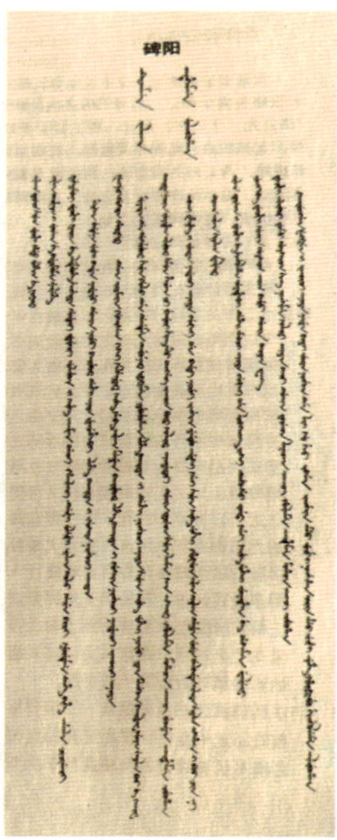

>> 锡伯族家庙碑及满文摹本

1979年开始，汉文译文及相关研究考证文章也陆续在学术刊物公开发表，引起学界关注，后又经多位学者深入研究，对其内容及价值形成比较一致的意见，并根据其内容定名为《沈阳太平寺锡伯家庙碑》。又曾依照原碑复刻，分别置于太平寺原位和新疆察布查尔锡伯自治县博物馆。

此碑文字记载的主要内容，一是明末清初锡伯族居地及南迁盛京时间和经过；二是沈阳太平寺创建及增修时间和经过（各译文见《沈阳锡伯族志》）。据相关学者对照清代官方档案考证，碑文所述前一项内容虽大体正确，但在具体地点、时间、编旗过程方面都有与史实不完全相符之处，应是根据嘉庆时期本民族口碑流传所述。至于太平寺修建的缘起及过程，因无其他史料可为参证，碑文所记则为独一无二的早期记载。出于上述原因，相关学者都认为，此碑对研究清代锡伯族及太平寺历史具有不可替代的史料价值，研究本民族历史的锡伯族学者，更称其为“珍宝级”文物。

“锡伯家庙”匾。同样是太平寺锡伯族家庙内遗存重要文物，其发现过程也带有一定传奇色彩。此匾刻制于晚清时期，至民国初年仍悬挂于太平寺殿内，后因寺院建筑受到毁损，原庙址被占用，匾也随之下落不明。此后数十年间，甚至无人知道其存在。1979年，在北京工作的新疆籍锡伯族学者吴元丰、赵志强，在沈阳锡伯族学者引领下来到太平寺考察。吴、赵二人都是当年西迁新疆锡伯族后代，而且刚刚从北京故宫举办的满文学习班毕业，对本民族历史十分关注，本次是专程到故乡寻访历史遗迹。当时太平寺已经为工厂使用，除中殿外其他建筑大多面目全非，寺中遗物也难以找寻，吴、赵二人在寺院旧址内考查拍照时，偶然听一位工人师傅提起，他机器下垫有一块厚木板，上面好像刻有文字，于是便一同至车间内将满是油污的木板找到，刷洗干净后，见上面由右向左刻有“锡伯家庙”几个大字及若干小字，其中“锡”字仅剩金字旁，是工厂在使用时因木板过长，将“易”字连同右侧空白处一段锯掉，但据残存部分完全可以断定其内容、用途及大致制作时间，几位锡伯族学者对这意外发现十分兴奋，后在修复太平寺时，也根据其建议，将此木匾作为文物保存，至今仍存。

>> 修复后的锡伯家庙匾文

木匾残长250厘米、高96厘米、厚5厘米。除阴刻“锡伯家庙”几个大字外，其左侧下方尚有数行阴刻小字，记载了镶黄旗协领色普铿额等六位锡伯族官员的职衔和名字，以及某年“榴月吉日谷旦”，此当为主持制献此匾者衔名及年款。虽然年字以上文字已不可辨认，但根据有关这些官员生平及任职记载，亦可大体推断出应在晚清咸丰到光绪年间。此匾的重要意义之一，是证明太平寺即“锡伯家庙”事实。据锡伯史研究学者透露，西迁新疆锡伯族中早就有关于沈阳家庙的口头传闻，但在清代文献中却难以落实。只有民国六年（1917）《沈阳县志》内见有太平寺为锡伯家庙记载。这方原存寺内清匾的发现，提供了确凿证据，并可使研究者将其与寺内石碑结合，对“家庙”来龙去脉有更清晰的了解。

第七章

郊野古塔和名桥

沈阳地区历史悠久，从考古发掘的先民活动遗迹，到历代文物遗存，较完整地展现着地区文明发展脉络。除古城区有较多古建筑分布外，还有多处清及清以前古建筑分散四境。其中，大多数在清代曾留有明显时代烙印，或对当时沈阳及周边地区产生重要文化影响，有的还被列入清代沈阳人文名胜“十六景”“十景”“八景”之中，成为本地代表性历史景观。现仅从中选择历史艺术价值较高、并已公布为国家、省、市级文物保护单位者加以介绍，以补城区文物建筑类别之阙。

一、千年浮屠今犹在

辽代是北方少数民族契丹人建立的地方政权，自立国之初，就在经济文化方面吸纳接受中原汉族影响，以巩固和扩大本民族政权的统治。在宗教信仰方面，大力推崇佛教，使得自上而下崇佛之风盛行，不仅讲经说法，译刻佛经，并广造寺塔。据研究者统计，今东北地区（以辽宁为主）是当时寺塔分布较多区域，至今辽宁各地仍有保存完好或基本完好的辽塔近四十座，在当年辽境诸省中占第一位。沈阳地区现有辽塔四座，是本地区地面建筑中历史最为久远的一类建筑。这些散处郊野的辽塔，不仅是当时佛教兴盛的真实写照，也承载着数百年来的历史佳话、优美传说，至今仍然以其独特建筑风格、深厚文化底蕴，成为沈城周边的一道道亮丽风景。

1. 无垢净光舍利塔

塔湾舍利塔，位于今沈阳市皇姑区塔湾街45巷15号。本名无垢净光舍利塔，始建于辽重熙十三年（1044），清崇德六年（1641）重修，顺治二年（1645）复建寺院。整体可视为“辽建清修”的一组寺塔。

塔湾舍利塔旧照

建筑外观 佛塔自东汉时期从印度传入中国以来，在宗教方面主要功能是供奉佛及高僧真身舍利及其替代物，现存主要有楼阁式、亭阁式、密檐式、覆钵式等几种常见类型。塔湾舍利塔属十三层密檐式八角砖塔，为辽代佛塔典型样式，该塔高约33米。外观自下而上分为塔基、塔身、塔檐和塔刹四个部分：

塔基部分为仰覆莲须弥座式，高1.7米，平面为正八角形，每面宽5.5米，相对两边距离12米左右，通体砖砌，边角嵌花岗岩条石，台表铺砖。

塔身分两部分，是体现佛塔装饰艺术的主体部位。下部在基座各面内收2.9米后起砖基，每面高3.4米，在高2.1米处作仰覆莲须弥座装饰，束腰中间设一壶门，内有石雕伏兽，再上有砖雕莲瓣两层。塔身上部每面正中都辟有一个券拱形佛龛，拱楣上雕有卷草、海棠花纹图案。龛内莲座上各塑坐佛一尊、其侧立二胁侍，上加宝盖、飞天、铜镜装饰；其上正中嵌佛号砖，八面八尊造型风格和体量基本一致，只是名称不同。正南方为宝生佛、西南方为等观佛、正西方为平等佛、西北方为惠华佛、正北方为大慈佛、东北方为普济佛、正东方为慈悲佛、东南方为阿閦佛，胁侍则各依主尊命名。

塔檐部分共十三层，或称按佛教中“十三天”理论而设，是密檐式塔形成高大挺拔造型、突出仿木构砖雕艺术特色的部分。各层檐下有砖雕斗拱，拱上托挑檐枋、挑檐檩以承托塔檐，檐上瓦垄饰勾头滴水。角脊上有套兽、坐兽。自第一层檐以上，各层出檐均用三层砖叠涩砌筑，层层依次向上内收，八角攒尖收顶。各层每面嵌铜镜三面，顶层南面檐下嵌长方形铭记碑一方。此外，原各层檐下悬有风铎（俗称“惊雀铃”），一般设于檐角套兽下。

塔刹部分，即通常所称的“塔尖”，位于八角塔顶攒尖中心部位。下为八角形露盘上雕仰莲一层，承托圆形覆钵，顶端立铁刹杆，有铁链与各垂脊相连。刹杆上串接圆形、半圆形铸铁宝珠，刹顶为一尖顶葫芦形铜宝珠。

>> 塔湾舍利塔近照

以上是根据舍利塔现状，对这座辽塔外观的大致描述，因塔在以往数百年中已经多次维修，故只能由此粗知其基本面貌，以证明其辽塔身份，至于其更原始的具体形态，已难以确切得知。

1985年对其维修时，考古人员在塔基地宫中发现了建塔时所置石函（详见后述），其上刻铭文中有“大契丹国辽东沈州西北丰稔村东重熙十三年岁次甲申四月大壬辰朔……葬佛舍利一千五百四十六颗”“共同发愿造无垢净光舍利塔一所”等文字，使人们可以清楚地了解其确切建造年代及缘起、名称，对于了解研究其价值提供了十分可靠的依据。由此也可知道，它是沈阳地区有确切建造时间地面建筑中，年代最早的一处。

并不简单的“重修” 塔湾舍利塔虽为辽代所建，但其存世经历却与普通辽塔有所不同。简而言之，它并非以初建时原始形态保持至今，而是在建成后某一历史时期经过重大改变而继续存在于世。这次改变发生在塔建成约六百年后，即1640—1645年。当时正处于以沈阳为都城的清政权历史转折时期，也就是自清太宗崇德五年开始，至清世祖定都北京后的顺治二年结束。如此，使得这处辽代古塔也与清代沈阳建筑活动产生重要关系。

关于此次重修的文字记载，主要见于与舍利塔相关的几块碑石：一是原立于塔前正南的满、汉、蒙三体文字合璧《重修无垢净光舍利佛塔碑记》，据碑文可知，为崇德六年工部奉旨修塔后所立；二是塔身北侧一处石刻题记，文字为“大清崇德五年岁次庚辰，工部奉旨重修”，应是当年修塔时所留；三是后来在塔院内出土的顺治二年（1645）九月《增修舍利塔寺碑》（今存沈阳碑林）。综合上述三碑刻所记，再参照当时《清太宗实录》和《满文老档》相关记述，可以大致了解此次工程实施时间，应是自崇德五年至六年间维修舍利塔及佛殿三间，随后又有增修寺院工程，总共历经五六年时间竣工。

表面看来，这似乎只是一次很普通的官方维修古寺塔工程，但实际情况却并非如此简单。首先，工程启动之际，清政权正处

塔湾舍利塔碑文拓片

于与明朝在辽西对峙关键时期，八旗大军正分两批定期轮换，围困辽西重镇锦州城，号称明清山海关外决胜之役的松锦之战已开战在即。其次，由于经济文化方面因素影响，除兴建实胜寺外，此前后金（清）并无以官帑新建或维修佛道寺院之举（四塔四寺兴工在此后），修缮距城十余里的几百年前古塔很令人费解，当时文献中也并无此塔严重毁损亟须维修的记述。

那么，究竟是何原因，让皇太极决定大战在即之时，去维修一座几百年前的古塔呢？经过对当时文献仔细分析，学者们认为，其中主要原因，竟然是为了给身患痼疾的皇太极禳灾祛病。有关皇太极患病之事，在本书叙述“四塔四寺”建造原因时已有提及，此不赘述。查阅《清太宗实录》，崇德五年确有关于皇太极患病并去温泉医治的记载，而且在此前后二三年内，也有一些为皇太极祈福延寿的官方举措，其中就有向境内佛道寺庙颁赏布施之事，当然也应包括重修寺塔这种能厚积功德的“善举”。而选择塔湾舍利塔作为重点，一是这座塔年代久、知名度高；二是如塔前碑文所记，此塔及寺院确有年久失修“颓坏”之处，有必要予以维修。据崇德五年（1640）十月《清太宗实录》记载，本月“命部臣重修盛京西北十五里外明净舍利塔”，此处之“明净”即“无垢净光”别译，显然指塔湾舍利塔无疑。据塔前碑记：“我大清宽温仁圣皇帝见此颓坏，详察建塔来历，于崇德六年命该部重修，建佛殿三间，令僧玄声等五名看守”。由此观之，崇德五（六）年间只是对塔表面损坏砖石构件作以修补，并复建佛殿三间，工程量似乎不大，对辽塔也只是加固修补，恢复旧观而已。

直到三百多年后，即1985年对舍利塔进行维修和考古发掘时，人们才惊奇地发现，这次以给清太宗祈福增寿为主旨的“重修”，远不是只作了一些外观修修补补，增华溢美的“表面文章”，真正的功夫，却是用在了塔的内部。当时在塔顶部的“天宫”“中宫”和塔基下“地宫”里，除发现建塔时的辽代石函等文物和壁画外，还分别发现了香炉、佛像、佛经等许多明代文物，显然是崇德年间维修时装入的。尤其是在塔中宫里发现的铜鎏金释迦牟尼佛像，为明代所造典型样式，高42厘米，还配有木制佛龛、供案，周围饰有侍者、天王等佛教壁画，可知是崇德重修时刻意布置的，用意不言自明，是依据某种理论，以这种形式祈祷皇太极能尽快恢复健康。有学者就认为，这新加入佛像与塔身外部八方佛组合，或许是表现着按佛教仪轨组构一种特殊境界，蕴含着某种带有神秘色彩的吉祥寓意。无论如何，这些新装入塔内的供奉之物，才真正承载着皇太极本次维修佛塔的主要用意，只不过不为大多数人所理解罢了。因为这些新加入元素，实质上在某些程度上改变了塔湾辽塔性质，所以才有所谓“辽建清修”之说。

>> 塔湾塔地宫出土明代佛像

城郊一胜景 辽代初建舍利塔时，本应有寺院同在，前述崇德六年碑文记，修塔同时建佛堂三间，应即在旧址复建其寺庙类工程，或许因崇德七年后修建四塔四寺工程涉及人力物力较多，塔湾寺僧玄声虽募得增建资金，但全部工程至顺治二年方完工。在原有佛堂三间基础上，“建僧房六间于东西两厢，仍建韦驮殿一间，正殿中塑当阳佛一尊，菩萨四尊，旧居僧人处塑罗汉十八尊。金碧辉映，与浮图而增胜”，建成后命名为回龙寺。

清迁都北京后至民国时期的三百多年中。这处重修后塔寺，便成为沈阳西郊重要地标。加之附近有古河故道形成的水面长年积水衬映，故其所在之地命名为“塔湾”。一年中常以碧波塔影、树木葱郁景色示人，犹如一幅绝美的画卷。从康熙年间起，就成为当地文人吟咏的题材之一，如“塔湾落雁”被列入“盛京十六景”中。当时在沈的著名学者陈梦雷有诗云：

衔阳宁远道，却逐朔风斜。何事辞天路，翻然下浅沙。

稻粱谋自拙，矢曾缘偏赊，倘忆名题旧，徘徊沈水涯。

当时在沈阳的另一位诗人戴梓也有同题诗咏之，可知包括舍利塔在内的塔湾，已成为众人共识名景。至乾隆时期，由于清帝东巡谒陵已成国家定制，新修成的“京沈大御路”沈阳西郊一段正从塔湾旁经过，舍利塔又成皇帝及随行王公大臣、士人商贾由西侧进出沈阳必经之处，引得更多关注，不仅文人墨客多有题咏，连乾隆皇帝也不禁写诗赞美：

塔湾晚照夕阳霞，路暗堤深树集鸦。

烟带远岗村处处，户照明月夜家家。

至清朝晚期，随着城区人口数量增长和文化水平提高，在城西北十几里、出外城小西门抬头可见的塔湾，因东接昭陵，西迎御路，逢夕阳西下、斜辉残照、波光塔影、古树昏鸦，以融古代当今、佛光尘世为一体的奇妙境界，成为沈阳百姓可以免费享受的美景，其命名也改为更具有城市特色的“塔湾夕照”，自被光绪翰林缪润绂在《陪京杂述》中列为“沈阳八景”之一后，即为人们认同。清末民初诗人钱公来题诗云：

土阜如龙渴饮川，龙头古塔矗千年。

夕阳御路惊回首，倒影峥嵘水底天。

从清初开始，数百年前的辽代舍利塔，已与周围自然环境合为一体，以至于“塔湾”这一地名，在沈阳几乎无人不晓，而真正知道“无垢净光舍利塔”之称者却寥寥无几。

塔湾夕照

塔宫里的秘密 清末民国时期，因年久失修和战乱破坏，塔湾下回龙寺已严重毁损废置不存，至20世纪70年代末，舍利塔也因多年失修存在各种隐患。1985年，沈阳市政府决定投资进行全面维修。结果，竟有十分重要的发现，揭开了近千年来鲜为人知的秘密。

在此之前，根据以往印象及对诸多辽塔的调查，古建及考古界学者们多认为，辽代密檐式佛塔基本都为实心砌筑，所以既不能像楼阁式塔那样登临望远，也不会在塔身内安放相关物品。然而，在塔湾塔修缮过程中，考古人员不仅找到了塔基下地宫（这在意料之中），而且惊讶地发现塔内并非实心，不仅有接近顶部的“天宫”，还有中部的“腹宫”，而且各宫中发现了诸多辽代建塔和清崇德维修时供养壁画和文物。在当时国内考古界引起不小反响。

关于本次发现对揭示崇德年间重修原因的意义，前文已作过介绍。但这至多是解开该塔建成六百年后的一个谜团，而地宫内出土的辽代石函文字，却对了解沈阳辽代历史有更重要的价值。

>> 塔湾塔出土石函拓本

该石函出土于地宫中，青石质，通长86.5厘米，函身前宽60厘米，后宽36.7厘米，通高61厘米，为长方体，前宽后窄呈棺状，篓顶式。函盖儿5面和函身4面，外部通体阴刻楷书汉字铭文，共近五千字，内容涉及建塔具体年代、地点、塔名、主持及参与人、大致经过等信息，有很重要的研究价值。比如，铭文中记建塔之地为“大契丹国辽东沈州西北丰稔村东”，不仅标明其与沈州（设治沈阳古城）位置关系，而且所记“丰稔村”则可视为沈阳地区迄今所知第一个有较明确定位的古代村落名。同时，铭文中还记录了近千个参与建塔事务的人名，内有各类官员、贡举进士、僧人工匠等，但最多的应是普通百姓，且有不少是夫妻、父子、兄弟关系、统称“众邑人”，即指辽代民间盛行的“千人邑社”组织成员，其为佛教信众，协助和参与寺院举行的佛事活动，大部分应居住在丰稔村及附近地方。从所录姓名看，其中大多数是汉族人，也有契丹族等少数民族。这份刻在石函上的辽代“千人花名册”，也为了解当时沈阳地区人口民族构成等提供了可贵的第一手材料。

由于塔湾舍利塔创建年代早、知名度高，而且近代以来未受到严重破坏，早在1962年，即由沈阳市人民委员会公布为市级文物保护单位。1988年，在重新维修后又被公布为省级文物保护单位。2013年，经国务院公布为全国重点文物保护单位。而今，这座古塔不仅受到良好保护，而且在其周围建成以“塔湾夕照”为主景的公园，使这座历经千年的古塔，仍在现代城市优美环境里延续着它的历史。

2. 双州、祺州、辽州塔

除塔湾舍利塔外，在距沈阳城稍远的西北部地区，另有三座现存辽塔，分别是沈北新区双州塔、康平县祺州塔和新民市辽州塔，都是沈阳地区最重要的辽代建筑遗存，有的还成为历史悠久的古村落标志。

双州塔 全称“辽双州双城县时家寨净居院舍利佛塔”，位于沈阳西北约九十里今沈北新区（原新城子区）石佛寺村境内七星山山岗上，清代以来多称“石佛寺塔”。

>> 双州塔近照

此塔原为六角七层密檐式砖塔。据学者考证，至20世纪20年代中期尚基本完整，但在1931年左右部分倾圮，现仅存南、东南、西北三面塔基及部分塔身。塔角为圆形倚柱，正中有佛龛，两侧有胁侍，上有宝盖、飞天，具有典型的辽塔特征。民国时期曾有记载说：石佛村古塔耸立山巅，高四、五丈，虽劈陷三分之一，然犹不恃不欹。兼以山水相连，风景宜人，游赏者泛舟其下临波观览，有“塔影遥开山雾重，笛声清脆水风凉”之感。可见此塔虽残，仍屹立山巅数十年不倒，且塔影映于山下辽河水面，尚构成独特的自然景观，故远近闻名。

1982年5月，沈阳市考古工作者对古塔遗址进行了抢救性的维修和发掘。在塔基下正中部位发现地宫，平面六角形，以砖砌筑，中央置石函长28厘米、宽17.5厘米，内套装铁函、银函、金函，在金函内放有水晶珠、玛瑙珠，大小珍珠共百余粒，即视为“舍利子”者。石函两侧尚各立一小石碑，为花岗岩凿制，螭首龟趺，形制相同。一座高88厘米，一座高82厘米，两碑面共刻楷书800余字。由碑文中“咸雍十年七月七日……葬讫”“时家寨净居院建塔邑首……守双州双城县令边昌裔”等文字可知，这座塔建于辽咸雍十年（1074），应定名“辽双州双城县时家寨净居院舍利佛塔”，碑文中尚录有参加捐资建塔的僧人、官员、百姓、工匠等有250余人姓名，可见当地崇佛之俗。

距塔不远的双州，是当年镇守辽河渡口城池，对研究辽金时期辽北及内蒙古东部政治、文化、经济、军事等各方面具有重要价值。而且城址遗迹清晰可见，城门、城墙、瓮城及城内建筑址都有迹可循。以往调查发掘时还出土过一些辽代遗物，虽然可断定其地为辽金时期古城，但由于过去史料中对双州城记载欠准确甚至有明显错误，所以一直无法确定这座古城具体名称。直到辽塔地宫石碑发现，才为确认这座古城即是双州提供了不容置疑的

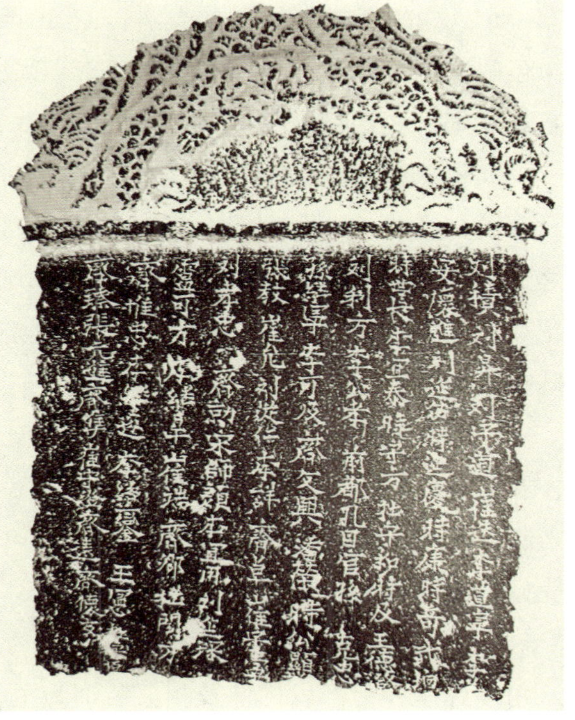

双州塔地宫出土石碑拓片

证据。1985年2月，经重新发掘清理的城址被列为沈阳市文物保护单位，城边的古塔显然功不可没。

石佛寺从明朝起，即以沈阳西部防线中重要边堡“十方寺”闻名，至清代改称石佛寺后在方圆二三百里内也广为人知。在近数十年考古调查中，还在这里发现了红褐夹砂素面陶片等新石器时代晚期遗物，以及青铜时代的遗址和墓葬，说明早在三千年前就有人类居住。因古塔而得知的时家寨，双州城、双州塔无疑是其辽、金时期历史的见证，再晚一些的还有明代边墙、烽火台等十方寺军堡遗址、清代中期古井遗址、清晚期修建辽河防汛大堤记事石碑、解放战争时期修建的碉堡等，使这处位于水陆交通要冲的战略要地，具有十分深厚的历史文化积淀。同时，因这里是清中期以来沈阳锡伯族重要聚居地之一，现存村庄建筑具有锡伯族传统村落特征，使七星山下的石佛村入选第七批中国历史文化名村，成为辽宁省暨沈阳市第一个国家级历史文化名村、沈阳市第一个入选的全国乡村旅游重点村。2013年列入沈阳市文物保护单位的辽代双州塔，以其阅尽千年沧桑形成的独特形象，成为集自然风光、人文底蕴于一体的名村标志。

辽州塔　即习称之“辽滨塔”，位于新民市公主屯镇辽滨塔村东塔自然村，其地西傍秀水河、南临辽河古道，古时曾为设渡之处。塔西侧即为辽代辽州（后归沈州）辽滨县古城遗址，文献记载和近年考古发掘调查都可以证明，这是一座在当时对辽北水陆交通有战略意义的辽代古城。

古塔建于辽河北岸台地高岗上，坐落处比周围地面高出两米左右，八角十三层密檐式，分塔基、塔身、塔檐、塔刹四部分，形制与塔湾无垢净光舍利塔相似。20世纪80年代实测残高32.65米，完好时高度应在40米以上。塔基高约4米，平面八角形，边长近5米，最能体现其艺术特色的塔身部分高约10米，下半部为仰莲八角须弥座，上部以佛像及相关装饰为主，每面一佛龛，八方

维修后的辽滨塔

佛名称及排列均与前述塔湾舍利塔相同。其塔身部分垂幔伞盖、飞天、仿木构砖雕枋柱斗拱、乐舞伎等装饰都颇精美，尤其于须弥座八角各雕一金刚力士蹲踞作支撑状，其侧又辅雕多尊小型罗汉像，为辽塔中不多见的设计。整体观之，建筑装饰水平应在塔湾辽塔之上。此外，后来的考古发掘证明，此塔坐落于一座面积约七千平方米的寺院中，其前（南）部，有一座五开间佛殿，只是早已坍塌不存，仅地下遗址尚在。

辽滨塔早在1961年即被定为新民县文物保护单位，1985年又经初步加固维修，由沈阳市人民政府公布为市级文物保护单位。至1993年，鉴于古塔各部分都有比较严重残损，市政府再次拨巨资进行较全面维修，考古人员在清理过程中，意外发现辽滨塔与塔湾舍利塔一样，并非人们普遍认为的实心塔，有地宫、中宫和天宫。更意外的是，或因距辽河较近须防水患，地宫竟然设在高于地面的塔基和塔身部位。塔中出土遗物有金、银、铜、铁、瓷、木、纺织品、珍珠制品、舍利子、钱币、砖雕制品十一类，一些具有较高价值的文物和工艺品，后来被评定为国家一二级文物。其中，原置于天宫的石碑，高不及二尺，仅刻百余字，却记载了此塔始建于辽天祚帝乾统十年（1110），完成于天庆四年（1114），为确认其建筑年代提供了十分可靠的依据。此外，这座塔的内部，并没有像塔湾舍利塔那样，在中间某一时期被打开重新装填，而是保持着其建造时原始状态，即可以证明辽十三层密檐塔中，有内部设立天宫、中宫、地宫的非“实心”做法。

>> 辽滨塔局部装饰

辽滨塔天宫置建塔碑、中宫供奉“舍利”、地宫供佛像的布局，也为塔内“三宫”功能提供了可靠例证。本次维修排除安全隐患后，经结合以上考古成果进行综合评估，2003年，辽宁省政府将辽滨塔公布为省级文物保护单位。

祺州塔 又称“小塔子塔”或“宝塔寺塔”，位于康平县郝官屯镇小塔子村东，其东侧即为小塔子古城址，经考古发掘，认定为辽太祖耶律阿保机时期神册六年至天赞五年（921—926）间所建祺州城。其所在地属辽河右岸台地，整体地势从西南向东北缓斜。塔坐落于西城墙外数十米处，应与城同时或稍晚创建。清代时塔下尚建有宝塔寺，今已不存。

祺州古城虽至今已有一千余年历史，且早已废置不用，土筑城墙基本面貌犹可辨认。城平面呈方形，边长约280米，土质城墙保留部分残高2～5米，东、南城墙外护城河，东、西、南城门及部分瓮城、马面犹可辨认，城内尚出土大量陶瓷器残片等文物，都对了解辽初城池布局与经济文化生活具有重要价值，是辽宁境内保存较好的同时期城址之一。临城而建佛塔建筑保存基本完好，据其造型及营造特点分析，与祺州城为同时期建筑，并与古城历史有着密切关联。因此，1988年辽宁省政府将城址与辽塔一并公布为省级文物保护单位。

>> 祺州塔近照

祺州塔为青砖建筑，实心密檐式八面十三层结构，现存高度约30米。塔身各面设佛龛，内砖雕坐佛及胁侍，下为束腰仰莲座。龛外饰伞盖、飞天等装饰，各角辅饰砖雕小塔。由于其建筑年代较早，与沈阳现存其他几座辽塔相比，体量略小，砖雕等装饰也相对简单，体现辽初佛塔相对朴实的艺术风格，对于研究辽代八角十三层密檐塔的起源和演变具有更重要的参考意义。

3. 崇寿寺塔的遗存

沈阳白塔原位于沈阳城地载门（小北门）外，即今大东区白塔小学校园一带，因其所在庙宇称崇寿寺，所以也称崇寿寺塔。由于距北城墙近在咫尺，从12世纪初的辽代末年开始，沈阳城内居民几乎无人不知。晚清以后，由于多年失修，加之日俄战争期间严重损坏，日渐残破。1957年，出于保证周围百姓及路人安全等方面原因，经市政府决定由文物管理部门在考察记录后实施拆除，并在1958年于沈阳故宫博物馆内专门举办了白塔出土文物展览。虽然塔现已无存，但塔内出土的大量文物仍完好保存，成为

清末崇寿寺塔

辽代沈阳历史的重要见证物。

之所以要在此提到这座现已消失几十年的古塔，是因为它曾是距沈阳城最近、存在时间最久的辽代建筑，在历史上陪伴了这座城市整整八百五十年。老沈阳人们常将其作为沈阳城组成部分之一津津乐道。人们熟知的沈阳翰林缪润绂光绪初年作《沈阳百咏》竹枝诗，开篇所咏即此塔：

地载城边塔一枝，难从古寺问残碑。

闲来每听居人说，建在城门未有时。

虽然以往文献中并没对崇寿寺塔作过详细记载，但由于清末以后，中外摄影家曾拍摄过许多相关照片，结合1957年的考古调查记录，并不难对其作出准确描述。此塔为八角十一层密檐砖塔，高约25.88米、直径9米，由基座、塔身、塔檐、塔刹组成。基座上缘嵌有凸雕莲花砖。塔身下部每面有佛龛，内置坐佛。塔身下层每壁面都立有一方形雕字砖，由东南向西回绕分别为：风、调、雨、顺、国、泰、民、安八字。

与前文所述塔湾舍利塔、辽滨塔相同，崇寿寺塔内也设有地宫、中宫、天宫。地宫距地表3.69米，内东西宽2.2米、南北长2.34米、高1.5米，穹隆顶。内藏石函，刻汉文楷书300余字，记录建塔位置、时间及建塔主持人、捐资人等信息。石函内套铁函、铜函、银函，银函内装银亭，银亭内置瓷葫芦，瓷葫芦内盛100余颗舍利子。中宫位于第一层塔檐内，70厘米见方、高50厘米至80厘米，棺形石函内有白釉瓷罐盛小木塔。铁、铜、银、鎏金层层相套的金属函两组，各盛装百多粒舍利子，一铜函盖儿上还有“佛舍利子”“乾统八年”“三月廿三日”等文字。天宫位于第十一层塔檐内，置玉石坐佛、铁铸菩萨、半跪铜力士，铜鎏金菩萨像及铜香炉等。

崇寿寺塔旧照

辽代所建崇寿寺位于白塔北，清代犹存，据记载有山门、钟鼓楼、中殿、东西禅房、正殿等建筑，是规模较大的一座寺院。另据记载，崇寿寺及塔在明清两代曾有数次维修。1957年拆除时取下的塔刹宝珠上，即铸有“万历十五年四月吉日重修”字样。

如从考察城市历史角度观察，崇寿寺石函铭文中的记录具有更重要价值。铭文中有“沈州南瞻部州……维乾统七年岁次丁亥四月……于州北三歧道侧寺前起建释迦生天舍利塔”，这里不仅记载了建塔具体开始时间为辽天祚帝乾统七年（1107）及塔的正式名称，而且记其地点为“州北三歧道侧寺前”，确切标明此塔及寺临沈州城北门外三岔路口处，结合后来城池与塔位置关系，可以清楚证明当年沈州城就在后来明清沈阳古城范围内，为辽代沈州古城定位提供了直接依据。虽然后来考古发掘及文献记载也可以证实这一事实，但有当时建筑实物作佐证的文字记述，显然更加直接和清晰，成为确凿的第一手史料。

此外，崇寿寺塔的存在，还可为城内一些重要史迹提供定位参考。比如，清太祖努尔哈赤迁都沈阳后的具体住处，本是一个谜，直至1982年有关学者发现了《盛京城阙图》，才知道其住在沈阳城北门（安定门）内所建汗王宫。其实，《满文老档》中曾记载，刚迁都沈阳不久时，汗王因其住宅北佛塔基石被盗，将看管失职僧人拘禁至修复后才释放。后来的研究者们对这条记载真实性颇感怀疑，因为位于沈阳城中心的汗王住处并无佛塔。当得

>> 崇寿寺塔及周边建筑旧照

知《盛京城阙图》上汗王宫位置后，人们才恍然大悟，汗王宫既设于城北门处，与崇寿寺塔只一门之隔，谓之在汗宫之北理所当然。这件事同时也给汗宫定位提供了佐证。时至今日，虽然白塔已不在，但据其命名的白塔路、白塔小学等地名，以及数百件塔内出土文物以及相关历史记载，仍保留在沈阳现实生活中，向人们证实着它对当年城市文化的影响。

二、御路名桥沈城西

沈阳城西三十多里处，现存古石桥两座，一名永济、一名永安。两座桥均建于清太宗崇德年间。其中，保存较好的永安桥不仅建筑艺术和技术方面为现存东北古桥之冠，而且也承载着沈阳城西郊三百多年间诸多史事，现已成为全国重点保护文物单位。

1. 因叠道而有名桥

清代以后历史中，由沈阳过辽河经辽西至山海关陆路畅通无阻，交通往来方便，以致后人误认为这是自古即有的通衢。而让普通人难以相信的事实是，从远古至清崇德二年（1637）的两千多年中，这里根本没有可以四季通行的道路。其主要原因，在于沈阳以西“辽泽”的存在。那是由辽河中下游诸多支流汇成的沼泽地带，其范围旧称“南北千余里、东西二百里”，大体位置在海城至铁岭一线西侧的辽河两岸。因常年沮洳、泥泞难行、荒草过人、蚊虫成群，即使少雨年景，自春季冰雪融化后至初冬封冻前，几乎都难以正常通行。因有辽泽阻碍，自古以来，自辽河东岸去往辽西以至关内，除向南走海路、向北经蒙古外，尚可畅通的陆路，只能从辽阳南至海城再经盘山至北镇，然后才能踏上通往山海关正途。

>> 永安桥旧照

1625年努尔哈赤迁都后，沈阳成为后金（清）统治区域中心城市，解决通往辽西进取陆路交通问题成为迫切需要。后来有记载说："太祖初定沈阳，命旗丁修除叠道，广可三丈，由辽河一百二十里直达沈阳，平坦如砥，师旅出入便之"。此外，包括乾隆皇帝御制诗在内的一些诗文中，也有类似记述。事实上，努尔哈赤迁都沈阳一年多后即去世，当时史书中也未见关于修筑叠道之事，即使他有这种规划，真正实施完成也应该是在他的继承者皇太极时期。《清太宗实录》中崇德三年（1638）五月记载有"修治盛京至辽河大路"事，当时派出八旗官兵等共约三万人，由多尔衮等王公率各旗都统督工，采用"两旁浚壕、中间增土"之法，历时约三月初步竣工。在历史上首次修成叠土高约三尺，宽约数丈，自沈阳西达辽河岸百余里长的大路。清迁都北京后又继续增修，称盛京叠道、盛京御路、京奉官道，三百年间为沈阳西向山海关入京陆路主干道组成部分。自新民境内辽河东岸，经沈阳老边、马三家、塔湾连接今皇姑区华山路，再向东经皇寺抵达小西边门入城。以下将要介绍的两座清代石桥，就是保证此路畅通必不可少的津梁。

据史书记载，在上述正式修筑盛京叠道之前，皇太极原本应有另一套规划，并已付诸实施，其结果今日尚可见者，就是在今于洪区造化镇郭大桥村境内，于蒲河河道上架设的永济桥。崇德二年（1637）七月已建成命名，是一座当时本地很少见的三拱石桥。据现存遗址及残存构件考查，桥身两侧有石望柱、栏板，两岸有护岸石，券洞外沿浮雕花卉纹饰生动细致，但因年久失修，主桥早已被水冲毁，辅桥也因多年失修，仅残存桥身和桥下三孔拱券，大致造型仍可辨认，数年前尚可供车马通行，于洪区确定其为区级文物保护单位。

永安桥桥头大石狮近照

应该提到的是，永济桥虽修造较早，但因后来筑路方案更改，不再位于主干道，保护修缮重视程度远不如永安桥。其建造之始涉及附近明所设永利闸。值得注意的是，这座水闸设于明弘治十七年（1504），跨蒲河主河道而建，其功能并非水利灌溉，而是借提高水位淹没河西北岸，以加强军事防御，阻止前来抢掠的蒙古族骑兵。后因水闸年久失修，又于嘉靖四十四年（1565）重建加固，仅大石条就用了900块。到满族崛起并进入辽沈地区后，此水闸已多年废置不用，逢皇太极欲整修城西道路，便就近利用原水闸废置石料修筑石桥，后来的永安桥或许也有这种因素影响。

至新确定叠道基本完成后，因逢多雨水年份，蒲河水泛滥严重影响新路通行。时逢清军围困锦州及松锦战役前夕，军队调遣经此道来往频繁，遂选其南不远的今马三家镇永安村处另修永安桥。按桥头碑文所记应建于崇德六年（1641），因已有此前修建永济桥成功经验，于当年即完成，并沿用至今。

2. 御路胜迹众口传

永安桥建成后不到三年，清政权迁都北京，使昔日连通辽河东西的叠道一度冷清下来。不过，这种时日并未持续很久。从康熙十年（1671）清圣祖开东巡祭祖先例后，在一百五十多年的岁月里，这里又重新成为皇帝车驾经过之处，并因此迎来更多的往来车马过客。清太宗修建叠道时，至辽河西岸后，须北行由今彰武境内渡河，然后再折向西南归入辽西大路，这既是考虑渡河的方便，也兼有顾及沿途蒙古各部之意。清迁都北京后，因辽河西岸及蒙古地区都已在统一版图内，连通辽河东西交通干道改由今新民境内渡河，取近路直通，至乾隆年间正式形成皇帝东巡出山海关至沈阳固定路线，即后来所称“京奉大御路”东段，永安桥所在旧“叠道”自然成为其在沈阳境内组成部分，因而使这处承载清开国时期帝王功绩的石桥更引人注目，也是其得以完好保

>> 敕建永安桥碑近照

存而成为名桥的重要原因。据当时史料记载，每当皇帝东巡由此经过时，负责修路官员已事先在桥左右两侧搭建临时辅桥，供一般随驾官员及兵丁等通行，只有皇帝后妃及随行王公官员才可由主桥面过桥。这座桥头立有清太宗敕建碑的石桥，也曾享受过非同寻常的尊荣。

现存永安桥东西向，占地约500平方米，为三孔石拱桥，全长37米，外宽14.5米，桥面宽8.9米，桥头处略外展，宽12米。桥面以条石铺砌，两侧均设石雕栏板望柱，每侧望柱19根、栏板18块，下承以地袱石。栏板上饰透雕柿蒂花和卷云纹，桥头处望柱头饰圆雕小石狮，其他柱头为荷叶覆巾式。两侧桥头另设圆雕石狮各一对，后有浮雕鹿、虎、麒麟等图案石抱鼓连接桥头望柱。建桥时于东侧桥头立有建桥石碑，盘螭碑头，须弥式碑座。碑额刻“敕建”二字，碑阳满、汉、蒙古三种文字合璧刻“宽温仁圣皇帝敕建永安桥 大清崇德六年岁次辛巳季秋吉旦”，碑阴汉文小字刻“催工牛录周元勋、督工甲喇章京臧国祚、石匠任朝贵”。

桥下三孔，中孔拱径3.73米，余二孔拱径3.43米，拱矢高度为1.83米，为半圆无铰等截面圆弧拱。拱圈双层石砖，用白灰浆砌成，侧面用石料镶面，并用7根铁拉杆与拱桥连锁中拱。外沿浮雕二龙戏珠。桥身北侧拱洞上方，外探石质圆雕龙首二，南面对应部位则饰龙尾二，宛如双龙自南向北飞入桥身承托于桥面下，独具巧思、简练朴实、气势不凡。拱洞下则满铺长条石，拱

>> 永安桥桥身北侧近照

间下部北面砌有3.9米长的迎水剑，南砌有2.7米长的分水剑，对防止洪水冲击，延长桥的使用寿命起到重要作用。

永安桥原架设于蒲河主河道之上，清末后因河道变迁，蒲河在桥北不远处折向西北，已不流经桥下，过水渐少，近数十年来除雨季略有积水外已渐干涸。因桥在清代属“大御路”至沈阳必经之处，在道光以前尚能得到正常维护，清末民国时期虽仍能供人车正常通行，但因年久失修，损坏比较严重。1963年，辽宁省人民委员会公布该桥为省级文物保护单位，并加以维修。1979年后，沈阳市政府又拨款进行较全面修缮，并在古桥两侧加修辅路，供来往车辆通行，禁止机动车辆从桥上通过，以使石桥得到更好保护。2019年，鉴于这座古桥的历史艺术价值和科学技术价值，国务院将永安石桥公布为全国重点文物保护单位。

永安桥是清太宗年间，因都城沈阳向西开辟叠道而建，1644年清世祖福临率众途经此桥进入山海关，迁都北京。此后康熙、乾隆、嘉庆、道光四朝皇帝10次至沈阳祭祀祖陵，车驾共16次从此桥经过。因其为清太宗敕建，距沈阳仅三十余里，为出、入城当日必经之地，又是沈阳西郊唯一清开国时期“胜迹”，遂成回归故里告祭祖陵皇帝们赋诗咏怀“景点”之一。康熙二十一年（1682），清圣祖玄烨第二次东巡，驻跸永安桥西，忆起十一年前曾由此经过，放眼望见雨后消尘，春催柳绿，知沈阳在望，即兴题《过永安桥口占》诗：

夹路飞尘宿雨消，十年曾此驻龙镳。

春风城阙知非远，几处轻寒变柳条。

永安桥柱头小石狮近照

爱作诗的乾隆皇帝东巡路过此处最多，所题之诗自然不会少。初次来沈阳谒陵回銮过永安桥正逢降雪，即兴题《雪中过永安桥》五言十一韵，意犹未尽，又作《前题再咏》七律方才过瘾。第二次东巡过永安桥虽仅题七绝一首，却有小序数十字，将其先辈修叠道、建名桥、松锦大捷诸事概括其中，赞美先皇之余，诗末还把当年征辽的唐太宗嘲笑了一番：

除道修桥经指挥，师行来往迅如飞。

奚称贞观征辽日，布土徒劳奏绩希。

大御路是当年山海关至沈阳间车马行人来往最多的通途，除东巡皇帝外，还有难以数计的显官名臣、文人墨客往来路过，也曾留下对这座名桥的赞咏篇章。其中，康熙年间曾流放沈阳的著名学者陈梦雷颇值得一提。他曾居沈阳十余年，多次往来关内外路过永安桥，并与诗友共同将这座桥列入《留都十六景》中，名之曰“永安秋水”，有题诗云：

新涨正初秋，千峰合急流。
试从桥上望，胜向艇中游。
影爱溶溶月，波宜泛泛鸥。
蒹葭白露外，随处是沧洲。

>> 永安桥桥身南侧近照

此外，跟随驾东巡的康熙文臣高士奇、沈阳乾隆进士常纪、乾隆时出使中国的朝鲜知名学者朴趾源等许多人诗文中，都有关于永安桥的题咏或记述。总之，皇帝、大臣、文人学子、外国使臣，当从这座石桥上经过时，对其坚固和美观的赞扬是共通的，而当时的感受又因其地位和经历而异，通过这些诗文留下个人与这座名桥相关的历史记忆。

第八章 长松蓊翳两帝陵

沈阳城郊清福陵和清昭陵，分别为清太祖努尔哈赤、清太宗皇太极两代帝后陵寝。2004年和抚顺清永陵一起，列入世界遗产“明清帝王陵寝”项目。清福陵和清昭陵以迥异于其他陵寝的突出价值，与沈阳故宫并称“一宫两陵”，成为近三百多年间沈阳乃至东北地区最著名的历史建筑。

一、天柱排青踞形胜

天命十一年（1626）八月十一日，清太祖努尔哈赤在沈阳病逝。三年后，继位汗王的皇太极采纳满汉群臣建议，选择环境清幽之地为父汗王专修安葬之所，最终定于沈阳城东二十里的石咀头山（顺治八年封为天柱山）建陵，工成后因位于沈阳城之东，故俗称沈阳东陵。

>> 清代绘福陵全图

1. 开创新制第一陵

众所周知，努尔哈赤为清王朝开创者，他在世时满族人虽有建立家族墓地之俗，但并无帝王陵寝之制（新宾永陵为顺治年间所建祖陵）。其去世后继承汗位的皇太极初时也无此项准备，只是按俗将父亲遗体火化，因时局未定，并未马上“入土为安”，只将骨灰暂置于沈阳城内西北隅专建的一座房舍中，周边围以木栅，派人守护。后辽东政局初步稳定，又从属下汉官那里得知，先帝陵寝之建对礼仪典制和国运发展至关重要，于是于天聪三年（1629）正式兴建太祖陵，安葬努尔哈赤及已故后妃。至于为何选在沈阳城东二十里处建陵，估计应是受到汉族堪舆理论及距祖居之地远近等因素影响。

从兴建皇陵基本条件而论，清福陵自然地理环境确实得天独厚。发源自辽东山区满族故乡的浑河，从其南侧横向流过，连接

坊心满、汉、蒙古三体文字

福陵初建时石牌坊

满族圣地长白山脉的天柱山（旧称石咀头山）屏护其后，其背山临水之势，恰与古代选择帝王陵址“前有沼、后有靠”基本要求相符，而且天柱山虽然海拔不到百米，但却是沈阳四境距城最近的“高山”，浑河又是离沈阳最近的大河。因此，后来也将清福陵视为人文建筑与自然环境结合近乎完美的典范之一，称这里是沈阳周围建陵“风水宝地”。乾隆《盛京通志》评价说：“福陵形势，浑河环其前，辉山兴隆岭峙其后，远则发源长白，俯临沧海，王气所钟聚也”。

天聪三年太祖陵初建竣工，并将努尔哈赤及皇后叶赫那拉氏、大妃富察氏、大妃乌拉纳喇氏骨灰入葬。崇德元年（1636）改国号为“大清”，尊努尔哈赤为“太祖武皇帝”（康熙时改“武”为“高”）、皇太极生母叶赫那拉氏为“孝慈武皇后”，并正式命名陵寝为“福陵”。皇太极时逢清明、岁暮、忌辰（陵主去世日）及国家遇有重要军政大事等时，按制祭祀。如此，建筑和相关礼仪，都开创“大清第一陵”之制。不过，由于清太宗时期礼仪制度和物质技术条件限制，早期福陵建筑面貌比较简陋，据曾随同前往祭祀的朝鲜人记载，只是围在高墙（方城前身）中的三间享殿（隆恩殿前身）而已。史书记载，天聪八年（1634）十月，礼部贝勒萨哈廉曾奉旨传谕工部，应“仿古制”在太祖山陵建寝殿、植松树，立石狮、石象、石虎、石马。这里的“古制”显然是中原王朝帝陵之制，如按其而行，福陵的规格将有很大提升，但从后来史书记载分析，以上谕令似并未在当时完全实现。

至清迁都北京后，才真正参照中原皇家陵寝规制对福陵建筑群加以完善。如顺治七年（1650），添置福陵望柱和石像生，包括擎天柱四、西望柱二、卧驼一对、立马一对、坐狮一对、坐虎一对（即现神道旁石像生等），几年后又于方城四角各建角楼一座。此后至康熙二十八年（1689）间，又增建或改修宝城、宝顶、神路、神桥、隆恩门、明楼、隆恩殿、神功圣德碑碑亭等多

福陵望柱、石狮

处建筑，才使福陵建筑群基本具备后来所见规模。

为保护福陵“风水”及周边自然环境，顺治初年明确规定：福陵维护修缮时，只可于西侧5里外取土，西南20里外烧砖，正南百里外烧石灰，并规定了所用石料、木料等建材采集加工地点。雍正、乾隆年间，皇帝又几次特派精通堪舆和防汛工程王公大臣前往沈阳，会同盛京将军和盛京工部衙门，重新改修福陵前浑河河道和防水设施，既为消除水患，也对与风水相关周围山丘、河道、桥涵等加以调整，使之更趋完善。

为进一步树立皇家陵寝尊严，福陵周边控制地带也相应扩大，管理更趋严格。清初曾规定在距陵寝风水墙外1里处设红色界桩，严禁无关人员进入。至乾隆四十三年（1778），高宗弘历第三次东巡时，又传旨于原有红桩外各方向二十丈处，增设白桩261根，白桩外10里处，再设青桩40根。同时规定，凡白桩内区域，禁止樵采耕牧及行走葬厝等诸事，青桩内禁止设窑烧灰取土，并要于各桩上悬挂木牌示禁。福陵前（南侧）毗连明堂（即

>> 福陵石像生石马、石驼

祭祀区域）道路，禁止无关车马行走，违者严加惩处。按此计算，当时福陵所属区域已扩大到其四周至少十里范围，除一些与维修守护陵寝相关的满族村屯居民外，其他人很难进入其所属控制区域。

2. 依山临水巧布局

清福陵现占地面积近20万平方米，有古建筑32座（组）。自南向北可以分为以下几个建筑单元。

正面最南端主体建筑为正红门（或称大红门）。歇山琉璃瓦顶三间砖石结构，檐下饰精美艳丽的五彩琉璃仿木建筑构件，三座拱门居中者称“神门”，仅供向内运送与陵主相关的神牌、祭品、祭文等通行；东侧者称“君门”，供皇帝谒陵时出入，西侧者称“臣门”，供办理祭祀官员出入。门左右两侧各接袖壁，壁心海棠开光云龙和岔角装饰均为五彩琉璃，与沈阳故宫同类建材均出自海城侯氏琉璃工匠之手，别具特色。沿袖壁向两侧伸展是环绕福陵的风水墙，东西长百余米，南北长约800米。在东、西红墙中前部，有与正红门风格相近但体量规格略逊的东、西红门。正红门前左右两侧，各有石狮、华表，不远处又有清太宗时建陵同年所修东、西下马石牌坊，为较少见的“四柱三楼冲天式”，雕有颇具明末东北特色的吉祥纹饰，枋心有满、汉、蒙古三体文合璧“往来人等至此下马，如违定依法处”，其中满文为早期“无圈点满文”，是举世仅存的保留于建筑物者，成为当时石雕艺术不可多得的遗存。

福陵正红门

进入正红门，有与券门相接的三条甬路北通，正中对应“神门”者为“神道”，既是贯通陵寝建筑群南北的纵向中轴线，也是只供运送自“神门”进入的物品特殊通道。三条路两侧对称排列石雕六组，南北两端华表各一对。中间驼、马、虎、狮各一对，统称“石像生”，是中国自古以来用以标志帝王陵寝威严的瑞兽。神道经过平地部分后向北顺山势而上，先经过隆起的“神桥”，随后便是通向山顶的108级砖石台阶，俗称“一百单八磴”，其数字有涵括天地或佛佑吉祥等解释，成为寓意、功能与自然环境巧妙结合的著名设计范例。

登石阶上至山顶，即是陵寝建筑第三个单元。主体为居中而立的“神功圣德碑”碑亭，康熙中期建，重檐歇山顶四面设券门，内立“大清福陵神功圣德碑”，碑阳刻满汉文合璧康熙帝御制碑文，赞颂清太祖肇基创业功勋。有记载说，其碑石、碑座及地栿所用巨石，都是从“蜀中”（四川）选运至此。奇特的是，有时逢阴雨天，可以清楚地看到石碑背面显现出如同人形的深色暗影，极似“武圣人”关羽形象，旧时文人称其为“神碑幻影”，列入沈阳奇景之一。碑亭左右两侧是备办祭品等所用附属建筑：东有茶膳房三间，西为果房三间、涤器房三间，其南又有省牲亭三间、齐班房三间。

>> 福陵一百单八磴

>> 福陵碑亭

碑亭之北即陵寝建筑核心单元——方城，为天聪年始建，康熙时改修。砖砌城墙高一丈七尺五寸，周长一百一十三丈八尺有余，垛口高五尺，城上四角各建黄琉璃瓦十字脊二层角楼一座。南侧正中城上建三层门楼，歇山琉璃瓦顶三间周围廊式，称“隆恩楼”，造型与沈阳故宫凤凰楼近似，下为出入方城券洞门，称“隆恩门”。方城内主体建筑为北侧正中隆恩殿，歇山顶琉璃瓦顶周围廓式，坐落于三尺多高的须弥座式台基上，前设三组勾栏式踏垛，正中为浮雕升降龙丹陛石，台基周边均加饰石雕栏板望柱，其下部基座束腰及上下枭部位，都加饰花草宝珠等纹饰为主的精美浮雕。殿内设暖阁，本陵帝后神主（牌位）平日即置其中，阁前设供案、宝座，分别为摆放祭器供品和祭祀时安放神主处。殿前左右东、西配殿各五间，同为黄琉璃瓦歇山顶，分别作正殿备用和祭典时喇嘛超度诵经之用。西配殿前北侧有焚帛炉一座，用于按制焚化祝帛。

福陵方城隆恩门

隆恩殿后至方城北门之间，有棂星门（俗称二柱门）及上置五供的石供案。在关内明、清诸陵，这一区域都很宽阔，为明楼前祭祀区性质，是谒陵仪式中重要行礼区域，而福陵因隆恩殿距明楼极近，原本设计中似乎并无此区域，而是后来参考关内帝陵补设，所以空间显得比较局促。方城北门城墙上为高大的“明楼”，内有满、蒙古、汉文合璧镌刻“太祖高皇帝之陵”石碑，相当于民间坟茔前所立墓碑。明楼后半圆形区域称为“月牙城”，北侧正中近地面处琉璃壁，即是通往地宫（墓室）通道的

>> 福陵方城内主要建筑

标志。相传为防盗墓者知晓地宫情况，修建此院所用工匠力役均用聋哑人，故此处俗称“哑巴院”。月牙城之北半圆形城即为“宝城”，高度与方城相近，周长近六十丈，其内“宝顶”，即安葬努尔哈赤及皇后坟冢。就实用功能而言，这里才是陵寝建筑群最主要部分，前面一系列建筑都是为标志其尊严和祭祀它而建。

综观清福陵建筑群，突出特点就是其“方城”的设计，相比关内明清帝陵具明显特色。明十三陵和清东、西陵，虽然也有“方城”，但只相当于“明楼”附属城台，并无“城”的实际意义。而福陵方城则有名有实，用于安放帝后神主及享祭所用隆恩殿，即为城墙保护的主体，而关内陵寝中方城所衬托的“明楼”，在福陵只是相当于方城北门门楼，其作为墓葬区域标志性建筑的重要性往往被忽视，很明显地表现出设计理念上的区别。究其原因，福陵方城做法，或许因初创陵寝之制时，满族尚处胜负难料的战争时期，设计者想使太祖神主安放之处得到更有效保护，特建与现实城池一样的防卫设施，后来清昭陵仍延续此种做法，从而形成沈阳清初两陵共有的特色。

清福陵另一值得特殊称道之处，是陵区古木。早在清太宗天聪八年，满文档案中就有传谕工部在太祖陵栽种松树的记载，

福陵神道古松

至清迁都北京后，帝陵松树也纳入皇陵礼制范围，按古代“天子树松、诸侯树柏、卿大夫树杨、士树榆”的尊卑差别，规定陵寝区域所栽松树，分为风水墙内神道两侧“仪树”、陵山“山树”和风水墙外“海树”等不同层次，并有“站班松”“趟松”诸说，还设有定期查验制度。经过清朝二百多年间保护和补栽，至清晚期，福陵范围内共有古松约三万株，大多有百年以上树龄，神道两侧仪树皆二百年以上，十分壮观。清末民初尝以“天柱排青”列为沈阳名景之首。因20世纪之初年屡经砍伐数量锐减。自20世纪60年代起逐渐对古松进行建档登记保护，现仍存数百株，也成为福陵景观不可缺少的组成部分。

3. 妃园寝及其谜团

由于古代成年皇帝生前后妃多非只一人，而这些妻妾去世后都应随夫安葬，按制除中宫皇后（也应包括后来追封皇后者）外，都不能与皇帝合葬陵寝地宫，所以帝陵中一般附设低一等级的“妃园寝”，用于安葬皇后以外诸妻妾。福陵西侧风水墙外所建“寿康太妃园寝”，就是这种性质。寿康太妃姓博尔济吉特氏，蒙古科尔沁部孔果尔贝勒之女，1615年归嫁努尔哈赤，封侧福晋，身历四朝，至康熙帝继位时封“寿康太妃”，康熙

>> 清太祖努尔哈赤画像

四年（1665）病逝。寿康太妃园寝正式建成应在此之后。据乾隆时期《盛京通志》记，此园寝有门三间，享殿三间，殿内设寿康太妃神位及宝座、供案等祭祀器物。坟院中共三座丘冢，分别为寿康太妃与其他两位侧妃，其中一人可知为科尔沁明安贝勒之女，另一人不详。园寝围墙共长四十七丈。另有备办供品的茶膳房、果房、驻守兵丁所用堆房等，据此可知妃园寝大体规制。此处建筑在清末民初已遭毁坏，今仅存部分遗迹。

这座妃园寝，还涉及一些很多人感兴趣的问题，即努尔哈赤其他后妃是否同葬福陵？按照古代陵寝制度一般原则，陵主帝王诸妻妾都应与之同葬一陵，但由于努尔哈赤是草莽起家开国君王，其陵寝又建于制度初创年代，很难像关内统一王朝时期帝陵那样规范，加之其生前死后宫廷政治斗争错综复杂，所以在陵寝制度方面也难免给后世留下一些谜团。

按清朝官修《星源集庆》帝系记载，努尔哈赤共有后妃十余人，分为皇后、元妃、继妃、大妃、侧妃、庶妃几种位号等级，但这种称谓正式形成于康熙时期，并非符合努尔哈赤生前妻妾地位的实际情况。按文献记载，努尔哈赤嫡妻及葬地分别为：

元妃佟佳氏，早年去世，葬于新宾赫图阿拉附近。

继妃富察氏，1620年去世，葬赫图阿拉，后迁辽阳东京陵，再迁福陵。

叶赫纳拉氏，即皇太极之母，后封为孝慈高皇后。1603年去世，葬赫图阿拉，后迁辽阳东京陵，再迁福陵。

大妃乌喇那拉氏，1625年从夫殉葬，祔葬福陵。

可见，除元妃佟佳氏因去世较早葬地无考，其他几位经历努尔哈赤称贝勒或建国称汗的嫡妃，都有资格从葬福陵。然而，由于本人及其子女境遇不同，最后安葬结果却各不相同。最幸运的当然是叶赫纳拉氏，她是叶赫贝勒之女，十几岁就嫁给努尔哈赤，也应属嫡妻身份，但直至二十九岁去世，地位都应在富察氏之下。只是在儿子皇太极继承汗位后“母以子贵”，得以正妻身份与丈夫合葬，后又尊为孝慈高皇后，伴丈夫共享供祭。

至于努尔哈赤建国称汗以后，先后居于正妻地位的富察氏和乌喇纳拉氏，虽然也曾入葬福陵，却很少为人们所注意，其原因则与清初皇权争斗有关。富察氏是佟佳氏去世后“续弦”归嫁努尔哈赤，虽称继妻，但从丈夫任建州女真贝勒起，直到立国称汗，都是正妻身份。有记载说她后来“得罪太祖”被废，但从其去世后迁葬辽阳、沈阳看，仍属嫡妻（皇后）待遇，福陵建成后，也作为皇帝正妻之一合葬陵内并同受享祭。不过，其女儿莽古济（哈达公主）和儿子莽古尔泰、德格类两贝勒，在天聪年间成为皇太极政敌，最后被定为谋反大罪，莽古济被杀，莽古尔泰、德格类虽已死仍被开除宗籍，子孙降为庶人。富察氏日后待遇可想而知。顺治元年二月，正式传旨将其移出福陵。相关记载中只记葬于“福陵之侧”，具体地点无记录无标识，后渐湮灭无闻。

大妃乌喇纳拉氏阿巴亥则是另一种情形。她是清太祖晚年大福晋（皇后），因其殉葬系遵丈夫生前旨意“随往天国”，所以有资格与太祖同葬并享祭奠。至顺治初年阿巴亥之子多尔衮主持朝政，又为母亲加上皇后庙号谥号，这样，阿巴亥在福陵后妃中地位，几乎可与叶赫纳拉氏“平起平坐”。不过，这种状况并未持续很久，多尔衮死后不久，与其同母兄阿济格一起被定重罪，

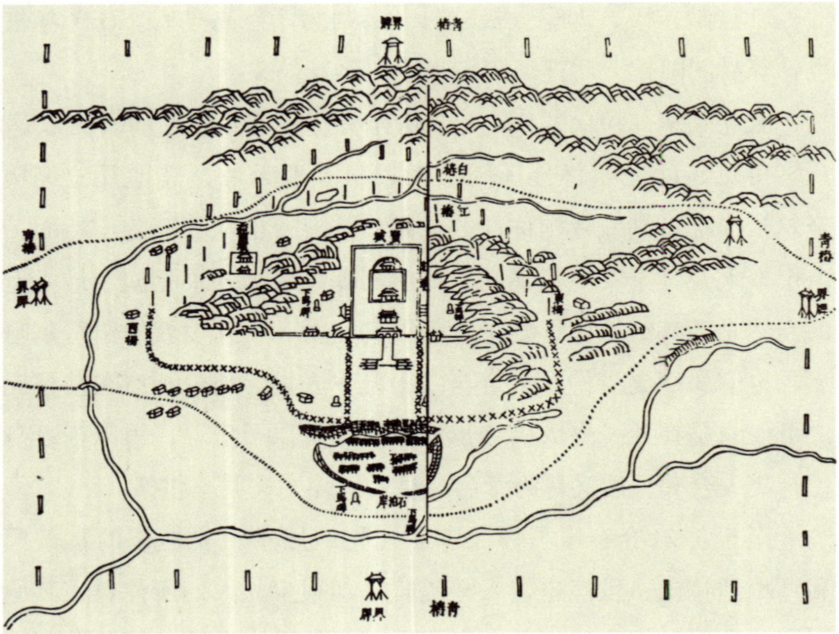

乾隆时期福陵示意图

其母新增尊号被取消，甚至康熙初年新修福陵宝顶后，是否将阿巴亥一同随葬墓室内都成为疑问。至于另外十几个妃子为何只葬寿康太妃等三人于园寝，其他人又葬在何处？隆恩殿内供案两侧配案所设二主四从“福晋椅”，所供又是何人……这些都是很难完全考证清楚的问题。由此也可体会到，福陵建筑群中许多平常表象背后，或许隐藏着鲜为人知的历史秘闻，也成为人们探究相关真相不可多得的实物佐证。

二、隆业松风绿北郊

清昭陵是清太宗皇太极和皇后博尔济吉特氏的陵寝，因位于沈阳城北，俗称北陵。现保护区占地面积近48万平方米。因其距城较近，而且陵主皇太极的全部执政生涯都是在城内皇宫度过，

清昭陵全图

所以，比之真山真水中福陵的超凡神圣，对沈城居民而言似乎更加熟悉，也是近百年来沈阳人们普遍熟悉的寻古探幽，休闲游赏胜地。

1. 陵制承袭与变化

清迁都北京前的清太宗时期（1627—1643年），由于汗王皇太极的提倡，后金（清）满族地方政权实行“参汉酌金”治国方略，在保持满族基本民族特点基础上，起用汉族官员，吸收中原王朝典制，在建立封建等级制度，改革传统礼俗方面取得显著成效。天聪三年（1629）创立福陵、崇德元年（1636）又建立太庙，并形成早期的陵庙礼仪制度，也成为这种国策的实际体现。

另一方面，受传统风俗及当时环境影响，当时很多制度均属草创，考虑实际应用较多，距离完善还相差甚远，陵寝制度也是如此。当时虽已建福陵多年，但直接目的只为供祭先皇，对制度延续性并未顾及。加之当时皇太极年纪尚轻，自然无人敢提及仿照中原之制，为在位皇帝选择“万年吉地”（陵址）问题。在这种礼制背景下，清昭陵的初建则成为仓促所为之事。

崇德八年（1643）八月初九，时年五十二岁的皇太极突然去世。虽然实际情况并非如史书中所说“无疾端坐而终”，而是在此前两三年间，他即时有病患，久治难愈，却只是多次以修寺建塔、酬神祈福、赦免罪囚等来广施功德，以图消灾禳疾（参见本书塔湾舍利塔、四塔部分），其本人和王公大臣们都不提及预卜陵址之事。待其猝然驾崩，继位人选未定，国中无主，两黄旗、两白旗分别谋立皇长子肃亲王豪格和皇弟睿亲王多尔衮入承大统，争执不下，诸王大臣们最为关心新君人选，自然不会致力安排修建陵寝事。至其去世后第六日，八旗诸王在崇政殿召开议立新君会议，皇太极梓宫（盛有遗体的棺木）仍置该殿中。直到

清太宗皇太极画像

最终议定福临继位，多尔衮辅政，才正式开始着手进行修建陵寝之事。

关于昭陵的选址，曾有研究者认为，其地处太宗所领正黄

旗界范围是主要原因，同时也有“风水”因素，所说虽有一定道理，但当时急切间并不可能像为清太祖建陵时那样考虑得十分周全，只需在适当方位选择地势较高、相对开阔安葬处所即可。城北所以被认为合适，或许有土地归属原因，但也有可能是皇太极生前已有相关意向，因一年多前去世的爱妃海兰珠，葬地就位于城北地载门（小北门）外约五里处，虽碍于制度无法与之合葬，但尽量靠近其葬地也算顺从其意愿。平心而论，建陵初时“风水”条件并不具备明显优势，但当时能决定其事者只有六岁小皇帝和两位出身蒙古部落皇太后，而且刚经过“争位”风波，惊魂未定，能尽快完成“大行皇帝”葬礼就是最基本要求。据《清世祖实录》记，当年九月二十一日，新建“陵寝”已告成使用，并举行将“梓宫”由皇宫崇政殿移至陵寝典礼。从皇太极去世算起，至此时尚不满40日，兴建速度之快，难免令人产生仓促草率之感。

昭陵石牌坊旧照

昭陵正红门

当然，那时建成的“山陵”，远不是日后所见面貌，从当时奉安仪式看，充其量只有三间享殿而已，相当于后来“隆恩殿”的前身。当时所谓“告成”，只表明皇太极灵柩有了适当停放和祭祀之处，相关工程还在继续进行，比如次年（顺治元年）五月，在殿中举行供奉神位及其承放宝座制成安放礼仪。至八月初九皇太极周年忌日，于昭陵举行皇帝、皇太后、诸王官员及命妇参加的“小祥”祭礼，将遗体火化骨灰装入“宝宫”（陶瓷罐等容器），以备安葬，八月十一日再行隆重仪式，将宝宫安放于陵殿后部地宫中，即表明皇太极已正式“入土为安”。此后数日，福临小皇帝便率在沈阳文武各官，踏上了迁都北京的行程。

定都北京初年，昭陵仍在完善过程中，因已有福陵为标准，其最早建成者也是方城、隆恩殿及配殿等与祭典、守护相关建筑，也包括建立下马碑以及分布陵区管理相关规定。如果按清太宗时期对陵寝文化理解程度，达到此种规制即已基本竣工。不过，由于政权性质变化和中原文化影响进一步加深，顺治皇帝对修筑父、祖陵寝建筑的要求，已经不再停留在以前标准，比如顺治七年谕令在昭陵、福陵同时添设神道两侧望柱（华表）和石像生即是一例。更重要的则是对陵区风水景观重新调整，因昭陵所在处地势平坦，并无自然形成山冈河流，难与汉族风水理论所谓“前有沼，后有靠”的皇陵吉地标准相吻合，但清太宗已入葬，难以再更改陵址，因此在顺治三年以后便听取汉族大臣意见，采

>> 昭陵碑亭

取人工补救办法解决。具体做法应是在陵前区域另行挑挖新河道或疏浚旧河道，再将挖出泥土运到原陵区之北堆积成山，若土不够则从其他地方运来（按制应用风水区以外“客土”），最后按“子山午向”堆积成东西走势、两端向南弯曲的新月形人造陵山，最高处六丈一尺，总长一百一十五丈，山上栽植树木。完成后顺治八年由皇帝命名为“隆业山”，陵前新成之河俗称“玉带河”，开挖疏浚后在正对陵寝处修建长三孔石桥一座，既可免雨季水患，又弥补本陵“神桥”之阙。顺治八年皇帝又传旨，对昭陵修缮取土、烧砖、烧石灰、采石料等地点作出明确规定，并对昭陵守卫、管理、祭祀等作出相应安排，目的都在于提升昭陵尊崇地位和环境风貌。经此一番改造，于太宗去世后匆忙所建昭陵，不仅能承担皇陵基本职能，而且陵区面貌也与其地位相符。同一时期，也对清福陵进行了相同性质的改进。至此，可以视为这两座自沈阳都城时期开始建造的陵寝，经过迁都北京后顺治初年的完善，基本完成了其早期建筑活动，也可视为沈阳福、昭二陵按旧有礼俗营建阶段的结束。

从康熙初年起，由于清朝政权继续趋于稳固，受明十三陵和新修清孝陵影响，皇帝决定参照中原帝王陵寝制度，对沈阳两陵加以进一步改造，其结果使两陵规制有了十分明显的改变。

首先是在方城北部增加“宝顶”和“宝城”，将原在两陵享殿的皇帝“宝宫”（骨灰罐）移至宝顶（坟冢）下地宫（墓室）中。于是不仅要新建宝顶、宝城，还要在建成后举行仪式对“宝宫”重新安葬。

其次是在宝顶前加建“明楼”和棂星门、石祭台，因两陵方城北部面积有限，便在方城北墙中间另辟一门，将明楼像城门楼一样建于其上，并在北城门前、隆恩殿后新增棂星门和石祭台。以上工程从康熙初年开始，至康熙十年皇帝东巡谒陵前基本竣工。

第三是在方城前空地，按关内陵寝规制加设石牌坊、正红门

>> 昭陵方城内南侧建筑

和神功圣德碑碑亭。从历史记载来看，这批工程实施应晚于宝顶明楼等工程，约在康熙三十年完成。

经过这番改造，清昭陵才真正具有现存的格局和建筑面貌，此后虽仍有一些添建改建，但对整体面貌无大影响。乾隆四十三年，昭陵也与永陵、福陵一样，奉旨在红桩外增设白桩和青桩："于南北西三面红桩二十丈、东面红桩十余丈外，共设白桩九十；于白桩十里外，设青桩四十"，并制定了与福陵类似禁令。从总占地面积看，虽与福陵相差不多，但由于其所在区域地势平坦，而且距城较近，给人感觉面积要更大一些。按清代沈阳人观念，出大北、小北两座边门，向北的土地基本都属昭陵范围，其间分布村落也多是与昭陵相关的内务府或陵寝衙门所属村屯，直到民国时期陵寝区域逐渐被开发占用，这种观念才逐渐转变。

2. 松涛环绕主陵区

如前所述，清昭陵虽较清福陵晚建十余年，但由于顺治以后按新制改建过程基本同步进行，所以主要建筑类型、数量、造型风格以及建造时间基本一致，只因所处地形环境及陵主身份等方面差异，在具体部位有所不同。

昭陵隆恩殿

由于昭陵地处沈阳城北平坦区域，加之民国后改建公园影响，开放后给人感觉是其陵前导引部分远长于福陵。现所见最南侧下马碑已位于公园南门前北陵大街两侧，但这只是陵区范围，陵寝建筑区域要从玉带河石桥南立石狮、华表处算起。过桥正面即有四柱三门石牌坊一座，其上部仿木结构雕刻精细。此坊为康熙年间按关内帝陵之制新立，嘉庆时曾重修。牌楼北两侧为省牲亭、馔造房、更衣亭、齐班房等，为备办祭品及祭陵者做相应准备之处。正中面南而立者则为正红门，两侧连接袖壁、风水红墙，制与福陵基本相同。四面风水墙总长近五百丈，东西两侧也设有东红门、西红门。入正红门仍为甬路三组，两侧为成对石雕华表和石像生。与福陵不同者，其石像生为象、骆驼、马、麒麟、獬豸、狮各一对，且其石马据传是按皇太极生前坐骑“大白”“小白”雕成，乾隆、嘉庆、道光诸帝至此祭陵时，都曾专门作诗赞咏这两匹随皇帝驰骋疆场的御马。

沿正红门内神道向北的神功圣德碑碑亭（碑文以康熙帝名义撰写）、方城、隆恩殿及配殿、明楼（内陵号碑书“太宗文皇帝之陵”）、棂星门、石祭台、月牙城、琉璃壁、宝城、宝顶等，

>>昭陵石像生马

排列顺序及建造时期、样式、功能等，基本上与福陵相同，只在规格及室内陈设、局部装饰等方面略有差异。其两侧茶膳房、涤器房、焚帛炉等，也与福陵近似，只是昭陵方城内东西配殿之南，各建有二层三间硬山前后廊式配楼一座，应是供存放与祭祀相关器物所用。

昭陵周围的树木景观同样十分著名。由于其位于土壤比较肥沃的地带，与福陵同时栽种松树茂盛程度和树形姿态都更胜一筹，与红墙碧瓦的皇家陵寝建筑相衬映，在方圆十余里的范围内，形成苍翠肃穆中蕴含神圣威严的壮丽景色，在清代就很著名。乾隆年间，其早期栽植的古松已超过百年树龄，受到特殊重视，根据乾隆四十九年官方记载，仅风水墙内“仪树”类古松就有1625棵，加上周围更多“海松”数量当极为可观。直到清末都

是沈阳城北部著名景观，中外人士多有诗文记之。清末、民国时期同样受到破坏，除风水墙内保留尚好，周边所剩者已不多，20世纪60年代开始编号保存，至今尚存数百株。

昭陵棂星门

昭陵明楼和月牙城

3. 妃园寝与昭西陵

昭陵也附建妃园寝，位于风水墙西侧不远处。清代文献中称为“懿靖大贵妃园寝”。内外所建享殿、正门、茶膳房、果房、堆房等与福陵寿康太妃园寝略同。其围墙长四十九丈，稍长于福陵妃园寝，但所葬非止一人，而是皇太极的十一位妃子。此园寝位于昭陵宝城西侧同一直线上，应建于顺治至康熙年间，其内十一座坟冢由西向东呈四、二、二、三排列。清太宗共有后妃15人。其改元称帝后的五宫后妃中，中宫皇后（后尊为孝端文皇后）哲哲去世于顺治六年，次年运梓宫回沈阳入昭陵合葬。东宫大福晋宸妃海兰珠去世于崇德六年，初葬于地载门外五里处。她虽是皇太极最宠爱的妃子（见本书第一章），去世后封敏惠恭和

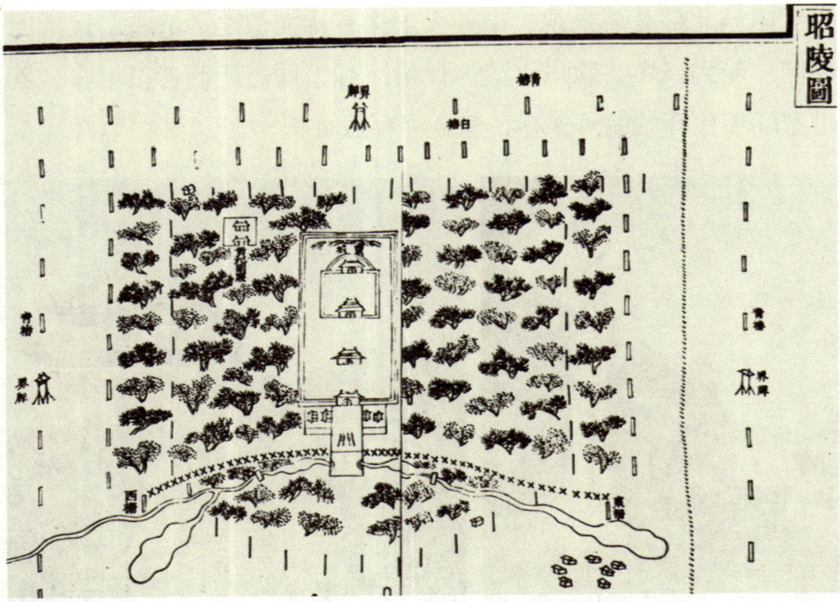

乾隆时期昭陵及妃园寝图

元妃，但因并非皇后身份，在丈夫去世后不能与之合葬，在昭陵建成后迁葬妃园寝。东次宫侧福晋淑妃，去世于顺治九年以后，封康惠淑妃，也应葬昭陵妃园寝。西宫大福晋贵妃娜木钟即后来尊封懿靖大贵妃者，康熙十三年去世后，归葬妃园寝，因其地位较高且在诸妃中去世最晚，故园寝也以其封号命名。另八座坟冢入葬者姓氏及时间未见记载，均应为皇太极早年妻妾或地位较低侧妃、庶妃。

最受人们关注的，是皇太极永福宫庄妃，顺治和康熙朝时为皇太后、太皇太后的布木布泰，去世后并未与丈夫同葬，而是与儿、孙同葬河北遵化清东陵。按照皇陵典制这是极为不正常的事。于是，便由此引发诸多传言，流传最广的是说庄妃因生前曾下嫁多尔衮，无面目回沈阳与皇太极同葬，因此自请葬于清东陵。更有甚者，竟然说康熙帝对她下嫁多尔衮十分痛恨，将其葬在清东陵风水墙外，是罚她“为子孙守陵”。因顺治年间史料里实在难以找到关于“太后下嫁”确切记载，据此虽不能完全认定那桩“清初疑案”，却也为主张“下嫁说”者提供了一项重要佐证。

事实究竟如何呢？一方面，康熙皇帝少年父母双亡，继位前后都得祖母关怀教诲，祖孙之间感情至深，早年即有很多事例，至太皇太后病重将不起时，他甚至亲至天坛祭告，愿减己寿以换祖母延年，从亲侍汤药直至灵前守孝，一月之间几乎衣不解带，又破例跨年隆重治丧，而且直至晚年，提起祖母养育深恩仍情不自禁感伤落泪。说他罚孝庄守陵，恐于情理不合。另一方面，正是出于这种感情，使得康熙皇帝同意祖母不回沈阳安葬。康熙二十六年孝庄病重时，曾特意就身后之事嘱咐康熙，大意有二：一是按照“卑不动尊”原则，不该因自己回昭陵合葬，再打开已安葬四十多年的太宗陵寝宝顶；二是因对儿、孙（指顺治、康熙帝）感情至深，死后不忍离之远去（顺治孝陵、康熙景陵都在清东陵内），应在就近处安葬。康熙皇帝对祖母这种“入情入理”的要求，虽无法拒绝，但河北清东陵中辈分最高者是顺治帝及其后妃，孝庄不与丈夫同葬却与儿孙同葬实在于礼制不合。左右为

清孝庄文皇后画像

难之下，康熙帝采取折中办法，即在清东陵外距风水墙最近处，盖造一座“暂安奉殿”，举行隆重葬礼后，将祖母梓宫（火化后骨灰罐）和神位等供奉于此，按制祭奠。因为实在想不出合适解决办法，直到30多年后康熙帝去世，孝庄灵柩仍在原地“暂安奉”，不能“入土为安”。

雍正帝继位初年，仍无法解决父皇遗留的这个棘手问题。直到雍正三年（1725），有大臣体谅皇帝苦衷上了一道奏折，大意为自孝庄文皇后暂安清东陵旁，大清风调雨顺、国泰民安，可见这是天意使然，应正式在此为之建陵安葬。皇帝览奏龙心大悦，传旨实行，于是正式于清东陵风水墙外为孝庄建陵安葬。因其应属清太宗昭陵系统且位于沈阳之西，故命名为“昭西陵”。由此而论，如果有人说清昭陵还有一座“分陵”在千里之外河北遵化，或许也该算是正确的，因为“孝庄文皇后”布木布泰无论日后如何高贵，都源自“太宗文皇帝庄妃”这个基础身份，昭陵是她理所当然的归宿，尽管最终孤独地长眠于子孙陵寝风水红墙外，遥望着自己应该回去的地方，但却永远摆脱不了与沈阳昭陵的干系。

4. 两陵祭祀与管理

清代时沈阳福、昭二陵，与沈阳故宫建筑群的一个显著区别，就是其作为本朝先皇陵寝所特有的纪念性建筑使用功能。在其建成至民国初年的二百多年中，无论当朝皇帝是否驾临，两陵都从阶段性竣工投入使用开始，就处于经常性使用状态。其中，各种按制举行的祭祀，即使礼仪简单者，在当时也都属于国家礼仪范围。

从天聪三年福陵建成起，就已有相应祭祀规定，不过其正规化固定化，还要从顺治迁都北京调整礼仪后算起。两陵祭仪大致相同，总括可分“依时飨祭”和“因事告祭”两大类。前者是在

福陵隆恩殿和明楼

固定节令或日期的循例祭祀，后者是国家遇有重大事件时或完成以后，按皇帝相关旨意特告知祖先。清代福、昭二陵比较常见者大概可分为以下三类：

一是“小祭。”或称“常祭”，时间是在不设大祭的每月朔（初一）、望（十五）两日，地点在隆恩殿，仪式相对简单，由奉旨恭代的王公官员或盛京礼部官员主持，只将殿内暖阁前幔帘打开，露出陵主神位，然后将供献祭品摆于供案上，叩首行礼。所用祭品除熟羊一只外，都是新采摘的“时鲜果蔬”，与早年满族民间将新得果蔬先敬奉祖先神位前习俗相似，俗称“请老祖宗尝鲜”或称“荐鲜”。

二是“大祭”。每年在六个固定日期举行，即清明、中元节（七月十五）、冬至日、岁暮（除夕或前一日）以及陵主帝、后忌日（去世之日）举行，其中前四日两陵相同，也称“四时祭”。主祭官由皇帝钦派“恭代”，其基本礼仪见下文东巡“大飨礼”。值得一提的是清明节祭陵有一特殊礼节。因其为民间扫墓日，两陵祭仪特加“敷土礼”，象征为祖先坟墓除草培土之意。因皇陵宝顶高大且不许踩踏，事先要在宝城与宝顶间搭设栈桥式木架，上铺木板。主祭官（早期共用十三人，乾隆以后只用一人）身着祭服肩挑特制土筐，由栈桥上至宝顶最高处，跪捧筐中土撒向宝顶表面各方，礼毕更换朝服再至隆恩殿行大祭礼。

三是皇帝东巡时祭典，清代康熙、乾隆、嘉庆、道光四帝共10次东巡，直接目的地就是祭祀包括沈阳福、昭二陵的“盛京三陵”。按性质应属“因事告祭”一类，如康熙年间的三次就分别因“寰宇一统”“三藩平定”和“平定准噶尔”而告祭，不过，按当时所记则是参照“四时大祭礼”仪节而行。

按典制规定和各次实际记载，皇帝在沈阳祭两陵分“告谒礼”和“大飨礼”两种仪式。

告谒礼：也称“谒见礼”，于大飨礼前日举行，意为预先问候祖先并禀告次日将行祭之事，仪式在明楼下棂星门内石祭台前举行。皇帝入方城后由东侧至隆恩殿后石祭台前，行三跪九叩头礼，待祭器祭品等摆放完毕，再以爵献酒三次，每献毕一叩首，以上过程从祭王公大臣均随之行礼，礼毕，皇帝从原路退出。若有皇太后、皇后随驾东巡，还要另外再行此项礼仪。

>> 昭陵明楼和宝顶

大飨礼：实即上文所述“大祭”，也是陵寝中最隆重祭典。按制于前述四时大祭及“国有庆典”时举行。东巡所行即属后者，与平日遣官代祭时礼仪程序基本一致，只因主祭人是当朝天子，且有多于平日的王公官员随祭，额外增加一些相关细节。至日，先将本陵帝、后神位从平时供奉暖阁内请出，置隆恩殿内宝座上，宝座前供案上陈设下列供品及器具：

牛一、羊二（以一羊代豕，均连俎共陈）、尊一（内盛酒）、帛各一、羹饭脯醢一筵（计十八盘）、饼饵果品一筵（计六十五盘）、茶碗一、金爵三、金匕一、金箸一双。

祭祀开始时，皇帝至隆恩殿香案前跪，上香后行三跪九叩礼，然后是初献，即献帛、献爵（酒），由读祝官读祭文毕，皇帝行三叩首礼，接着是第二、三次献爵奠酒，每献仍行三跪九叩礼，毕，皇帝至隆恩殿西侧焚帛亭前看视焚烧祭帛祝文后，再从明楼后东侧台阶上至明楼前向宝顶致哀后，即告结束。

此项典礼看似并不十分复杂，但因属国家大典，备办祭品之事要耗费大量人力物力。供案上所设共81盘供品，每盘一种各不相同，既包括各种粥菜汤羹、糕点面食、干鲜果品，也有野味山珍、蜜饯果脯等类食品。由于陵寝供祭有“事死如事生”之说，全部供品都是用东北地产原料，按满族传统口味精心于祭祀前制作，所用餐具也都非常讲究，有的需热食的汤羹之类，甚至用特制银质温盏盛装边加热边摆供。有记载说每次制作供品要用鸡蛋上千只，白糖数百斤，核桃、柿饼、橘饼等都数以千计，可见皇家陵靡费之巨。由此，人们也可对前文所提到的宰牲亭、馔造房、茶膳房等附属建筑存在意义有更多理解。从为祭祀服务角度观察，比起石像生、大碑亭那些只起标志作用的建筑物和纪念物来，这些排列两旁并不引人注目房子，有更高的实用价值。

用于存放祭品的昭陵角楼

由于每年多次大小祭典，以及广阔陵区内建筑、树木、设施等需要经常性守卫巡查、维护管理，也使清代福陵、昭陵所属人员数量众多。顺治十三年起，分别在两陵设立总管衙门作为管理机构，下设总管，副总管以及八旗防御等武职官员，掌关防官、尚膳、尚茶、司香等管理祭祀事务官员，另有管理工程劳役人丁佐领官，每陵一员，后称为“管千丁佐领”，属下各有常额壮丁一千二三百人，以应各类役事之需。比较奇特的是，两陵中还专门为清太祖、太宗时代皇亲国戚后裔特设一些职位，仅福陵就有国戚章京五六十人，旗兵近百人，昭陵也与之大体相当，大多出自开国汗王舅父、姨父、姑父家族。其原因并非因这些人有什么特殊军功政绩，只缘他们是所在陵寝“陵主”亲戚后代，而皇陵中吃官俸名额较多，也借此让这些“老亲戚”们多沾些光。由于清代在福、昭两陵“当差”的人较多，当时陵区范围内及周边村屯居民，都以多年供职皇陵的“守陵户”为主。

>> 清末昭陵旗丁

清朝末年，由于政府无力对其进行有效的保护和维修，福陵、昭陵周边区域受到一定程度破坏，在战乱年代，陵寝建筑也几度面临毁灭威胁。民国成立后，直至1924年底溥仪被赶出紫禁城前，其核心区域始终归逊清小朝廷管辖，1925年才由地方政府接收。1927年和1929年，昭陵、福陵相继辟为公园，有了新的存在价值，对保护古建筑主体部分起到一定的积极作用。直到20世纪60年代初，对两陵古建、古松的保护才开始纳入正轨。1963年，其风水红墙内区域，分别被辽宁省人民委员会公布为省级重点文物保护单位。1982年和1988年，昭陵、福陵又相继被列为国家级文物保护单位。多年的文物保护成果，也为此后申报世界遗产成功奠定了基础。

第九章

府宅民居巷陌通

清代沈阳城乡住宅建筑风貌与前代显著不同。发生变化的主要原因，一是这里曾作为后金（清）政权都城及东北中心城市，居民社会地位有别于前朝历代；二是从清太祖迁都沈阳起，居民主体为刚进入农耕经济区不久的满族人，居住习俗与原住明朝汉族军户有明显差异。从满族人进入沈阳城建立皇宫、王府开始，新的建筑风格就已开始引领城市住宅风尚，随着文化演进、民族融合的过程，至清代中期起已演变为清代东北民居建筑代表形态，并对周边地区产生重要影响。

一、内城名宅清王府

从1625年成为后金地方政权都城后，沈阳城内兴建汗王宫殿同时，也按此前几座都城惯例，同时修建宗室勋贵（即八旗旗

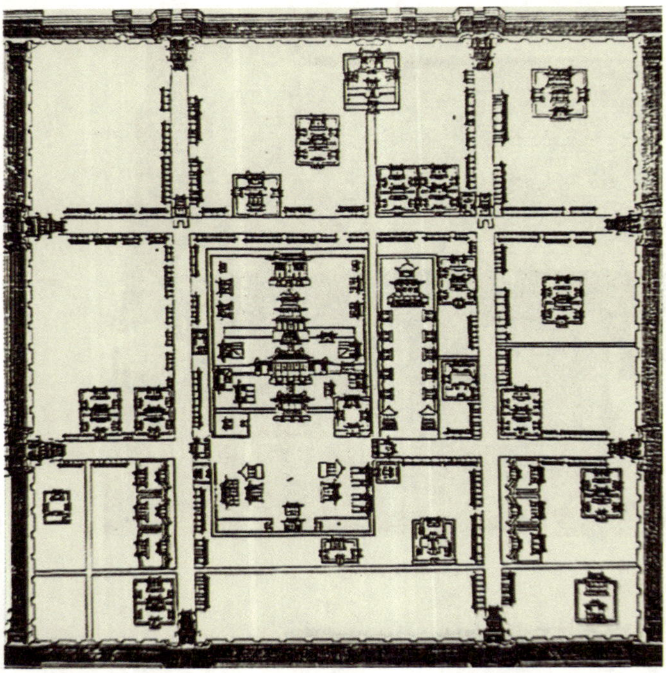

>> 绘有城内王府的《盛京城阙图》全图，（摹本）

主贝勒）府邸。初称某贝勒府，崇德改元称帝正式封爵，则变为亲王、郡王府或贝勒府，统称王府。因清太祖、太宗时对皇室贵族“分封而不裂土”，封王者都住国都沈阳城内。清迁都北京后，虽诸王及袭爵者各在新都立府，但沈阳旧府仍归其管理且沿用旧称。这里王府的多数继承者始终保持贵族身份，也使原府邸完整保留，成为沈阳城比较特殊的一类建筑。不过，沈阳王府创建时物质条件和府邸制度，比北京王府相差甚远，又不得按新制改建，在迁都后二百多年间，只能按旧有规制修补翻新，至清中期以后尽管仍存旧名且主人地位高贵，与陆续新建的城市建筑相比，却只相当于承载显赫历史的特殊民居而已。

1. 建府方位因旗定

从历史沿革考察，沈阳王府大多数肇建于清太祖迁都后一两年间，即与汗王宫、大政殿同时建成，既沈阳城中出现的第一批新建筑。由前文述沈阳城改造过程可知，当时城内格局尚为明城十字街“田字格”分区。新建筑中，清太祖汗王宫建于北城门内侧；大衙门（大政殿）和八旗衙署（十王亭），作为汗王和八旗贝勒议政集会之处，按次序排列于城中心区域，而八旗贝勒府第（即王府）则散布各城区，其具体方位则依本府主人所在旗分确定的。现分述图上标示十一座王府分布情形如下。

城东区域：

礼亲王府：在故宫大政殿东偏北，王府初封主人和硕礼亲王代善，清太祖次子，早年随父征战，从后金建国直至顺治初去世，都是地位仅次于汗王（皇帝）的大贝勒或排名居首的亲王，并为两红旗旗主，崇德元年（1636）被封和硕礼亲王。顺治以后，袭爵者曾改王号巽亲王、康亲王，乾隆四十三年（1778）奉旨复礼亲王号，世袭至清末。

克勤郡王府：早期称“成亲王府”，按图所示位于抚近门（大东门）内大街路北临街处。本府创建时主人岳托是代善长子，早年即因功封正红旗贝勒，崇德元年（1636）被封和硕成亲王，后因与皇帝政敌有瓜葛受责降郡王，崇德四年（1639）病故，追封多罗克勤郡王。袭爵者称衍禧郡王，平郡王，乾隆四十三年（1778）恢复克勤郡王号，世袭至清末。

顺承郡王府：初称“颖亲王府”。位于内治（小东）门内大街路南。本王府初封主人萨哈廉是代善第三子。因与长兄岳托共同拥戴皇太极继位而受器重，晋封贝勒，掌镶红旗，并任掌礼部贝勒。崇德元年（1636）五月病故，追封和硕颖亲王。其子袭爵后，改降王号为多罗顺承郡王，世袭至清末。

敬谨亲王府：位于抚近（大东）门内路南。初封主人尼堪，是努尔哈赤长子褚英第三子，清太宗时封贝子，隶镶红旗，顺治时晋封敬谨亲王，后在广西作战时阵亡，是清代唯一战死沙场的宗室亲王。《盛京城阙图》上所标文字“敬谨亲王府”为顺治以后对该府称谓。

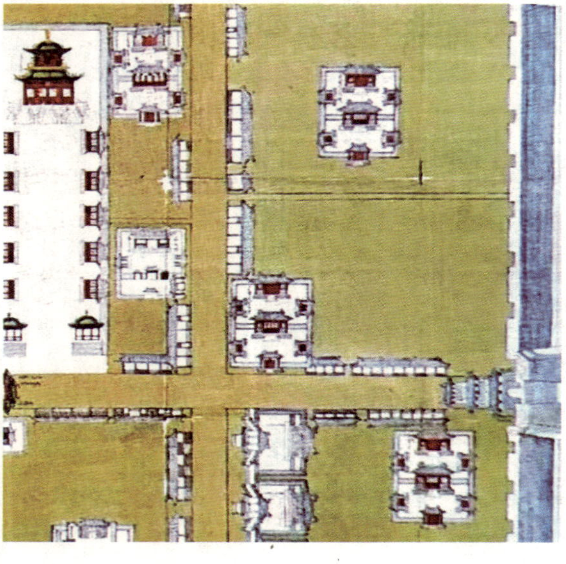

城内东侧四座王府示意图

城北区域：

睿亲王府：位于汗王宫前，通天街路东。王府初封主人多尔衮，清太祖第十四子，幼年即为镶黄旗贝勒（后改正白旗），崇德元年（1636）被封和硕睿亲王，俗称“九王爷”，以雄才大略著称。顺治七年（1650）病殁后，因罪削爵。乾隆四十三年（1778）恢复原爵位及王号，由其子孙世袭至清末。

豫亲王府：在汗王宫前偏西，隔通天街与睿王府相望。初封者多铎，清太祖第十五子，多尔衮同母弟，且为太祖嫡子中最年幼者。封正黄（后改镶白）旗贝勒，崇德元年（1636）被封和硕豫亲王，俗称“十王爷”，迁都初年战功卓著。顺治六年病故后，受多尔衮案牵连降爵为郡王。乾隆四十三年（1778）恢复豫亲王爵号，由其子孙世袭至清末。

武英郡王府：位于汗王宫前、通天街东，与睿亲王府并列。初受封者阿济格，努尔哈赤第十二子，多尔衮同母兄。初为镶黄（后改正白）旗贝勒，崇德元年（1636）被封多罗武英郡王，俗称“八王爷”。顺治初年晋封和硕英亲王，自少年时即以勇猛善战著称，后因谋反罪被杀，子孙降为平民。

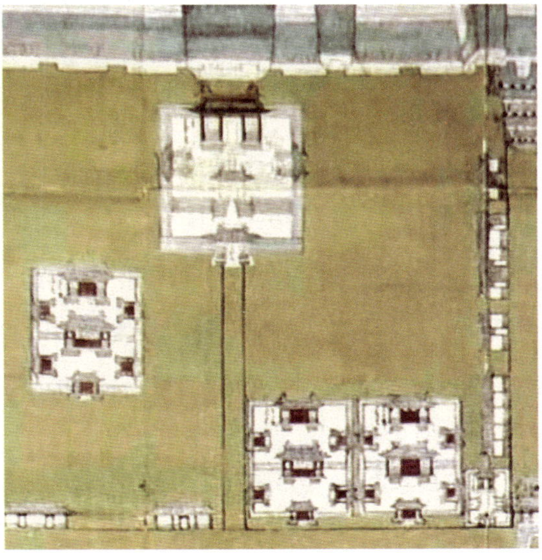

城北汗王宫及其前三座王府示意图

城西区域：

肃亲王府：位于怀远（大西）门内大街与天佑（小南）门内大街交叉路口西北，与故宫西红墙南端隔路相望。王府初受封者豪格，清太宗皇太极长子，初为镶白（后改镶黄、正蓝）旗贝勒，崇德元年（1636）被封和硕肃亲王。顺治五年（1648）因受多尔衮陷害死于狱中。乾隆四十三年（1778）恢复王号，由其子孙世袭至清末。

饶余郡王府：位于怀远（大西）门内大街路北，肃亲王府西侧。其最初受封者阿巴泰，努尔哈赤第七子，初封正白（后改镶黄、正蓝）旗贝勒（并非旗主），崇德元年（1636）被封多罗饶余贝勒，顺治元年（1644）晋封郡王，为太祖诸子中战功卓著者之一，死后追封亲王。

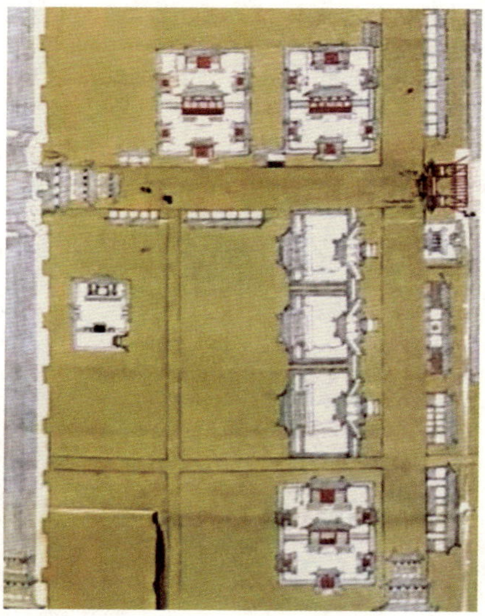

城西南及西侧三座王府示意图

庄亲王府：在《城阙图》上只是宫殿西墙外一座小王府。最初主人为硕塞，清太宗第五子。清迁都北京后被封多罗承泽郡王，后为晋亲王，为第二代宗室贵族中战功显赫者。去世后爵位由其子世袭，并改号为和硕庄亲王。康熙年间，硕塞后代子嗣乏人，雍正初年，由康熙帝十六子允禄过继承袭王爵并世袭。乾隆时原府因建文溯阁搬迁，另重建庄王府于抚近（大东）门内路北。因事在此图形成后，故并未标出。

城南区域：

郑亲王府：位于内治（小南门）内大街路西。本府初受封者济尔哈朗，清太祖同母弟舒尔哈齐第六子，原封贝勒，与其兄二大贝勒阿敏同掌镶蓝旗。崇德元年（1636）被封为和硕郑亲王，顺治十二年（1655）去世。虽为努尔哈赤之侄，但却是清开国时期三朝元老，王爵由子孙世袭至清末。

以上十一座王府是按努尔哈赤时期规定的八旗方位，分别排列在各城区的。住在城北侧汗王宫的努尔哈赤，自兼正黄、镶黄两旗旗主，而建府于汗宫前的多尔衮、多铎、阿济格三人，则是父汗指定的两黄旗继承者，所以这三座王府都建在两黄旗所属北城。建在东侧的代善及其子岳托、萨哈廉，是先后掌管两红旗的旗主贝勒，尼堪也被封在红旗内，所以这四座王府所在东城属两红旗区域。济尔哈朗是镶蓝旗旗主，所以其建府的城南西部属于镶蓝旗。豪格、阿巴泰是镶白旗贝勒，所以建筑府的城西侧区域为镶白旗所属。

据以上所述，细心的读者很容易察觉，《城阙图》上王府中无属于早期正蓝旗和正白旗贝勒者。这是由于清太宗时期八旗旗主变化所致。原正蓝旗旗主莽古尔泰、德格类，分别是清太祖第五子和第十子，但在皇太极时期因被定谋反之罪，罢黜爵位、开除宗籍，其王府也不复存在，早期属正蓝旗区域即城内南侧东部德盛（大南）门里一带，那里也应是原莽古尔泰、德格类府邸所在处。

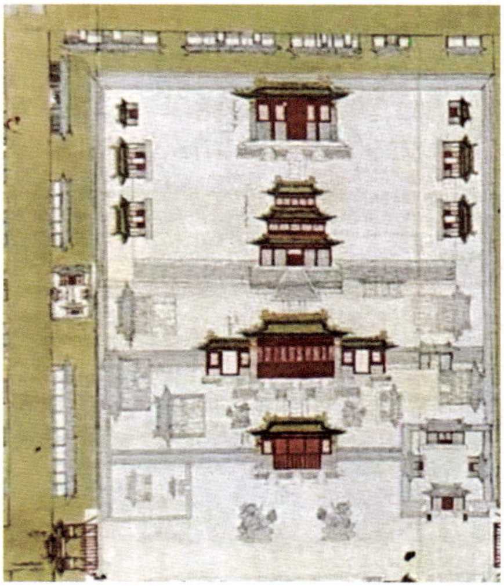

附建宫殿旁的旧庄王府示意图

至于正白旗，努尔哈赤时旗主即后来继承汗位的清太宗皇太极，他在太祖时期王府（或应称“四贝勒府”），即位于现沈阳故宫清宁宫至大清门区域，后来改建为皇宫。《盛京城阙图》上所绘故宫西墙外旧庄王府，府主是皇太极第五子硕塞，按制建府之地应在其父所管旗区域内，也可证明位于现清宁宫及向西北延伸地带，正是早年正白旗在城内属地。

由以上叙述可知，当时各王府在城内坐落方位是：

两黄旗在城北（东镶西正）；

两红旗在城东（南镶北正）；

两蓝旗在城南（东正西镶）；

两白旗在城西（南镶北正）。

因为各区域王府主人即是本旗旗主王爷（贝勒），所以王府所在区域就是其统属之旗居住区域。这种独特的八旗分管城区制度，与清代沈阳内外城居民、城门、街巷管辖都有直接联系，也开创了城市区块分布的独特方式。

2. 建筑沿革及遗存

沈阳城内清初王府，有清一代始终是城中除皇宫外最尊贵住宅，地位无可逾越。不过，由于其特殊性质，并非人们关注

>> 20世纪末的豫王府旧址

焦点，主要原因是清政权定都北京后，原王府主人无一例外地住进北京新府。而“人去府空”的沈阳旧邸，绝大多数时间都非真正主人所居。即使皇帝东巡至沈阳时，王府后代袭爵者会随驾同来，并住进自家旧府。但在二百六十几年中也总共不过数十日而已。不过，因各府在东北地区都有大量土地、庄园等，是本府财产及经济收入主要部分之一，沈阳王府也成为其在当地代管机构所在地，住在北京的王公指定相关人员（相当于管家身份）居此，负责管理盛京地区涉及本府相关事务。因此，这些无王爷常住的王府，既是皇室贵族象征，也具有实际功能，地位仍非比寻常。虽无王爷常住，却相当于某王府驻沈阳“办事处”性质，至民国初年均已售出易主，其买家多是新崛起的工商界人士。

上文所举十一座王府，在清定都北京后地位可分为两个层次：一是礼、睿、豫、肃、郑、庄、克勤、顺承八府，其初封者不仅为清太祖子侄或孙辈，而且是战功卓著的开国元勋和八旗旗主。虽在清初皇室斗争中沉浮不一，但至乾隆四十三年（1778）经皇帝确定为爵位“世袭罔替”的开国勋王，即民间所称永不降袭的八家“铁帽子王”。

二是武英、饶余、敬谨三府，其初受封者虽都是清太祖子孙，但后来或获罪、或几经降袭只是公爵身份，致使迁都北京后至清中期已失去王爷贝勒等贵族身份。但旧府因是太祖、太宗时封赐，仍归继承者掌管，虽是清初王爷后代，现实地位却远不如前八家显赫。尽管如此，因其主人仍具有宗室贵胄地位，沈阳府邸原主人又都是清初军功卓著的名王，在沈阳城官府和百姓眼中地位仍旧高贵如初。

康乾以后，因各王府继承者景况各异，其沈阳旧府也并非如《盛京城阙图》所绘几乎完全一式。以下按清晚期以后见诸记载或实地踏查、发掘情况，简要介绍如下。

据清同、光年间等相关史籍所载，沈阳八家“铁帽子王府”

当时均存，而且除庄亲王府为康熙后在新址所建，其余七家王府坐落地点与《盛京城阙图》所绘基本吻合。即：

礼王府在灰市胡同；克勤府在将军署后；

顺承府在庄府北大红袍；睿王府在木行东；

豫王府在木行西；肃王府在西华门西；

郑王府在小南门里；庄王府在龙王庙后。

这里所说地点，均按清末沈阳城内人们熟悉的胡同、城门、衙署标识，在沈阳旧地图上很容易找到，在此不一一解释，只借以说明晚清时八家世袭王府都完好保存。至于另外三座王府，仅知敬谨亲王府尚存，而饶余、武英二府未见记载及遗存。清末至民国初，满族皇室贵族风光不再，沈阳王府也陆续易主。不过，存在三百余年的王府建筑并未完全消失，甚至到20世纪80年代中期沈阳老城区改造前，仍有格局较完整的旧迹可寻。依照清末民初沈阳城区地图所载地名，辅以对其周边住户及知情者访问，仍不难了解当年王府概貌。以下是当时对拆除前几处王府建筑遗存的调查情况：

庄亲王府遗存。根据沈阳城老地图，大东门内路北有庄亲

>> 20世纪末庄王府胡同旧照

遗存旧房墙上的庄王府巷标牌

王府胡同，所以王府不难找到。原王府坐落胡同东端路北，南向两进四合院，20世纪80年代后期为沈阳路小学二部使用，内外院落格局仍可辨认，但府门及门房、正房、东西厢房已改成红砖砌筑的教室，并改由前院东侧开双扇铁皮大门。正房北后罩房七间尚存旧貌，用作学校教工食堂等。据附近老人述，原府门（当时已为教室）对面有影壁墙一座，建于胡同口路南房屋后墙处。另据《沈河地名》一书记载，庄王府在民国初年卖给东三省官银号总办彭贤，经其改建为带回廊三进四合院公馆，此或为上述调查改为学校前之状况。

肃亲王府遗存。位于今正阳街与沈阳路交叉路口西北侧。清末民初，其所在地有肃亲王府胡同（后改称人寿胡同），所以很容易找到王府旧址处。王府南侧门房在售出后已改为二层临街商用房（曾为“西华门百货商店”和“西华门理发店”等），院内正房、后罩房等格局尚可辨，但已改作商店办公及仓储用房。府东侧建筑则因道路拓宽被拆改为临街二层门市房。

郑亲王府遗存。其址自清代即称“郑亲王府胡同”（今改称郑亲王府巷），地点虽不难确定，但临街建筑均已改变，当时地名应为20世纪六七十年代所改，为正义里一号、二号院。府东侧房屋已为临正阳街二层楼硬山顶青砖楼房。府院为南向两进四合院。门房及前院厢房曾改为某工厂（现为沈河区交警支队办公楼），二门及以北正房、厢房等至20世纪80年代中期格局仍存，

>> 郑亲王府巷东口近照

民国初卖与德姓满族人，旧称“德家大院”，内院东厢房及正房、后罩房均改为二层硬山楼房。20世纪80年代正房楼下尚有德家女眷居住，其余租与外来住户。仅西厢房、中门（二门）与两侧山墙相连倒座房尚存旧貌。东厢楼北山墙外过道，即为外通正阳街的院落进出通道。

敬谨王府遗存。查沈阳城区旧地图，大东门内路南曾有“金王府胡同”及宅院。考清代封爵中并无“金王”之号，而此胡同坐落地正与城阙图上敬谨亲王府位置相同，据此推断，应是人们将“敬谨”简化讹读为“金”所致。至20世纪80年代后期动迁前，这座王府院落格局应是沈城诸王府中保存最完好的。当时归沈阳电车公司干校使用。为并排两座同式二进四合院。虽然大门及院内游廊在清末民初已被改造，但其内部房屋格局基本保存完好，仍可见昔日旧观。

豫亲王府遗存。本府沈阳人俗称“十王府”，附近几条胡同均依其命名。称“十王府胡同”“十王府后胡同”等，王府主体部分民国初年卖给某商人，院中间新建一座二层西式小楼，但三间屋宇式府门犹存旧貌。至20世纪80年代时，府院为沈阳市消防研究所使用。大门后被拆改，保留至20世纪初年才随动迁全部

2012年，豫亲王府发掘工地现场

拆除。因位于距汗王宫较近区域且广为人知，由沈阳市考古研究所对其遗址及周边进行发掘后，将其部分地面及建筑基础，整体迁移至汗王宫遗址附近，作为辽宁省文物保护单位“清太祖汗王宫”的附属部分加以保护。

2012年夏，沈阳文物考古研究所结合城市基本建设，对部分尚存的清初豫亲王府遗址进行发掘。结果表明，其位置和始建年代与《盛京城阙图》等文献记载所示一致。而且包括从清早期到民国时期的几期遗存。在清早期遗存中，发现了王府建筑坐落的高台基址两处，均采用夯土包砖做法，残高约2.2米，同时探明原王府北围墙全长约55米，东西围墙因南部已压在路面以下未全探明，但总长度应长于北墙。属清晚期遗存者是由正房、东西厢房和甬路、围墙构成的四合院遗址，也可了解各建筑的基本做法。这一发掘成果为真实了解沈阳清初王府提供了十分重要的依据。

豫亲王府大门内的石雕影壁，是沈阳清王府唯一遗存的建筑实物。20世纪60年代初，市文物管理部门已将其移至沈阳故宫博物馆内收藏。影壁通长338厘米，通高近180厘米，壁心厚约33厘米。由基座、壁心和壁顶三部分组合而成。壁心部分用大块巨石，浮雕、圆雕、透雕结合，描绘出山林、鹿、仙人组合的画

>> 豫王府内石雕影壁，沈阳故宫博物院藏

面，既具吉祥寓意，也兼有自然朴实风格。壁顶以雕成仿筒瓦勾滴加浮雕花卉脊的墙帽形式，用料应为辽东地区所产含铁矿成分的红褐色砂岩，雕刻手法颇具辽东地方民间特色，应是自他处移置于豫亲王府中。现在其他地方尚未发现有此类石雕影壁，为比较罕见的明末东北地区大型石雕精品。

由于沈阳清初至民国年间王府大都改作民居，至21世纪初，除归属某单位使用的改建后豫亲王府院落外，均已在老城区改造中先后拆除，以致人们很难完整描述出当年某座王府旧貌。不过，历史文献和实地调查发掘留下的记录，仍为我们提供了一些重要建筑信息，综合各王府相关情况，尚可对这类建筑的基本格局和特点作出概括叙述。

《盛京城阙图》上所绘各王府示意图，除较小的旧庄王府外，几乎为同一制式，应并非按当时所存建筑逐一描绘，而是依照当时王府基本规制和保存现状，概括简化处理成相同模式。按其所示，各王府均为坐北向南的两进四合院，整体占地面积应在四至五千平方米左右。最前为三间硬山屋宇式府门，入内头进院正房三间，东西厢房各三间。第二进院落同样是正房三间（清末时多已改为五间）、东西厢房各三间布局。依据相关制度理解，最南侧是王府大门，头进院正房称为内殿（北京清王府中俗称银安殿），应是主人待客、设宴及处理相关公务之处。外院两侧厢房则供守卫、执役人员使用。二进院即为王府内宅，正房是主人寝所，即王爷及嫡福晋居住之处，两侧配房则是其他妻妾子女等住所。相关遗存及考古发掘表明，这些早期建造的王府均应是采用青砖青瓦硬山式建筑，并无采用琉璃建筑构件者。相对于定都北京后王府而言，是相对俭朴的清初建筑风貌。

不过，上述示意图只是一般地反映了清初王府建筑基本模式。很难转化为某一王府中的具体建筑和实际使用情形，但也能反映出当年贵族府邸的一些特征。比如，满族早年居住山区时，即有贵族首领住宅建于城中高处的传统。迁至平原地区城池后，虽选址已无明显的地势高低之分，仍延续旧俗，规定贵族内宅建于平地垫起的高台上。现存沈阳故宫寝宫区及《盛京城阙图》上所绘汗王宫均为实例。不仅如此，清初还制定专门制度，规定亲王、郡王、贝勒府第高台分别高一丈、八尺、六尺，贝子品级以

拆除前的郑亲王府中门

下只可于平地盖造。如此，沈阳所建各王府则都应是内宅建于高台之上的。2012年发掘豫亲王府遗址时，在院内出土两处以砖墙包砌的高台残址，完全可以证明上述制度的存在和实施。《盛京城阙图》上各王府示意图，虽不能明显看出有高台存在，但内外院划分都很清楚，应出于绘制者省略或忽视。不过，在了解沈阳清初王府时，却不应忽略这一特色。

清定鼎北京后，随着各类典章制度不断健全，对于王公贵胄府第规制有比较详细的规定，但沈阳城原有及后改建的王府，因属“开国旧迹”，已不必再适用新颁布王府制度，何况各府主人及继承者境遇，已非在沈阳封王建府时状况。此后只是在基本保持原有风貌基础上，根据各自使用需求及经济状况维护整修而已，很难做到整齐划一。然而其贵族住宅性质并未改变，因无具体实例，其建筑样式应比照城内住宅中较高层次者定位，详见下述。

二、古城经络老街巷

对21世纪初的人们而言，清代沈阳城至少已是一个多世纪前的陈年旧迹，除零散分布各处的现存文物建筑，似乎只能从以往文献、图照中寻找当年城市整体印象。不过，从空间角度而言，现代沈阳人想到达百年前城厢某处却并不难，这既得益于区域内文物建筑地标作用，也要归功于多年来对古城街巷地名的沿袭与保护。

1. “井字街”和“通天街”

前文介绍沈阳城时已提到，从皇太极时将明城四门改为八门，到康熙时增拓城厢建边门边墙，清代沈阳内外城格局即已确定，由此而来的城内“十字街”变“井字街”，内城门通往八关边门的大街也随之完成。这些交通干道将内方外圆的沈阳关厢对称分割，共同组构成城区平面结构框架。尽管经历三百多年沧桑岁月，各条古街无一例外地改造成现代路面，然而这副框架却至

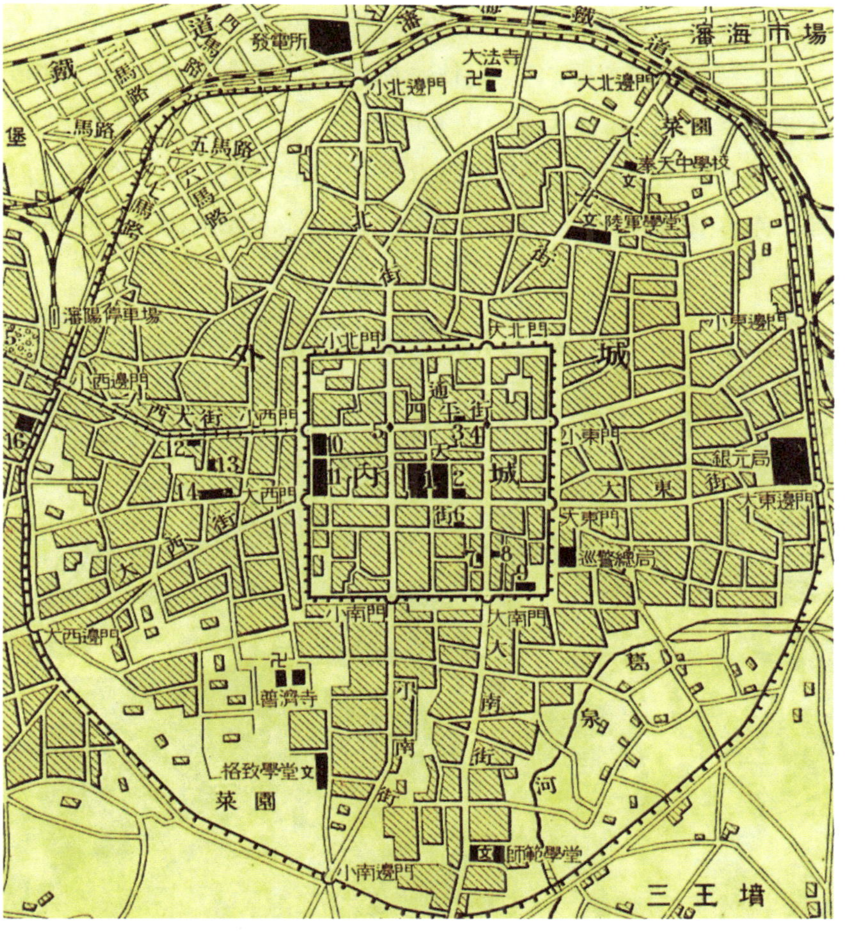

清末民初沈阳城区道路略图

今犹存，大多数“老沈阳”可轻而易举据其辨认出旧城规制。同时，因现存街路名与当年城门、城区对应相关，沿用时间短者也已七八十年。从古城遗迹保护角度而言，这些百年街道虽非文物保护单位，但得以完整存留，甚至比单纯保护某处历史建筑更具意义。

沈阳城内的“井字街”，本是相对两城门间相通的四条长街相交而成。然而，清代习惯上却把四条长街分为十二条街。原因是各长街并非径直畅通，其中部均有限制自由通行之隔断建筑，即鼓楼、钟楼和故宫门前文德、武功两座牌坊。这样，每条长街即大致分为三段：

南北走向东侧大街：南段自大南门至与皇宫前大街交叉路口，称大南门内大街；中段自路口至钟楼，称钟楼南大街；北段自钟楼至大北门，称大北门内大街。

南北走向西侧大街：南段自小南门至与皇宫前大街交叉路口，称小南门内大街；中段自路口至鼓楼，称鼓楼南大街；北段

清末小南门内大街及鼓楼南大街

自鼓楼至小北门，称小北门内大街。

东西走向南侧大街：东段自大东门至与南北向东侧大街交叉路口，称大东门内大街；中段两条南北向大街路口间，称“皇宫前大街”或“金銮殿前大街”。按可实际通行处而言，则东侧路口至故宫文德坊称东华门大街，西侧路口至武功坊称西华门大街；西段自路口至大西门称大西门内大街。

东西走向北侧大街：东段小东门至钟楼称小东门内大街；中段钟、鼓楼间称四平街或中街；西段鼓楼至小西门称小西门内大街。

小西门内大街旧照

在此应加以说明的，一是清代对这些街道称谓，是由其与各城门、钟鼓楼、皇宫位置关系而成的俗称，用字并无严格规定，如各城门在不同场合使用，可用上述俗称、也可用城门正称，如大东门内大街也可称抚近门内大街，其他城门类推；二是各城门内大街“内”，也可依文白不同，称为“正”或“里”，如大东门内大街可称“大东门正街”或“大东门里大街”，其他类推。但无论用何称谓，因所依据景物近在咫尺、抬头可见，都不会造成错乱。同理，钟、鼓楼南大街的“南”也可换为“前”，但是一般无钟（鼓）楼东（西）、北（后）大街之称，原因是那几条街各有城门为标志，称“某门内大街”比指钟、鼓楼为称更简便直观。

这些街路名，1631年至1931年三百年间基本无变化。虽然城门和钟鼓楼在民初陆续拆除，但原坐落位置和名称早已与沈阳城融为一体，根深蒂固地留在人们心中。原各分三段的四条长街，分别因钟、鼓楼不存和皇宫前两牌坊间不再设禁而成通衢，但原有旧街俗称仍沿袭，只皇宫前大街在日伪统治时期出于政治目的一度改称“一心街”。东北光复后，为消除日伪殖民统治时期痕迹，1946年由当时政府对全市各街道重新命名，方城四条大街首次各有其名，即：

原大南门至大北门间统称朝阳大街；

原小南门至小北门间统称正阳大街；

原大东门至大西门间统称沈阳大街；

原小东门至小西门间统称中央大街。

以上四街原有各三个区段分别称本街一段、二段、三段。

由于这四条街是城内主干道，知名度极高，当时还对新街名来由及含义提供了相关解释：故宫门前大街是本城标志，用本市地名称之顺理成章；中央大街与原称之“中街”意思差别不大，无须解释。正阳、朝阳街名首次出现，则需给出依据，按说出自《左传》文公四年卫宁武子聘鲁事之记载。其中“昔诸侯朝正于王，王宴乐之，于是乎赋《湛露》，则天子当阳，诸侯用命也”。一段话，即命名“正阳、朝阳”街名之“出处”，具体如何解释则未见详说，即有这段话为据，文人们自会将其引申演绎，得出与沈阳城地位相符的寓意。不过，当时对朝阳、沈阳、正阳、中央四条街组合所具意义的解释，却似乎使人们“不容置疑”，即“三阳开泰、拱卫中央”，或简言之“三阳开泰保中央”。

此后数十年至今，除曾受政治环境影响短暂更名外，仅1957

故宫门前的沈阳路中段

年按沈阳地名“东西为路、南北为街”命名规则，并将各大街“大”字去掉，改沈阳大街为沈阳路、中央大街为中央路（一度称“中街路”）。近七八十年来，这四条街路路面及宽度虽几经变化，但其长度、走向、名称都一如既往。其所构成的“井字街”，仍为沈阳古城内城区域平面构成的“骨架”。由于城中心故宫完好保存，地标作用明显，各城门及钟、鼓楼位置人们耳熟能详，又有四条顺城街（路）界定外延，时至今日，仍可轻而易举地分辨三百年多前古城范围及区块划分。

还有一条必须提及的内城街路，即原与正阳街、朝阳街平行的“通天街”。这是与明沈阳中卫城内纵向轴线重合的南北大街，现身城中要比上述四条街早200年甚至更久，也是清代以来始终保留的第一古街。只不过在清初内城改建八门后，原明城南北城门已封堵，中段又位于皇宫与大政殿间宫禁区段（今在故宫内仍清晰可辨），通行价值大为降低。虽走向无变化，而且有中心庙、文德坊、九门为明确节点，却逐渐从昔日主干道变成并不通畅的小街。即使如此，清代以来对其可通行部分仍称“通天街”，其南段街名至今犹存。城墙拆除后，一度将清代本不相连的城外一段称“通天南街”，而城内通天街南段至故宫前则称“通天北街”，故宫北至汗王宫前则以所在胡同称之，幸有故宫、汗王宫遗址在，人们仍可循路探访“通天”的含意。

2. 关厢干道至今存

沈阳内城八门外至对应边门间，在康熙增建外城后各有大路通连，命名与所在关名相同。如大东门外至大东边门者即称“大东关大街”，小南门外至小南边门者即称“小南关大街”，余类推。在民间俗称也有雅俗之别，如光绪初年缪东霖所著《陪京杂述》中，即按各门“官名”，称大东关大街为“抚近门外大街”、称小东关大街为“内治门外大街”等等，即为书面规范形式。因各边门之设并非等距分割边墙，且需考虑原有四境道路及地势地貌等因素，后来八关大街中只两南关和大东关三街基本与边门直线相对，而其他各关大街则有斜度或转弯，不与本方城门正对直通。各街虽长度不同，但确属本关内最宽大街，又是通往

民国时期小西门外大街（今小西路东端）

四境各方向主干道，故至清末二百多年间街名始终依俗称未变。

至1939年确定城市街名时，将原地名中“关”和“街”前“大”去掉，变成“大西街”“小南街”等。1946年重定街名，又在原地名“街”前各加“大”，成“小南大街”“大西大街”等。1957年统一规范地名，将“大”字去掉，并改东西向者为路，遂成“大南街”“小东路”等名称，沿用至今。不过，其中有四条路较原来小有调整，即大北街、小北街因各有一段与大北横街（现称天后宫路）重叠，而将北段命名为“大北关街”“小北关街”；大南街、小南街向南略延长；大西路也一度延长至十一纬路（现已复原）。这些变动，虽使现街（路）与早期命名时略有差异，但都在可理解范围内，对方位认知并无大碍。这八条路命名源自古城门、城关，地名主体三百多年从未改动，两端及途经处，即是原城门、关门、关厢所在处。所以，无论旧城郭建筑存在时或消失后，对于了解沈阳内外城意义都十分重要。现均与城内“井字街”四条街（路）一样，成为重点保护的历史地名。

除上述纵向干道外，关厢区域原还辟有与城墙平行的横向街道，每关厢各两条，分别称“小什字街”和“大什字街”。各街虽不宽但基本直线贯通，与所在方向两条关厢大街路口呈“十”字垂直交叉，又形成城门外各方向“井字街”，此应出自康熙朝增建外城初期规划。晚清民国年间，城区百姓称距城门较近区域为本关“上头”，而靠近边门区域为“下头”。

民国后百余年来，虽然旧关厢区域变化较大，但这八条“什字街”均得保留，只不过除东关仍称旧名外，其他三方向已不称“什字街”，分别结合城区道路改造，参照沿途古迹及旧地名称重新命名。即西关小、大什字街分别称“太清宫街”和“万寿寺街”；南关小、大什字街分别称“乐郊路”和“南乐郊路”；北关大什字街称“白塔街”，小什字街应为现称“小北街灰山巷”

乐郊南路路口近照（原小南大什字街）

者。总体观察，各方旧“什字街”位置和形态大都较好保存，并逐渐列入保护地名。

还应提到的是四条“旧名新用”街路，即与城墙走向一致、长度相等的四条顺城街（路）。旧时城墙内侧，因交通、排水、治安等需要，一般无建筑物，靠城墙留出道路空间供人车通行。沈阳旧时称其为城墙内“横街”或“顺城街”，清末民初城市地图上也有标明，如小南门内两侧靠城墙处，即称小南门里东横街、西横街；大东门内沿城墙处称南顺城街、北顺城街，等等。民国后城墙逐渐倾圮拆除，原城内顺城街也被占用，不再畅通。同时，原城墙外护城河位置也改造成有轨电车路等。在民国初年，北城墙外因较早改拓加宽已称“顺城街”，至20世纪80年代中后期，古城墙拆除殆尽，城墙外原护城河处相继加宽取直为交通主干道，并各以东、西、南、北顺城街（路）命名。此四条街虽非沿袭传统地名，却可明确定位古城墙和护城河、成为内城四至及与外城分界标志，这种潜在功能也很快得到各界认可，对方城保护起到重要作用（参见第一章），遂成具有历史文化信息且知名度较高的街路。

至于外城边墙（关墙）处的街路，因距中心城区较远，且并非直线延伸，开发建设时期各异，以往很少引起人们注意。至20世纪80年代末，随着市区外扩，边墙遗迹保护逐渐引起重视。陆续在东、北边墙位置，命名了整修拓宽后的“东边墙街”“北边墙路”以及“边东街”“边墙路”等几条街路，与早年西关外的青年大街（北段）以及南关路结合，按现有地名参照早年地图及道路变化沿革，也基本可以确定沈阳外城四至范围及边墙走向。

民国时期西顺城街

以上二三十条街路，共同组构成清代沈阳内外城交通干道网，也是相关区域划分的主要标志。其中既包括城墙、边墙范围，也大致确定城厢建筑所在基本位置。在民国后至今百多年岁月中，得益于清代沈阳城修筑时城门、边门均衡分布的基础，适应居民既成习惯，保持以各城门、边门为起止点的主干道分布原则，从而使原城区肌理保护相对易行。加之中华人民共和国成立后，规划、地名、城建、市政部门保护古城的主观努力，才使如今的人们，仍可借助与当年位置、名称相关老街道，比较清楚地了解以往历史面貌，由此也可体会到保护历史街区及地名意义所在。

3. 百年胡同尚可寻

说到城内道路，人们多以“大街小巷”泛称。清代沈阳内外城“大街”，即内城“井字街”和外城“八关大街”，其与内外城门城墙以及次一级的外城“十字街”、内城“通天街”结合，构成“外圆内方”特色城区的结构框架和交通网。其间分布着官廨衙署、商号店铺、寺观庙宇、居民住宅等，即当时城内人们理政就学、操持生计、饮食起居之处，分隔连通这些建筑群落的就是“小巷”。沈阳方言与北京等北方城市一样，称这些小巷为“胡同儿”。

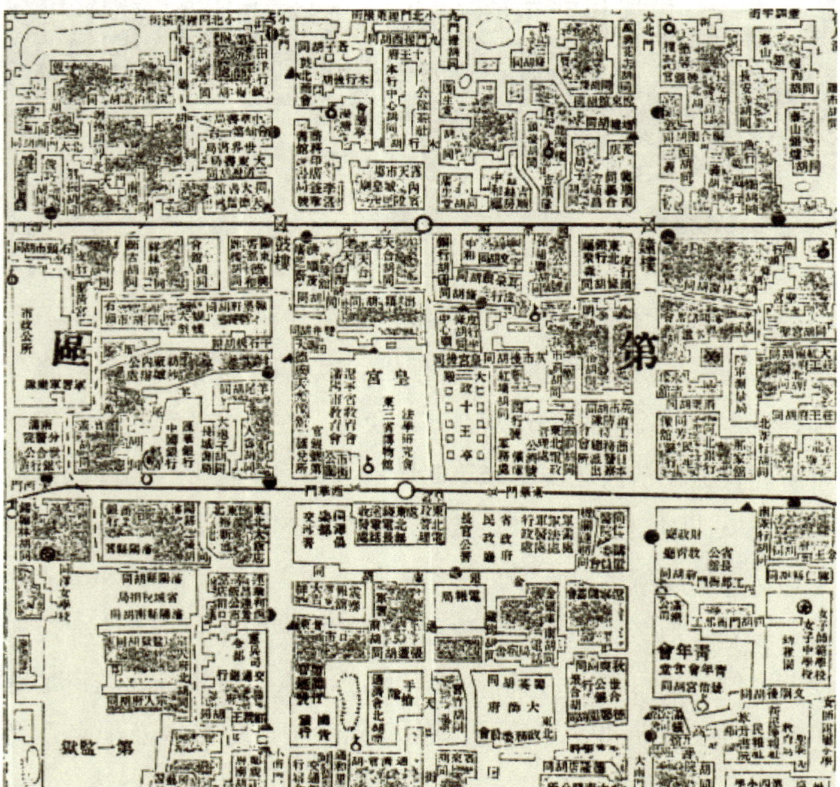

1931年《辽宁省城全图》内城街巷

直到清末，除边门外零散分布寺庙僧众，军营官兵外，沈阳人口基本居于关墙内，只不过以方城城墙为界，分为城里和城关而已。当时胡同也全部位于八门八关区域。从宣统二年（1910）编印《承德县志》所附城区图可知，除小西关、大东关、小东关居民区比较密集，其余各关边缘地带还留有许多空地。即使在已称胡同的地方，也有一些只是房舍稀疏的某“园子”，并无许多居民。可以说，康熙年间已奠定格局的沈阳内外城，直至清末始终是城区百姓的家园。

按20世纪初城区地图统计，清末沈阳关厢共有胡同约四百条，民国时期仍有增加，总数达到五百有余。这上百条胡同宽窄、长短不一，命名各有来由。而胡同名称，原非官府正式确定，而是由人们平日习惯性称谓沿袭而成。如铜行所在小巷，即称“铜行胡同”，长安寺前小巷则称“长安寺胡同”，皇学北侧小巷则称“皇学北胡同”、文中堂府坐落小巷则称“文中堂胡同”等等。也有的依小巷走向形态命名，如不通行胡同、三道湾

清末沈阳胡同旧照

胡同、兀拉把胡同等，还有以某种特殊景物命名者，如干石桥胡同、炉灰山胡同、朱大坑胡同、缪家园子胡同等，类别很多，依据各异。其中与当地历史遗迹及重要人物相关者，大致包括以下几类：

一是与重要军政机构或学校相关者，如承德县胡同、兴仁县胡同、工部衙门胡同、宗人府胡同、金银库胡同（总督府所在地）、驿站衙门东胡同、铁岭道胡同、工艺局胡同、皇学胡同，书院胡同等。

二是与寺庙等宗教祭祀场所相关者，如景佑宫胡同、孙祖庙胡同、长安寺胡同、地藏庵胡同、般若寺胡同、七圣祠胡同、（清真）北寺胡同、风雨坛胡同、洋楼（小南天主堂）西胡同等等。

三是与商业店铺、行市相关者，如皮行胡同、鱼行头条胡同、鸡市胡同、悦来馆胡同、丰盛栈胡同、长发园胡同、源记油房胡同、朱剪炉胡同、丰隆当胡同、郝酱园胡同，周硝房胡同等等。

四是与所居知名人物或官邸相关者，如锡翰林胡同、王翰林胡同、于进士胡同、张孝廉胡同、文中堂胡同、恒知府胡同、文将军胡同、兵部府胡同、金王府胡同、快马常胡同、依大人胡同等等。

另有一类与城内八旗居地相关，也反映出清代城区分布特色。如正白旗胡同、三牛录胡同、保牛录官厅胡同、镶蓝旗官所胡同、恒牛录胡同、达牛录胡同、桂牛录胡同等，散布各关厢。

这些名称各异的胡同，与所属“街”“路”相连，不仅组合成“大街小巷”道路网，也以其两旁官衙、学堂、市肆、民宅等各类建筑物，使纵横主、副干道间充实进有常住人群的建筑聚落，成为城厢人口日常饮食起居生存空间。可以说，二三百年中这街头巷尾、胡同里坊中的大事小情，就是清代沈阳城日常生活史的基本内容。如本书前文所述城内各官署及清初王府分布等，除现存知名建筑外，即主要依相关胡同定位描述，既增加可信性，也能对其所处环境有更直观了解。因此，看似平常的胡同位置及名称，是在城区发展进程中自然形成，与城市历史文化密切关联的难得信息，是城市里真正的“乡土”。

龙凤寺胡同近照

入民国后，因受城市近代化风潮冲击，加之商埠地、南满铁路附属地、惠工、大东、沈海等新区街路命名影响，“胡同”的概念在老城以外的沈阳人中逐渐淡化。至20世纪50年代中期，沈阳老城区也逐渐改为以街（路）、段、里命名形式，胡同称谓逐渐被越来越多的人忘却。随着时代变化，在旧时代规划和建筑条件下的传统街巷，已难适应城市人口增加、基础设施现代化的要求，很多胡同连同其与之相关老建筑，在旧城区改造中被新式建筑园区所代替。这虽是发展过程中难免的遗憾，但多年来通过各方面努力，还是在力求减少其所造成的历史信息遗失。其中首要者已如上文所述，即尽可能守住古城区主要街路的“底线”，保证已改观胡同所在区域的可辨识性，使后世人们即使在原有景物

“面目全非”情况下，也可依据历史地图等文献和参照物，准确判断消失胡同所在方位，为了解和研究相关往事找到更确切的地点和环境。同时，在老城区拆迁改造过程中，合理保留原有道路肌理，留下更明显的历史印记，使其不致永久消失。

>> 慈恩寺东胡同现状

在实行补救措施同时，更多的是采取积极的主动保护办法。1988年以来，城市道路命名方式改用街（路）、巷体系，其中“巷”虽相当旧时“胡同”，对沈阳人而言却不如“胡同”那样亲切顺口，但在作出这一改变的同时，政府相关部门也从保护历史文化角度出发，对涉及城市历史重要建筑、事件、人物的地名，尽量予以保留或恢复。于是，至今旧城范围内巷级地名中，仍有近百处保留清代或民初旧有胡同名称信息。仅以涉及清代者为例，如古城区域内郑亲王府巷、宗人府北巷、长安寺巷、干石桥巷、南苇行巷，关厢内火神庙巷、慈恩寺巷、望云寺巷、斗姆宫巷、华严寺巷、勒石巷、三盛巷（原有“三盛炮铺胡同”），等等，还有因原有胡同已改成加宽延长的街、路，直接采用所属胡同原有名称或重要建筑命名者。如承德路即原有承德县胡同、盛京路即取自原金银库胡同盛京将军府，翰林路即为原缪翰林胡同，同类者尚有八王寺街、天后宫路、清真寺路、药王庙路、风雨坛街，等等。

这些道路虽以旧时胡同命名，但因道路加宽、取直、延长、归并等因素影响，多不与旧时胡同长宽及走向完全一致，但现有

>> 太清宫胡同近照

巷（街、路）名基本包括路段内重要历史文化信息于其中，与相关古建及遗址有直接关联，而且其中大部分纳入本地区受保护历史地名，成为长存于现代都市中的历史文化符号。因此，古地名及道路，也作为沈阳历史文化名城保护的重要内容，日渐受到重视，成为构成沈阳古城文化不可或缺的组成部分。

三、城乡民宅关东风

清代沈阳城集东北中心城市和国家陪都于一身，城市人口居东北各城之冠，本城居民中又涵盖本地区各社会阶层。这种客观因素，决定了其城乡民居建筑水平，也是本地区建筑发展演变的集中呈现。其典型建筑，则成为清代东北满汉民居的代表。

1. 城区住宅面面观

清代沈阳民宅，较之明代有较大变化。在建筑材料和技术上，虽然清代中期以前地方经济比明朝盛时并无显著进步，但受

清末小南门、西大街民居群落

清帝东巡及乾嘉时期大批官式建筑营造影响，加之修建寺观、商用等民间建筑的显著增加，对民居发展起到引导作用，促进其进步和发展。在建筑样式和风格方面更是如此。明代沈阳是辽东都司辖下的中卫城治所，严格说来只是各种中低级别官兵居住的营房。而清代从一开始就是汗王及贵族官员建宫设府的中心城市，可以调动本地区最优质的物质技术资源，除皇宫以外，各级贵族官员建筑规格也远优于明朝。加之由于满族传统文化影响，又有新鲜元素融入，更促进建筑文化水平的提高，使沈阳住宅建筑成为与城市地位相适应的地区民居代表。

按照文献记载和清末民初沈阳城内市街地图，清代沈阳城厢民居分布大体情形是：方城内南部（即所谓“前朝”区域），由于故宫及附属机构占地较大，官廨衙署、学校也较多，民居主要分布在中部和西部，即皇宫前大南门、小南门内路西。而今沈阳路以北，除早期所建的十几座王府，基本没有更著名的官绅宅院。四平街南北，则因商业繁华，店铺林立，大部分是前店后宅、前店后厂的商家住宅。

清末小西门内大街两侧商铺和民宅

清定都北京后沈阳官绅住宅，一般建于距城较近的关厢地区。其中尤以临近万柳塘、万泉河自然胜境的南关和东关一带为多。南关因属明后期就有的老城区，寺院道观较多，一般官绅民居只穿插其间，并无成片住宅区，见诸记载的官绅大宅多位于大东门外。这里入大东门进城十分方便，其前又有沈阳城边第一休闲避暑胜地万泉河（小河沿），所以康熙时就有许多有力之家在此购地建房。按清末地图所载，有副都统府（俗称“二大人府”），兵部侍郎府、大学士文祥府、黑龙江将军文绪府、候补知府恒泰府，奉天治中府等等，分别排列于大东路两旁，而小东关一带由于道教观宇较多，清嘉庆以后为移居沈阳的“宗室营”（或称“罪城”），集中占据可容纳70余户的地面，加之其距城内四平商街较近，故官绅住宅也不多见。至于北关和西关地区，由于靠近中街商圈很近，除小西关回族居住区外，多有外地零星来沈谋生者居住。直到清末民初，在大西关开设商埠，并建立诸多近代学校，西门外和北门外逐渐兴盛，大北关地区才成为主要居住场所。

当时沈阳官绅家庭建筑，可分为两种类型：一是官建高级官员府第。其中包括盛京将军、副都统和五部侍郎，因其几乎都是由京师或外省派任至沈的满洲八旗大员，任期一般三五年，至

维修后的赵尔巽公馆西配房

清中期都已有专门的官建住宅，沈阳称之为“府”。如将军府在金银库胡同，礼部侍郎府在大东门外，兵部府在小北门外，以致其所在之处都以某府命名。其住宅大致规格与当地王府及较高档次民宅相似，只是多了一些现职官员使用的“官气”。二是当地官绅住宅。其主人虽非在任高官，但基本都有官场背景和较高社会地位，条件优裕。住宅为私家所有，在不逾制前提下，可充分提高建筑档次，使其与主人各方面条件相称。如旧王府、旧官员府、翰林府等，都可归入此类，也成为城区名宅。近年经整修重新开放的“赵尔巽公馆旧址”（2008年公布为市级文物保护单位），正房和东西厢房尚存清末民初面貌，但院中并未作前后分割，虽坐落位置和保存状况均非这类建筑中典型形式，但从中亦可见此类民居基本特征。

根据以往调查情况及现存实例。这类住宅概况如下：

基本格局为坐北朝南两进或三进四合院，面积约三至五千平方米。由宅门、二道门（中门）、正房、内外厢房、后罩房等主要建筑构成。

宅门，较高档次者均为屋宇式大门，以三间较为常见。青砖青瓦木架结构，明间设双扇对开大门，上部梁架露明造，或涂红漆为装饰。前后门槛为可拆装式，以便车辆出入。东、西间称门房，为“倒座式”向外侧设小方窗，向院内设槛窗，屋门亦向内或向明间设，一般供守门人或普通接待回事时使用。所见十王府、金王府，宗人府等旧宅均为此种形式。较为正规者，明间门外两侧还设有石制雕花的抱鼓石，次间南墙外有石制拴马桩和加饰石雕的上马石，为官宦人家标志。更讲究的府宅（如大东门内庄王府），大门对面还建有砖砌照壁。

外院，也称头进院，两侧设东西厢房，一般为三间硬山式结构，体量较内院厢房略小，门窗装饰等也略为简单。一般作为宅中使役人员居住，以便传唤。有时也供一般亲属暂时居住。人口较少的人家，此院中也可设马棚、车房或存放备用物品仓房，俗称“下屋”。

外院北侧为分隔内外的“腰墙”，或实砌或做成减砖镂空式“花墙”，均低于围墙。正中设门，俗称“二门”，所见者多用四柱梁架结构木板顶或瓦顶，设双扇板门，较高档次且晚建的有用京式垂花门者。另有不设间隔墙者，只在院心设门处建一砖砌或木板制“影壁”，高五六尺，宽约四尺，立于院心处，除起分隔作用外，也避免由大门外直接看到内院。

清末民初沈阳城区四合院之一

清末民初沈阳四合院之二

内院，也称里院或二进院。主要建筑为一正两厢内宅。正房一般五开间，青砖青瓦硬山起脊式，至清末亦见滚脊（卷棚顶）者和前檐出廊者，如大东门外路南同治年间恒知府胡同宅即如此。室内多用一明两暗分隔形式，即明间设门或兼作灶间，有的在北侧隔出“倒闸”，并设后门。正房东西各两间，通连开敞或加与炕面同宽中设门的“软间壁”，南侧各设比本间面阔略窄的支摘窗两合，上扇加饰盘肠、方胜等图案棂格，北窗则用一合支摘窗，以便暑热季节通风。房门多双扇对开，晚期多改用单扇，门两侧另加窄窗。室内西侧为主人居室，设南北炕，东侧两间为客厅书房，一般也设炕。连接炕内烟道的烟筒立于房山外侧，为满族传统的“呼兰式”。更早期的正房则与沈阳故宫清宁宫相仿，为东侧开门西侧数间相通的“筒子房”形式，清晚期城镇中已不多见，参见下文农村民居部分所述。

内院东、西厢房均三间硬山式，仍以一明两暗形式分隔，门窗形式一如正房，其用途依各家而异，但基本原则是供主人家庭成员或至近亲友使用，或作书房客厅，正房山墙外多建有耳房，体量不超过两间，用途各异，有用作家中祭祀祖先神佛之处，或作贮藏物品者。

两进四合院尚有加盖后罩房者（实例如大东门内庄王府等）。或称为第三进院，实际上其空间和用途很难说成是“一进”院落，只是正房的附属及北侧起遮蔽作用建筑而已。后罩房建于正房北，朝向相同，一般五间至七间，建筑规格略低，其前檐墙与正房后墙间一般只三四米间距。可就近与正房明间“倒闸”北门相通。其侧面即宅院后角门，供住后罩房者平时出入。此主要用作本宅厨房或存储物品及粮油肉菜等，亦可供仆妇、厨师等地位较低者住用。如条件许可也有建为上下两层“后罩楼”者，下层住人，上层为储物仓库。

沈阳城内这种中型四合院式住宅形式，基本可以视为东北地

>> 大东门外恒知府住宅内院正房（20世纪90年代）

>> 清代沈阳宗人府正房落地烟囱（20世纪80年代）

区民居的代表。从源流而论，其并非模仿北京或关内某地民居，而是来源于本地农村传统满族住宅，只是根据城内贵族官员物质条件，采用砖瓦为主的建筑材料建造而已。稍作比较即可看出，沈阳及东北地区四合院与北京四合院最明显的不同是大门位置。典型北京四合院院门开在南房最东一间，即八卦方位“巽位”。

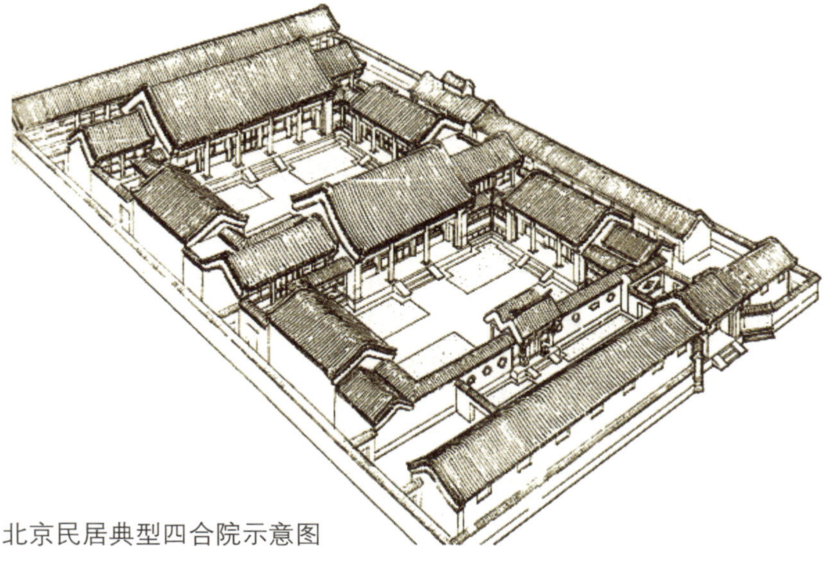

>> 北京民居典型四合院示意图

沈阳四合院门则均开在院南侧居中位置，即所谓“当阳正位”，与皇宫、王府以及衙门、寺庙正门同制。与辟门位置相关的是，北京四合院入门后正面是对门而设的照壁，需向西行至头进院中心位置，然后才见二进院门，相对而言头进院空间比较狭窄，而且不能直入内院。而正中设门的沈阳四合院则是“直来直去”，进入大门即面对前院中心的二门，可径直通向内宅，前院空间也相对宽敞开阔，相比之下，北京四合院前部更具曲折掩映意味，注重私密性，而沈阳则便捷实用、粗放朴实。这种差异也体现出东北文化与中原文化的不同特点。

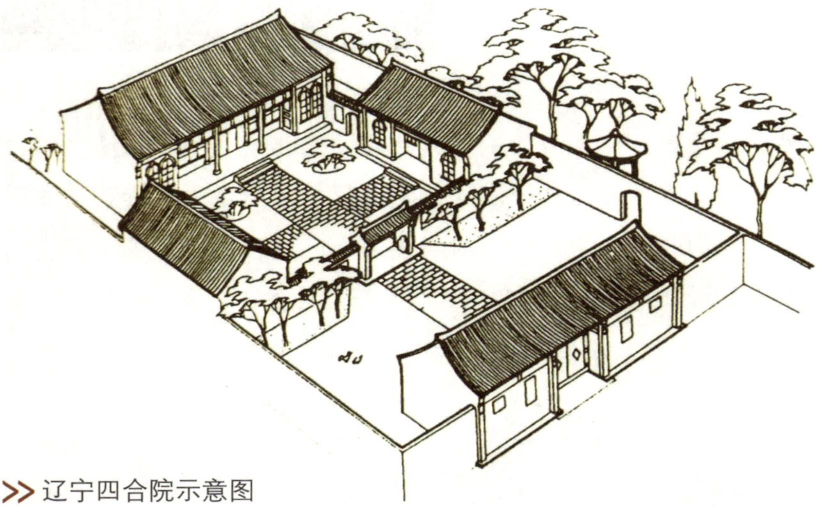

>> 辽宁四合院示意图

以上所述沈阳城市民居院落，属中等偏上档次。若社会地位和经济条件优越者，则可在此基础上发展，横向增加跨院，成为两座以上并列二进四合院形式，如前述金王府即是。另有位于大东门恒知府胡同的住宅，主人恒泰为修补知府，任职东边道，并与朝中大学士文祥为儿女亲家，所建住宅则是三座两进四合院并列，恒泰与二子各居其一。此外，另有在跨院内设庭园楼阁、箭场者，如早期的盛京将军府等。当然也可以纵向发展，成为三进或增加后花园的大宅。不过，由于清代沈阳常住者并无崇爵显宦，豪门巨富也屈指可数，清末以前大型四合院数量极少。

规制逊于前述标准四合院的住宅，在清代沈阳城占多数。主要有以下几类，一是大门不用屋宇式而改为随墙门，只设砖砌或带木构架的“门楼”、或随墙而设的“板门”。一般称其为“三合院”，二是只一进院，由大门和正房厢房组成小四合院或三合院，三是侧面临街巷（胡同）开门，由正房、一侧厢房及南侧倒座房组成的“三合院”。但以上所述多系中等以上生活水平“独门独院”商人或官绅之家。至于中等以下人家则是多户合居“杂院”或只有正房加小院的“趟房”式民居。多为八旗下层官兵及城厢一般工商业者。其共同特点是，三间及以上房屋者，即相当于前述四合院内院或单体建筑风格，即使只有一间房，也是东侧开门，西侧设支摘窗，室内设北炕，窗前有窄小空间为小院，房屋造型、盖造方法以及装饰装修风格等，仍都保留沈阳本地特点。

>> 侧面开门的旧民居院落近照

>> 清末盖造的单间趟房民居旧照

除上主流住宅之外，在清代晚期沈阳关厢还有一类贫民住宅，居住者多是来此谋生的外地人或本地贫民阶层，房屋主要分布在靠近内外城墙的区域。尤以西侧和南侧城墙外为多。当地人一般称之为“小平房”或“趴趴房”。此处的“平房”，并非指与楼房对应而言的单层房屋，而是指其屋面为中间略高两端低的弧形，一般称之为“拱房”或“平顶房”，多见于辽西风沙较大

>> 清末西城墙外的平民房屋

地区。因其对木料数量和质量要求远比起脊式屋顶低，且不需使用屋瓦，墙壁也可用残旧砖及土坯砌筑，建造成本低廉，很适合经济条件较差人群居住。所以在城墙外有成片的这种房屋，每幢两三间者为多，与城墙成水平方向排列，每排房前后间隔约三四米，虽低矮阴暗，但住人或开设小型商铺尚可使用。其住户室内环境拥挤，卫生和治安条件较差，居民多是无业或外来从事体力劳动者，总数数百至上千户，也与城区房屋形成鲜明对照。这种房屋在清末民初约存在数十年，直至20世纪20年代以后拆除部分城墙增拓顺城街等道路才逐渐得以解决。

2. 乡间民居满族风

沈阳地区自清太祖后期即是满族八旗集中驻防之地。清迁都北京后因是统治者极为重视的“根本重地”，且有清太祖、太宗宫殿陵寝及大量皇庄、官庄在此，仍然保持着八旗人口占据优势的格局。当地自然物产条件加上这种人文背景，使沈阳农村民居呈现以满族特色为主的地方特色。

由于除东部及西北部地区外，沈阳周边基本都是农耕为主的平原农业区，与辽、吉东部丘陵山区满族原生态环境具有一定差异，但这种差异，正是满族入主辽沈地区后近三百年间，通过适应自然和经济文化环境形成的民居风格，也被视为清代东北满族民居代表性样式。现以沈阳近郊农村为例，概述如下：

村落布局：沈阳农村俗称村落为“堡子”或“屯子”。近郊平原地区大小村屯，少则有二三十户人家，多则二三百户，再多或再少均属特例。各村房舍一般都是横向排列的南向宅院，一般分为前后几趟房，每趟前后均有土路便于进出，以三至五趟者为多，新增加者则横向东西延伸，一般每隔不到七八户，即留出南北贯通的纵向道路。如有较宽河流、道路从村中经过，则在河之前后或左右各形成几趟街的格局。每趟房屋正房一般在同一横向直线上，而纵向则前后错开，避免完全相对，因民间以居室正对

清末福陵附近村落

前方邻家屋脊为不吉。一般而言，寺庙等性质建筑设于靠近村落中央部位，其前留出一定面积空地，供公共集会等活动使用。每村都通过纵横道路保持对外界开放的布局。

院落：依据经济及社会地位的不同分为几种形式。小康以上农家住宅多为一正两厢房加大门构成的单进“三合院”。屋前后留有菜园、果树等，院内前部两侧设猪圈、马棚。如分为内、外

清末福陵附近民居

院格局，通常不设内院门，而以砖砌或木制影壁墙立于院心作为遮蔽，满族人家院内东南侧即是立祭天神杆（俗称索伦杆）处，有常设的石制“杆座”以备至时使用。周围院墙常以石头基座上加草泥垛成，或者是更简单的高粱秆（称“秫秸”）夹成的“障子”，作为与左右邻院间分隔的院墙。清代沈阳周边农村，虽然也有与城市两进四合院相似格局，用砖砌筑院墙，或者加盖屋宇式院门成四合院者，但多见于有官绅背景富家大户，院落要比城镇同式住宅宽大，外院可容马车进出停放，且常见有“独门独院”形式。不过，这种大院毕竟只是少数，常见者反倒是仅有一座正房的中等及以下人家。因前方不临横向街路，只能在正房左（右）侧设开向纵向村路院门，类似城镇住宅“随墙门”。院内只在正房两山建耳房以存放杂物，房前即使有院，也是以自家菜园为主。这类住宅，直到最近数十年仍然可以见到。

房屋：最能体现本地区建筑风格的是正房。按建筑材料不同可分为“土坯草房”和“青砖瓦房”（或称“海青房”）两类。常见者为两间至五间，典型形态为三开间。因经济条件不同，分别为青砖瓦顶硬山式或土坯草顶悬山式。均为起脊的前后坡屋顶。传统分隔样式，是门开设于东侧一间，用为灶房，靠西侧南北角砌筑灶台，中为连通西侧内房门。西侧两间通连为居室，屋

内设南西北三面相连火炕，称“万字炕”。其中南、北炕较宽，长度与房间面宽相等，称为“连二炕”，西炕较窄。门一般为单扇木制，上部为横竖直角相交组成的方格棂条，下部为裙板，向外开启。窗户一般做成上下两扇结构者，每组称“一合”。需开启时上扇可内开支起，下扇可上抽摘下，故称“支摘窗”。一般每一开间两合，以适合室内采光取暖之需。连通室内火坑的烟囱由西房山外地面起建，高逾屋檐，状如小塔，俗称为“跨海烟囱”“坐地烟囱”，或称“大烟囱”，以区别建在房顶的“小烟囱”。

如此外观及室内使用功能，形成与清太宗时期汗王寝宫一脉相承的风格，成为独具特色的满族民居样式，即通常人们所概括的：“筒子房、万字炕，烟囱建在地面上”。

众所周知，满族及而其先民是世居东北地区的骑射民族，进入辽沈地区后，生态和社会环境虽有一定变化，但主要生活习俗仍较多保留传统特点。

清末沈阳农村满族妇女儿童及其家宅

所谓筒子房，也称“口袋房”，指三间以上房屋室门不居中而是开在一侧（多为东侧），成为从一端通道出入的“口袋”形式。这种格局，与满族早期山林生活时代“地穴式”“半地穴式”居室有关，既利于居室防风保暖，也可扩大使用空间。同时，也与本民族长期形成的生活及信仰习俗密切相关，如阖家老少同居一室、正房西墙供奉神位、庭院内设神杆祭天等，都是适应这种筒子房为居住处所逐渐形成的。

炕，既是室内具有供暖功能寝居设施，也可供日常用餐、待客落座、读书写字、家庭女红、儿童游戏、摆置柜箱等使用，至晚从金代女真人起已沿用数百年。而万字炕（或称弯子炕、转圈炕），则是其在长期实践中总结出的最佳分布形式。南、北宽炕可承担炕的主要功能，西侧窄炕则能连通烟道，又用于摆放祭器箱柜等，室内主要家具炕柜（或称炕琴）、炕桌等都因炕而制。同时，作为主体的南北炕可随房间面宽延长缩短，功能依旧。除两间房的“单间炕”、三间房的“连二炕”，还可以做成更长的“连三”甚至“连四”炕，只需在炕面上方增设木制间壁或夜用

沈阳农村居室内“万字炕”及室内陈设近照

昼收的“吊搭”即可，还可在炕沿外加设“暖阁”。烧炕也添设“地灶”“门灶”，灵活自如。

“跨海式”落地烟囱，来自满族早期山林生活时代，满语称之为“呼兰”，其初始形式是以林区中空大木为之。立于山墙外而不建于屋顶，一则有利于通风排烟，二则因山区住房多为木墙草顶，烟囱建于房顶极易引发火灾。于是便出现这种以大木立于

地面，通过低矮短墙（俗称烟囱脖子）连接炕道的落地烟囱。日久干燥开裂，则以藤条捆缚外涂草泥修补，颇具特色。迁居农耕地区后则改以土坯或砖砌筑，由圆形改为方形，有的还直接贴砌于山墙外。但“落地”特点仍存，并且成为与火炕结合最适合烟囱类型。

以上所述为直接承袭传统的满族式农村住宅。约从清代中期开始，伴随着满汉文化融合与当地汉族人口增加，沈阳周边农村也常见另一种样式的民居。其与“口袋房”的显著区别，是采取“一明两暗”的室内分隔形式，民间也俗称为“挑担式”“对面屋”。即三间或五间正房在中间开门并为灶间，东西两侧作住室。俗称“东西屋”。其室内明间灶台及居室设炕仍同上述，只

>> 沈阳市郊带有“呼兰”式烟筒两间式传统住宅（20世纪80年代）

>> 沈阳市郊三间式传统民居（20世纪80年代）

是把“口袋房”灶台以西部分又在东侧反向延伸。不过，原来同室而居的大家庭变成了东西分居，原供在西墙的神位“东屋”也无须复设，那里即使有“东炕”，也只供摆放箱柜使用。居住这种“一明两暗”房的家庭，通常是父母和已婚而未迁出旧宅“另立门户”之子。因满族居住习俗以西为尊，长辈照例住在西屋（或与未婚子女同住），而晚辈夫妻居东屋。实际上等于“口袋房”向另一侧的复制延伸。不过，从建筑外观看，房屋两侧山墙外各有“跨海烟囱”，似乎更具有整体对称之感，以致随着其日渐流行，反倒成了满族式民居的代表样式。

应该指出的是，由于上述两种形式的满族民居，是以适应本地生态环境、物产资源和人文习俗为存在条件的，加之满族又是当地居主导地位的群体，所以其地方民居样式也被当地汉族和其他少数民族吸收借鉴，只不过院内不立“索罗杆”，室内装修、陈设及使用习俗等方面改为其本民族特点而已，因此成为沈阳乃至东北地区民居的代表。

第十章

清末渐染域外风

1905年日俄战争后，随着地方局势恢复正常，沈阳正式步入由清政府主导的“新政”实施进程。此后六七年间，在有二百年以上历史的内城、关厢和仅具雏形的商埠地、铁路附属地，都开始出现当地最早的近代建筑，与诸多新观念、新名词、新事物一起，对这座关东最大都市产生日渐重要的影响。尽管此后百余年间，城市面貌适应时代要求不断变化，清末“新建筑”多只昙花一现，很快就被取代或改造，但却为这座城市留下了新旧交替时代的历史见证。

一、新政与近代建筑

由于甲午战争后近十年地方局势动荡，清末“新政”在沈阳起步较晚，对旧城区建筑面貌变化影响也很有限。光绪末至宣统间短短数年中，改制后的地方政府紧锣密鼓地提倡和推行新政，确也为后世沈阳城留下一些有时代特点的建筑遗存，并承载着值得纪念的史事，也成为反映沈阳近代早期建筑历史的重要文物。

1. “谘议局”与“机器局”

清末沈阳城新建筑，主要出现于两类区域，一是商业和政府机构所在老城区，二是当时城厢或距边门较近处开发的“新区”。

形成这种状况的原因并不难理解。清末几年间新政主要内容，在政治上是效仿欧美、日本，建立君主立宪和“三权分立”政体。在东三省地方，首先是废除二百多年的陪都体制和驻防

清末改建前的盛京将军府门前

将军总管旗民制，将清顺康年间设立的盛京户、礼、兵、刑、工五部尽行裁撤，原设盛京将军改为东三省总督，奉天、吉林、黑龙江各设行省，由巡抚管理。首任东三省总督徐世昌到任后，先以行政机构建筑树立起“新政”形象，将旧衙门式四合院为基础面貌的将军府拆除，新建二层西式楼房的总督府，此时因盛京五部均已撤销，原衙门或改为奉天省提学司、度支司等省属职能部门，奉天巡抚与总督同城，事权不重，衙署即在其东邻。这座在盛京将军府原地新建的总督府，便成为城内最令人瞩目的“衙门”所在地。虽然其北侧近在咫尺就是盛京皇宫，但除皇帝巡幸驻跸外，大多数时间因门前两牌坊间及通天街中段禁止常人通行，实际平时是一条很冷清的街道。总督府前金银库胡同则不然。其东侧路口是原盛京户部、礼部改成的奉天省度支司、提学司，西侧不远处则是沈阳“父母官”所在的承德县公署，均为与军政民生相关的重要衙门。如此一来，本来只是御街前替代性通道的这条胡同（今沈河区盛京路），便成为清末几年中既允许普通百姓通行，又是中外人士和地方官员车马冠盖往来不绝之处，成为地方行政主体变化后，城内南部新的政治中心。清末徐世昌、锡良、赵尔巽三人先后于此任总督。

由于距故宫较近，新总督府尽管采用中西合璧样式，但并不

>> 清末东三省总督府

宜追求高大豪华，建成砖木结构坡顶二层楼房。前楼正面宽十一间，除正立面门窗外缘及立柱部位加饰西式边框美化外，立面装饰并不显得过分繁缛。其两侧各有向南伸展的翼楼。院落正面为门房五间，中为拱形券洞式大门，两侧为门卫人员用房，东西接南部围墙。主楼内部空间分布是中间宽敞的大厅，两层楼办公等用房都环布于厅周围，北侧有楼梯通连上下，据老年人回忆，总

>> 修缮后的东三省总督府旧址近照

督府主楼北侧应还有同样风格的一字型后楼，宽度与前楼相等，中间以过廊相连，整体平面呈“工”字形。不过由于此楼于20世纪40年代即已不再作政府办公场所使用。随后数十年间因保护不力，东西翼楼、后楼、门房、院墙等陆续因年久失修拆除，仅主楼前部尚存。由于其历史价值较为重要，2008年初步清理后公布为沈阳市文物保护单位，后经进一步修缮，又于2014年公布为辽宁省文物保护单位，成为沈阳古城中心地区重要历史建筑之一。

1906年秋，清政府宣布实行“预备立宪”后，次年颁布《谘议局章程》和《议员选举章程》，此后两年间，各省谘议局（相当于后来省议会）相继酝酿成立，并成为决定地方事务重要机构。由于此为新兴且势在必行之事，建立相关办公场所也与当地政府形象密切相关。此时东三省总督已改由锡良担任，但仍继续奉行徐世昌任内所定方针，保持积极推进新政形象，于是便有“奉天谘议局”新楼之建。如本书第三章所述，这座新建筑并不再位于传统的城内“前朝”官署区域，而是移至方城之外。其北侧连接的怀远门外路南区域，在赵尔巽任盛京将军时政府即已着手开发，不但有初设的英国、法国驻奉天领事馆，还有平康里、

奉天谘议局旧照

戏园、酒楼等构成的新兴娱乐消费区，许多新建中小学堂、专科学校也在其附近。将谘议局大楼建于此，也可表示政府对新开发区域的认可。

因其东距小南门外天主教堂较近，谘议局建筑采用了外观装饰华丽的欧洲巴洛克风格。院落坐西朝东，门内设圆形花坛，三座楼呈“品”字形分布，均采用砖木结构。正中主楼整体两层局部三层，用作“议场”，即省谘议局（议会）开会处；北楼较小，也是局部三层，现保存者为南楼，自北向南再折向东的曲尺形，二层楼东侧临街房山部位装饰精美的西洋花草砖雕，门、窗边缘和柱头各处也有同样风格装饰，应是当时沈阳外观最华丽的行政场所之一。这组建筑于1908年开工，约两年后建成，虽在清代正式使用时间仅一年有余，但却有辛亥“奉天国民保安公会”成立等产生重要影响事件，加之建筑本身价值，近年已公布为沈阳市级文物保护单位。

除行政机关外，金融机构也是沈阳清末新式建筑主要类别之一。其中以银行为主，老城区范围内早期银行是1895年由盛京将军创立的华盛官钱局，后来又相继改为华丰官钱局、奉天省官银号、东三省官银号等，旧址在钟楼南大街；1905年设立的“户部

>> 奉天谘议局旧址近照

清末奉天银元局门前

银行”（后改称大清银行）支行，位于怀远门内路北，距故宫大清门仅一百多米，也是城内著名的新式建筑。由于银行业务拓展变化较快，至民国初年都已经重建新楼，旧址现已无存。不过，一座有百多年历史的官办工厂，却因与金融机构有密切关系，幸运地保存下来，即现位于大东路上边门内路北的沈阳造币厂。其初建为光绪二十二年（1896），为盛京将军依克唐阿为制造银圆奏设的“奉天机器局”（后称“奉天银元局”），委托天津礼和洋行由德国购进制造银元用机器和锅炉（蒸汽动力造币机），于“省城东关外东边门里”废弃的奉军营房处（即现址）盖造厂房，次年七月十五日兴工，光绪二十四年（1898）五月竣工，六月初即试铸一元、半元银圆成功。经批准正式开始批量铸造奉天省造“光绪元宝”各币值银、铜元，不仅解决了市场流通需要，且制造局尚有数量可观盈余。其间1900年至1902年，机器局被入侵沙俄军队破坏，至1903年才维修复产。1905年至清末，奉天银元局又与吉林银元局合并，称“东三省制造银元总局”，至宣统年间各地银元局合并重新分工，造币总厂设天津，沈阳则称“奉天造币分厂”，仍继续生产“大清银币”和“大清铜币”。

这座百多年前“机器局”并非只造币，还是与沈阳民生相关的官办工厂。档案记载，光绪三十二年（1906），盛京将军赵尔巽利用银元局设备技术优势，在厂区附设工艺局，设缝、木、雕、绣、毯、染、金八科，即八个分厂或车间，生产民用及外贸产品；1908年，总督徐世昌又命在机器局院内设电灯厂，利用银元局盈余资金及锅炉、厂房，从德国、美国购买发电机及相关配套设备，筹建供电企业，宣统元年（1909）正式实现向沈阳老城区供电，成为八门八关内使用电灯照明历史的开端。不久即因电费收入可观，还清银元局垫款，实现独立运作。所以造币厂区域清末民初也被称作电灯厂。此外，这里在清末民初始终有与军工相关产业，由政府严格控制，一般百姓难知其详，是当年沈阳东关既神奇又神秘的所在。

这座官方色彩十足却与民生密切相关的工厂，其初期内部厂房或称“局房”，建造形式与其说像一座工厂，不如说像一座衙门，从外部可见的厂房或车间颇似大型庙宇殿堂。因很难入内拍照，老照片中常见者多是临街厂门，主体虽为歇山顶四柱三楼式牌坊造型，但正脊、前侧屋面、枋心装饰等细部都掺杂进一些新潮元素，或为彰显其不因袭旧制的时代特色。紧贴这座尚可称“中式”的牌楼两侧，又各砌一座类似门柱或门房的砖木结构建筑，仅一开间，却如哥特式尖顶塔楼状，其外连接砖砌花式围

20世纪40年代初奉天造币厂门前

墙。那“土洋结合”牌楼式建筑便成了工厂（机器局）正门，其下东侧另做成装饰别致的便门通道，供人员平时出入。连同门前把守的卫兵，仍示人以官衙感觉。

沈阳造币厂遗存保护建筑近照

由于此处从创建之初起，基本是以造币和军工结合为主，设备和生产技术都居本地区企业领先水平，历次政权更迭后都予保留利用，直至发展为现在的百年老厂。虽然老照片上牌楼式厂门已变化多次，但厂内仍有清末民初所建办公处所遗存。1997年公布为辽宁省文物保护单位，也是东北地区近代民族工业发展难得的历史见证。

2. 官办新式小学堂

废科举、兴学堂，是清末新政中影响广泛的新事物。所兴学堂，当然是参照西方教育体制从小学到中学、专科、大学等各类学校。面对西风东渐带来的新潮，自古以来只有私塾和少量官学、义学等教学场所的中国各地，几乎都面临无校舍可用难题。好在这类洋学堂的开办得到政府和各界支持。沈阳从奉天大学堂、中学堂和各类小学等，除利用旧有官学外，几乎都是先靠地

>>清末沈阳中央模范两等小学堂旧照

方官绅捐借自家房舍（民居），或利用原八旗官署办公用房、寺庙等暂作学校，然后再随着扩大招生和增加教育投入，逐渐改建或新建为正规学校。如光绪末年创办的奉天中学堂，就是几经分合迁移后，才确定大北关八旗协领佟裕书旧宅为校址（即今沈阳五中前身）。再如省立女子师范学堂，初设故宫东侧八旗协领衙门，清末迁至大东门内路南兴仁县旧址（现同泽分校旧址）。小学堂情况也类似。以清末沈阳关厢已形成体系的几所公立模范小学堂为例，南关者初设于清兵部驿站衙门、北关者初设老兵部府胡同文姓宅、西关者初设大西药王庙东镶白旗佐领衙门、方城内“中央模范两等小学堂”，初在小南门内八旗程牛录官厅，后迁至大南门内路东文庙前（即今沈河区朝阳街第一小学）。

以下重点介绍的东关模范小学堂地处大东门外，由设于报觉寺胡同正红旗汉军佐领官厅的第七两等小学堂，合并大东关镶红旗汉军佐领官厅第六两等小学堂组成，校址即以原佐领官厅所在处（应为四合院）为中心。新校舍主体约竣工于1910年，总占地四千多平方米，院落坐北向南，东西北三面有院墙，前（南）为校门（现存者为后仿建），入校门为前操场、前后教学楼和礼堂，因当时沈阳几所两等（初等、高等）模范小学堂，都属由省财政出资的官立学校，校舍应是清末民初年代比较流行的新式小学配置。主教学楼均为砖木结构十五开间上下两层，楼梯位于东西两侧梢间廊外，其外观除阶梯式封火山墙和门、窗样式改中西合璧式，其他特征与传统硬山二层前廊式楼房并无明显区别。

按当时相关文献和照片所示，该校学生总人数应在二百至三百人之间。校内礼堂建成年代不详，显然是供较大型集会时使用，属于根据外来理念增设的新建筑，虽然屋顶非传统中国样式，但从其造型及柱子分布等可知，应属中西合璧性质，与前后

东关模范小学堂全景旧照

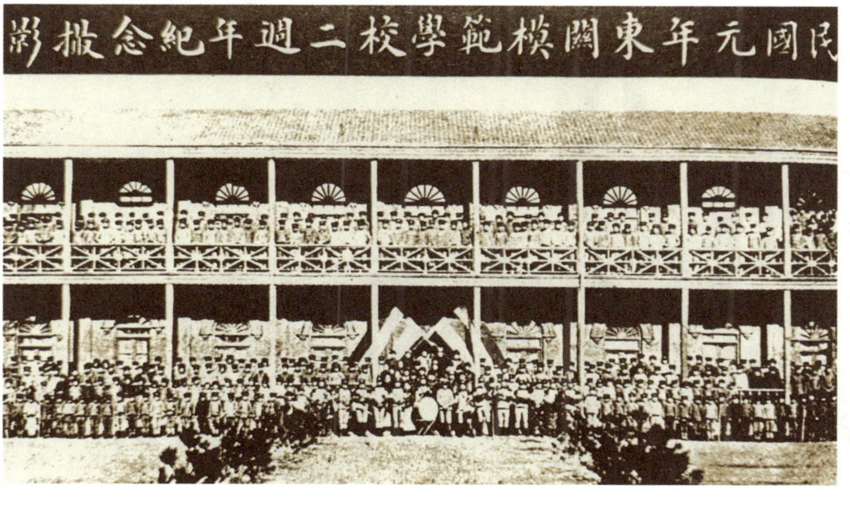

民国初年东关模范小学堂学生合影

教学楼风格基本协调。按制那时省属公立小学堂学生来自全省，学校备有学生宿舍，应即照片所见校址西侧区域。1977年维修改建为“周恩来少年读书旧址纪念馆”，1978年公布为辽宁省文物保护单位，基本维持旧貌。时至今日，这种清末改行新式教育初期的百年前小学校遗址，完整保留者已不多，故具有较高文物价值。

距东关模范小学不远的大东路路南胡同中，另有一座几乎与之同时期建成的小学校，即原大东路第二小学，现称“奉天八旗学堂旧址”。其创建应自1902年始。因当时解决“八旗生计”使众多旗籍人丁可自食其力，也属“新政”重要内容。所以各地驻防八旗纷纷依靠财政支持，以举办新式学堂为要务。沈阳八旗人口仅次于北京，原有八旗官学、义学多处，经几番改组合并，光绪末宣统初，成八旗官立第一（满洲）、第二（蒙古）、第三（汉军）几所小学堂，不久再合并为一，称“奉天八旗公立两等小学堂”（后改两等为高等），校址即此处，也应由八旗官厅或官学改建而成。由于是几校归一，且八旗教育经费尚有保障，校址面积和校园环境优于一般学校。据记载原为面向大东路坐南向北而设，校门前有较宽敞的前庭空间，校舍为五排各十几间的

>> 东关八旗小学堂旧照

正、厢房教室，南侧四排教室为正厢四合式组合，院中尚有一座砖木结构小楼，应为教职工使用者，北（前）端尚有一排教室。

相对而言，本校校舍似较前述公立两等小学更多守旧色彩，并无楼房、礼堂等新潮建筑，或许八旗学校性质使然。不过，这处学校在当时及此后几十年中，就校舍和师资而言，仍是沈阳城东区域一流小学。据宁恩承先生回忆，从民国初年开始直至新中国成立前，几度使用辽宁（奉天）省立第一小学名称。现今保留的只是其南侧的部分校舍，为砖木结构前出廊式平房，2000年，经沈阳市政府公布为市级文物保护单位。与前述东关模范小学一起，成为清末民初沈城众多同类学校建筑的缩影。

3. 小河沿清末建筑

清中期后，随着沈阳城人口增加和风气转变，位于城东南的万泉河一带渐成游赏胜地，至清末已是享有盛誉的沈阳名景，也是一些著名建筑分布之地。从那时起至今，沈阳人都俗称其为“小河沿”。

这条小河本是汇集城东丘陵地区涌泉及浑河渗入之水形成，河不深、水面不宽，却常年不干涸，夏秋季节尤盛。小河至晚在

>> 清末万泉河北岸

明朝时已有记载，并有沈水、小沈水、五里河、万泉河之称。从沈阳城东南经城南至骡子圈（今称罗士圈）汇入浑河。康熙朝以前，这条河很少引起人们注意，只视作方城外的野河沟，极少有人前往观赏游玩。康熙十九年（1680）增建外城后，情况即明显不同。当时修筑边墙时，在东南和西南方向各留出一“水栅”，使这条河从大东关流经大南关再出边墙流向浑河。如此，万泉河成为沈阳关厢内河，只因当时城居人口较少，并未受重视，所以康熙年间陈梦雷、戴梓等“盛京十二景”中并未将其列为一景。

至乾隆年间，万泉河因距城较近，春夏景色宜人，且近处有观音阁等寺庙，所具名胜价值已引起人们注意。当时来沈朝鲜使团成员所著《入沈记》中所记张又宸（字裕昆），虽为商人，却是精通经史诗文的隐士。即择地建宅于万泉河畔，并自号“万泉居士”。嘉庆至道光年间，沈阳诗人缪公恩诗集中，也收有不少吟咏万泉河的诗作。同治时又有新民秀才李小南（大鹏）居距河不远处，借万泉名景召诸友组“藕香诗社”雅集。至晚清以后沈阳文人所拟“八景”“十景”等，无不包括“万泉垂钓”“万泉莲波”“星阁晴霞”等与小河沿有关佳景。据记载，清后期万泉河每年盛夏莲花盛开，岸边绿柳成荫。城内外商人自暑期将近，即在河畔搭设席棚、布棚，既为品茶赏景之处，也作说书、唱曲、杂耍艺人演出场所，距河不远处还盖起酒楼饭肆。从阴历四、五月间就有城里人至此踏青游赏，至五月下旬至七月上旬达到高潮，每日纳凉观花、湖面荡舟者人流如织，本地外地民间艺人纷纷前来献艺，在将近两个月的炎热季节里，几乎日日笙歌不断、热闹非凡，直至七月十五“中元节”放河灯仪式结束后，天气转冷，荷花凋谢，才渐趋冷落。

至1905年，沈阳地区逐渐摆脱战乱，时任盛京将军赵尔巽也大力提倡兴办新政，振兴地方产业。时有富商沈某，知西方各国及开放较早的关内城市都建有公园，供人游赏并能获得可观

万泉河桥头及魁星楼旧照

的经济收入，觉得小河沿自然风光和所处位置都是兴建公园不可多得之处，于是经地方政府同意，在游人最常光顾的万泉河东部区域，投资建立亭榭台阁、小桥等，既是装点美化环境的小型景观，又具有供人通行游赏的实用价值，并进行初步商业经营。虽然当时并未冠以某公园专称，实际上使这里成为沈阳第一座公园性质的所在。不久后（1907），由东三省改制后新任总督徐世昌主持，在小西边门外修建公立奉天公园（即原市政府办公楼及西侧），虽园内树木景亭等更趋正规，却晚于捷足先登的小河沿，也使“公园”这类城区公共建筑被社会认同，巩固了小河沿公园

修复后的赵尔巽公馆旧址

合法性和发展前景，由于其自然形态至今并无明显变化，现存一些景观也是在当年基础上改建而成，现仍为沈阳历史最久的公园，位于园内西侧的一组院落，据传为清末东三省总督赵尔巽公馆，或为其夏秋纳凉暂住之处，正房和东西厢房基本保存完好，近年经修缮已公布为沈阳市级文物保护单位对外开放。

万泉河畔原本并无著名大型人文景观。虽有观音阁、三义庙、魁星楼等几座佛、道教寺观，因不邻近闹市区且规模较小，并不在名寺之列。此外，河北岸一些民居建筑，多为外来商户居，并无名府豪宅。真正有影响的建筑出现于清光绪初年，其主人是来自英国的传教士医生，领导者即后来盛京施医院院长杜德尔德·克里斯蒂，汉文名司督阁。他在后来的回忆录中这样描述小河沿：

> 在奉天城东南，距离闹市区不远，有一条缓慢而平静的小河，几乎就是一个湖泊。每到夏季，小河沿成为追求享乐者和度假者乐而忘返之处。美丽宽大的叶子衬托着粉红色的荷花，在水面上轻轻摇曳，空气清新，沁人心脾，远非城内所能比拟。在岸上众多的茶棚中选择一处坐下，呼吸着新鲜空气，享受着良辰美景，闲谈品茗，别有一番情趣。非常幸运，在俯瞰小河的一块台地上，我们买到两块用于建房的地皮。在我们看来，就建立医院而言，在奉天，没有比这里更为理想的地点了。

这处医院成为外国基督教会在沈阳第一处地产。据司督阁夫妇回忆，开始时（1884年前后）租用当地普通民房作诊所，后来一位与他们有交往的中国官员，在调任离沈时将自家住宅以友情价格卖给医院。这是一座位于万泉河北岸高阜处很标准的两进四合院，经过简单改造，1887年成为施医院新院址，其后又有扩建。不过，以上两处都是传统的中式住宅建筑。此后经历甲午战争、义和团、日俄战争十几年动乱，至1905年医院又开始重建，

万泉河畔早期施医院旧照

除教会筹资外，沈阳官员士绅也多有赞助，仅盛京将军赵尔巽就捐款大洋四千元，商人们还为其减免了从唐山购买水泥、瓷砖等建材运费。至1907年3月全面竣工，并举行隆重开业仪式。医院建筑主体为砖混二层门诊楼，其侧后部还有病房、手术室以及厨房等医疗或附属建筑，初步呈现西医院规制。清朝末年，又在此基础上筹建盛京医学院，原医院成为其教学实践附属部分，至民国初年开学招生，即现辽宁肿瘤医院院内保存的“盛京医学院”建筑遗址，1999年列为市级文物保护单位。

说到小河沿周围的建筑，还应提及一桩重要往事，即宣统三年（1911）在这里举行的“奉天万国鼠疫研究会”。1910年秋至1911年春，东三省经历了一场特大鼠疫灾难，感染死亡者达五六万人。至1911年2月抗疫取得初步成效，清政府决定邀请各国相关专家会集东三省首府沈阳，共同考察研究鼠疫发生原因及防治办法，这也是中国有史以来第一次举办国际科学学术会议。按原定计划，会场就设在小河沿盛京施医院。这里既有相对完善的医疗、实验等设施，院长司督阁也是抗疫直接参加者和会议支持者。不过，后因各国报名参会人数远超预期，原定施医院会址难以容纳，决定改用他处。由于这次会议影响很大，其会址也成清末沈阳著名建筑。不过后来许多著述中介绍都欠准确。实际上，司督阁医生回忆录里记载得很清楚：

在我们马上要建设的医学院隔壁，有一个非常宽敞的院子，原来是公立的工业学校，此时由于鼠疫关闭了。政府决定改造部分校舍作为会议场所，整个3月，准备工作一直没停。从前到后，有四栋房子，都是一层，很适合这次会议。前面的一栋改造为会议大厅、秘书室、制图室和餐厅，其余3栋作为寝室，总计大约有50个房间，因为除了代表之外，还有秘书和其他人员在此居住。每个房间都安装了电灯，布置得非常舒适。……所有的筹备工作中最引人注目的地方是会议大厅，布置得极为有品位——绿色地毯、窗帘和椅子都很漂亮，在周围的墙上没有装铸造的檐口，而用优雅的能够滑动的紫藤木杆来代替。

这座学校应隶属于当时政府所办惠工公司，系为培养技术工人开办的专业技术学校，校址范围内还包括早年的三义庙（为本次会议需要改造为实验室），其位置就在盛京施医院东侧（当时医学院尚在筹建），应即现辽宁省肿瘤医院东四六三医院处。另有记载说会场为惠工公司陈列室，应即用原校舍改建者。为办好

>> 1911年国际鼠疫研究会大会各国代表合影

这次国际会议，奉天地方政府投入大洋七千元，委托奉天大成公司将会场等处按欧式风格重新装修布置，铺设地板，用五色电灯组成“万国鼠疫研究会”会标，又对会议考察、交通、食宿、翻译、新闻报道等各方面作了妥善安排。虽然当年开会之处现已不存，但参会者在会场内外合影却保留下来，使人们得以参照文字记载了解其基本面貌。

4月3日上午10点，会议正式开幕，除中国代表外，还有英、法、美、德、俄、日、奥、意、荷、墨西哥等十国共三十三位专家参加，会议主席为东北抗疫实际领导者伍连德医官，摄政王载沣也派员代表中国政府参与会务并致贺，东三省总督锡良等官员及各界人士近百人出席开幕式，此后二十余日共举行二十三次会议，并赴哈尔滨、大连、北京考察，至4月28日下午在沈阳鼓楼南路西庆丰茶园（即后来大舞台剧场）闭幕。沈阳作为近代化进程起步较晚的城市，按当时国际通行标准成功举办本次会议，也可说明当时城市建筑水平基本符合时代要求。同时，作为中国第一次举办的国际学术会议，“奉天万国鼠疫大会”也使小河沿这处名胜，在大清王朝最后岁月留下一段值得纪念的佳话。

二、城门外的洋教堂

咸丰十年（1860）第二次鸦片战争后，牛庄（今营口）被确定为新开设通商口岸，西洋传教士进入辽东地区传教也逐渐公开化。从那时起至清末，西方天主教会和基督教会，在沈阳关厢兴办许多传教场所，被称为教堂、福音堂、讲书堂等，并建有相关的教育、卫生设施。至清朝末年，属天主教会者多以天佑（小南）门外路西一带为中心，属基督教会者则以抚近（大东）门外及以南地区为中心。其中保留至今并列为文物保护单位者，为沈阳市民熟知的两座教堂。

1. 小南关天主教堂

沈城南关西侧近城处，原本是小型道教宫观分布较多区域，所奉主尊除关帝、玉皇等广为人知者外，尚有许多民间信仰的“杂神”。其庙院建筑面积都不大，始建年代多在清乾隆至道光年间。据清末沈阳方志及城区地图所示，有马神庙、灵神庙、穷神庙、花神庙、九圣祠、七圣宫，等等。其中，所谓“九圣”“七圣”所祀诸神，或以龙王为主尊，或以火神为主尊，外加山神、土地、财神、药王、虫王、牛王、马王、苗王，组合

南关天主教堂近照

各异，实则将与人们生产、生活相关诸神集体请至供奉，虽神位数量多，但神像却非个个贴金彩塑、高大庄严，有的甚至只是壁上的画像，故往往神多而庙不大。城内外信众或专有所求，或持“礼多神不怪”原则，往来烧香叩头者常年络绎不绝。加之这里还有雍正年间官建风雨坛、社稷坛，广为人知。附近柴草市、功夫市等又是人员聚集之处，使小南门外成了比较热闹的所在。至19世纪末20世纪初，较早来到沈阳的天主教会传教士，便选中此处为其在沈阳的主要机构所在地，购置风雨坛北、七圣宫旁之地为教产，开始兴建相关建筑。2013年列入全国重点文物保护单位的“南关天主教堂”，就坐落在此区域中。

此前，天主教传教活动虽已渗透至辽东，但相关活动多限于营口地区，在辽沈腹地影响不大。牛庄开埠后，同治末光绪初，其势力开始进入沈阳。如民初《沈阳县志》载：

> 光绪初元，法兰西以最惠国，按约宣教，移植辽东。于是奉天始有天主教……当法教士之初至，择善地于天佑关建天主教礼拜堂，规模闳丽，每一周日祈祷礼拜。

此教堂即现小南关天主教堂前身。据记载由当时天主教满蒙（满洲）教区主教法国人方若望主持，邀请毕业于法国巴黎大学的梁亨利神父设计。其建成年代旧方志记为光绪元年（1875），但实际因建筑体量较大，施工相对复杂，并非当年即完成，据记载至光绪四年才竣工使用。由现存照片可见，其主体是三层带双塔楼的哥特式建筑，前东西两侧，另有两座单层房舍。此建筑完工后，即成沈阳乃至辽东地区最著名的天主教堂。1892年，天主教满洲教区主教府由营口迁至沈阳，这座教堂则称作天主教“盛京总堂”。按教会的命名则称“耶稣圣心堂”。

南关天主教堂，是沈阳八门八关范围内最早的西洋风格地标性建筑。所以，一经建成，便引得当地百姓注目，称之为“小南洋楼”，时至今日，这仍是普通沈阳人用得最多的俗称。当年生

>> 早年南关天主教堂及远处小南门

>> 焚后残存的南关天主教堂

活在沈阳的英国传教士医生司督阁在《奉天三十年》中记述道：

在奉天定居的第一批外国人，或者确切地说，在满洲定居的第一批外国人，是法国的罗马天主教神父。他们于1838年到达奉天。至1882年，除主教和神父住宅外，他们已

>> 清末复建后的南关教堂

经拥有一座精美的大教堂，数所学校和孤儿院，一所神学院和一所修道院，所有这些建筑都集中在奉天南郊的一座大院里。

光绪二十六年（1900）七月，义和团攻打南关天主教堂，双方激战，后来义和团得盛京副都统晋昌率军以大炮相助，于七月初二攻陷教堂并焚毁。

南关天主教堂内景旧照

《辛丑条约》签订后，法国天主教会用清政府的赔款在原址重建教堂，仍由梁亨利设计，历经清末数年，至1912年完成，即现存小南天主教堂。应该提及的是，清末民初，与此教堂相关尚有多处天主教会所建的主教府、修道院、神学院、学校、医院等，多位于小南关西侧，约在今五爱市场北部及以西一带，至今尚有残存或改建后仍属教会产业者，也成为旧城区性质比较特殊的一类建筑。

2. 大东关基督教堂

基督教在清代也被中国人称作“耶稣教”，或称“新教”，其进入辽东地区要晚于天主教。据早年在沈阳地区传教的英国人司督阁（杜格尔德·克里斯蒂）等记载，按照第二次鸦片战争后的不平等条约，牛庄（今营口）成为新通商口岸后，初期基督教会只是在牛庄当地赁房建堂，并未深入奉天（今辽宁）腹地。直到光绪二年（1876），苏格兰长老会牧师罗约翰经过几次考查后，认为沈阳是人口众多的东北地区中心城市，才正式来到这里开展传教事宜。通过租赁当地民房，设立小规模学校、“福音堂”等，传播基督教义并发展信徒。经数年发展后，因教会设立的小河沿“施医院”（原址即今辽宁省肿瘤医院）已有一定影响，便着手在距其较近，并有利于向城内发展大东门外租赁、购买民房，设立传教处所，并逐渐发展为苏格兰长老会分会所在地。随之便着手在此修建一座规模更大的教堂以拓展传教事业。

>> 早期东关基督教堂

>> 20世纪20年代东关基督教堂

根据教会方面记载，东关基督教堂在光绪十五年（1889）建成，并于当年10月22日举行落成典礼，当时隶属于“基督教长老会奉天基督教会”。民国初年《沈阳县志》按中国人计算习惯，记教堂有建筑共三十间，不过，因其式样虽接近中式建筑，在设计和建造方面都加入很多西洋建筑元素，总体室内空间要比中国式房屋的三十间宽大。司督阁《奉天三十年》一书中对其有如下描写：

> 这个教堂没建在传教士居住的院子里，也没建在传教士的住宅附近，而是建在接近市中心和交通便利的内城门附近。教堂完全按照中国的风格建造，能够同时容纳七八百人做礼拜，并有一座基督徒们引以为自豪的塔式建筑。后来在与教堂毗邻的地方先后修建了两座牧师住宅……

这座基督教堂，秉承其教派固有传统，尽量采用一些比较容易为当地人接受的建筑形式，虽不似司督阁书中所述“完全按中国风格建造”，但比起小南关天主教堂的“洋楼”，却要中国化一些。而且在教堂建成后不久，罗约翰还任命1878年在沈阳施洗入教的中国人刘全岳牧师，担任这座新建教堂主教。

虽然如此，它毕竟是外国人传播“洋教”的所在。在光绪二十六年（1900）夏季沈阳以“扶清反洋”为宗旨的义和团运动中，仍成为被攻击的主要目标，于当年六月初四被义和团民焚毁。直到1907年，基督教会罗约翰等人才利用五十多万两“庚子赔款”资金，在原地复建教堂，规模与以前大体相当，但样式略有不同。此后，又根据使用需要在北侧和西侧增建，主体面貌并无太大变化，始终作为基督教活动场所存在，至今仍是东北地区年代最久的大型基督教堂之一。2008年，沈阳市人民政府公布为市级文物保护单位。列为保护单位的教堂建筑占地四千三百多平方米、建筑面积二千八百多平方米。最南侧为一排青砖青瓦硬山式建筑，其中一间为进出前院的门房，入内东侧有朝鲜文圣经翻

东关基督教堂近照

东关基督教堂内景

译处等硬山式平房，是为纪念早期朝鲜文基督教圣经于此翻译成功而建。院内北侧中心即为教堂主体建筑。现保存部分为三个时期形成。正面东侧部分为1907年原建，砖木结构，南北走向，墙体青砖砌筑，坡顶，不过为保证足够的室内空间，体量远比一般中式房屋高大，而且正门开在南侧山墙，其上又建有二层的塔楼，四面坡顶，上饰十字架，彰显教堂建筑的特色。其北侧和西侧为20世纪90年代增建、扩建部分，砖木或砖混结构，分别与原教堂主体北侧和西侧相接，虽使讲堂内空间有明显扩展，但在外观结构上使原有造型有所变化，成为一种积累式的建筑组合结构。

附录

本册涉及建筑类文物保护单位简表

时代及名称	级别	公布批次、时间	所在区县（市）
清　沈阳故宫（世界遗产）	国家级	第一批（1961）	沈河区
清　昭陵（世界遗产）	国家级	第二批（1982）	皇姑区
清　福陵（世界遗产）	国家级	第三批（1988）	东陵区
清　锡伯族家庙	国家级	第六批（2006）	和平区
辽　无垢净光舍利塔	国家级	第七批（2013）	皇姑区
清　沈阳天主堂	国家级	第七批（2013）	沈河区
清　永安石桥	国家级	第八批（2019）	于洪区
清　实胜寺	省级	第一批（1963）	和平区
清　太清宫	省级	第一批（1963）	沈河区
清　周恩来少年读书旧址	省级	第二批（1979）	大东区
辽　小塔子城址（含宝塔寺塔）	省级	第四批（1988）	康平县
明　长安寺	省级	第四批（1988）	沈河区
清　慈恩寺	省级	第四批（1988）	沈河区
辽　辽滨塔	省级	第六批（2003）	新民市
清　沈阳东塔 清　沈阳南塔 清　沈阳北塔（含法轮寺）	省级	第六批（2003）	大东区 沈河区 皇姑区
清　南清真寺	省级	第六批（2003）	沈河区
清　般若寺	省级	第九批（2014）	沈河区
清　汗王宫遗址	省级	第九批（2014）	沈河区

续表

时代及名称	级别	公布批次、时间	所在区县（市）
清　东三省总督府旧址	省级	第九批（2014）	沈河区
清　奉天谘议局旧址	省级	第九批（2014）	沈河区
清　盛京城址	市级	第一批（1985）	沈河区
清　盛京城德盛门瓮城遗址	市级	第四批（2013）	沈河区
清　吉祥寺	市级	第二批（1996）	法库县
清　清真东寺	市级	第二批（1996）	沈河区
清　新民市清真寺	市级	第二批（1996）	新民市
明　中心庙	市级	第三批（2008）	沈河区
清　大佛寺	市级	第三批（2008）	沈河区
清　延寿寺	市级	第三批（2008）	和平区
清　沈阳基督教会东关教堂	市级	第三批（2008）	大东区
清　奉天医科大学旧址	市级	第三批（2008）	大东区
清　赵尔巽公馆旧址	市级	第三批（2008）	大东区
清　盛京钟、鼓楼遗址（2处）	市级	第四批（2013）	沈河区
清　三皇庙遗址	市级	第四批（2013）	大东区
辽　石佛寺塔	市级	第四批（2013）	沈北新区
清奉天府右翼官学旧址	市级	第四批（2013）	大东区
清　永济桥	市级	第五批（2020）	于洪区
清　江浙会馆	市级	第五批（2020）	大东区
清　奉天造币厂旧址	市级	第五批（2020）	大东区

注：表中清太祖、太宗时期及清末创建建筑，时代均标为“清”。